高职高专财经管理系列精品教材

成本会计

(第2版)

主　编　林志宏　晋江涛　高泽金
副主编　朱晓芸　卫　强　苏彩和
　　　　陈俊杰　张　宇

图书在版编目(CIP)数据

成本会计/林志宏,晋江涛,高泽金主编.—2版.—成都:西南财经大学出版社,2016.1(2022.7重印)
ISBN 978-7-5504-2246-9

Ⅰ.①成… Ⅱ.①林… ②晋… ③高… Ⅲ.①成本会计—高等职业教育—教材 Ⅳ.①F234.2

中国版本图书馆CIP数据核字(2015)第297014号

成本会计(第2版)
林志宏 晋江涛 高泽金 主编

策划编辑:张海红
责任编辑:刘佳庆
封面设计:黄燕美
责任印制:朱曼丽

出版发行	西南财经大学出版社(四川省成都市光华村街55号)
网　　址	http://www.bookcj.com
电子邮件	bookcj@swufe.edu.cn
邮政编码	610074
电　　话	028-87353785
印　　刷	三河市龙大印装有限公司
成品尺寸	185mm×260mm
印　　张	13.75
字　　数	305千字
版　　次	2016年1月第2版
印　　次	2022年7月第5次印刷
书　　号	ISBN 978-7-5504-2246-9
定　　价	39.80元

编 委 会

总序

在经济全球化的今天，企业对财经管理人才的需求呈现出日益增长的态势。同时，企业的运营与发展对财经管理人才的要求也越来越高。我国高等职业教育起步较晚，这与我国经济发展对人才需求的现状是很不协调的。因此，培养出数量充足、素质和技能水平较高、能够充分适应和满足现代企业需求的财经管理人才，已成为高职高专教育亟待解决的问题。

加强教材建设是一切教育的首要任务，高职高专教育的教材体系的建立与建设当然也不能排除在外。目前，我国高等职业教育教学改革正在深入进行，高职教材建设取得了显著的成效。但从整体上看，教材建设仍不能很好地适应高职高专教育的发展需要，主要表现在：缺乏科学理论的支持，缺乏行业的支持，缺少对生产实际的调查研究和深入了解，缺乏对职业岗位所需的专业知识和专项技能的科学分析，存在体系不明、内容交叉或重复、脱离实际、针对性不强等问题；与专业课程相配套的实践性教材严重不足；同类教材建设缺乏统一标准，相关课程的教材内容自成体系，缺乏联系和衔接；版本内容更新滞后，不能及时将新法规、新知识、新技术、新工艺、新装备、新案例反映到教材中来；与劳动部门颁发的职业资格证书或技能鉴定标准缺乏有效衔接。这些都成为高职高专教育发展的瓶颈。

基于以上不足，我们向众多高职高专教育专家、学者和教师广泛征求意见，组织全国多所高职高专院校财经管理专业的优秀教师确立了编写思路和编写体例，深入地研讨和论证了本系列教材的知识内容，最终形成了这套面向高职高专财经管理专业的系列教材。本系列教材除了满足内容充实、完整，结构体例合理、清晰，语言得体、流畅等基本要求外，还力求克服以往教材的缺陷和不足，在以下几方面打造自己的优势和特色：

（1）紧扣改革，定位明确。本系列教材紧随高职高专教学改革的趋势，专业课程以应用知识为主，将培养学生解决实际问题的能力放在首位，真正满足培养应用型、技能型人才的教学要求。

（2）突出技能，贴近实际。本系列教材遵循“以就业为导向、工学结合”的原则，以实用为基础，理论知识以“够用”为度，突出工作过程导向，强调技能的培养。在编写体例上,本系列教材将案例教学方式、情境教学法与不同课程合理结合,更加贴近实际工作。本系列教材根据企业的岗位需求设置课程体系和选取教材内容,既向学生灌输科学完整、深厚扎实的专业知识,又培养其实践操作能力,以期他们能够在实际工作中高质量地完成一线工作,满足企业的用人需求。

(3) 优化内容,创新体例。本系列教材设置了“学习目标”“案例导入”“视角延伸”“课堂案例”“知识巩固”“案例讨论”等板块,可以增强学生学习的针对性和趣味性。

(4) 资源丰富,形式灵活。为方便教学、提升教学效果,本系列教材还建设了配套的内容丰富的教学资料包和教学资源网,向教师用户提供教学参考、教学课件、教学检测、课后习题答案、教学资源推荐、教学案例等教学资源,形成教材、文本、多媒体和网络技术相互交叉、融合、支撑的立体化、网络化、互动化的现代化教学方式,有效提升教学质量。

我们希望通过推出本系列教材,为高职高专院校财经管理专业的教学模式探索、课程体系构建、教学方法改革贡献一份力量。

编委会

第2版前言 Preface

《成本会计》自2008年11月出版以来，深受广大读者的欢迎。几年来，会计理论发展迅速，成本会计的内容已经发生了许多变化。同时，当今高职高专教育发展迅速，为适应高职高专职业化教育的需要，重点体现对学生在会计岗位上进行成本核算的实际能力的培养，突出课程的基本要求和人才培养的实用性，我们依据行业最新发展动态，对《成本会计》一书进行了修订再版。

本版教材仍沿用第1版教材的体例，但删去了部分不实用的章节。与第1版教材比较，本版教材主要在以下几个方面进行了修订：

(1) 将原章节的标题统一改为项目与任务，并且把标题的名称进行了重设，体现了学习过程是以完成任务为主要目的的编写理念，以适应当今项目化教材的建设需要。

(2) 在各项目的教学开始前增加了"案例导入"模块，增强了会计学习的趣味性，使学生能够带着问题进入每个项目的学习。

(3) 在各任务中，新增了"课堂小思考"栏目，使学生在学习时能够不断进行思考，巩固知识点。

(4) 对部分内容进行了更新。例如，原教材中会计核算依据的是旧的企业会计准则，现以新的企业会计准则为依据；同时，本次修订对有些计算方法、计算公式和计算过程也进行了优化。另外，本次修订对课程的部分内容进行了调整和更新，对不实用的内容进行了删减。

(5) 按照课程内容的要求对课后的习题进行了更新。

本书的学时分配建议如下表：

内　　容	理论学时	实践学时
项目一　认知成本和成本会计	2	0
项目二　体会制造业企业的成本会计核算	4	2
项目三　归集与分配要素费用	8	4
项目四　在完工产品和在产品之间分配与归集生产费用	8	4
项目五　计算产品成本的方法	10	4
项目六　核算其他行业的成本	4	2
项目七　标准成本法、变动成本法和作业成本法	6	4
项目八　编制与分析成本报表	6	4
合计	48	24

此次修订再版主要体现了以下几个特色：

(1) 与时俱进，深化工学结合。本版教材力求体现在新的《企业会计准则》下最新的成本核算研究成果，同时又根据高职高专会计专业学生就业的实际需要来安排教学内容，将理论与实践进行了很好的结合。

(2) 增强趣味性，启迪思维。本版教材设有“案例导入”板块，大大增强了会计理论的趣味性和可读性。

(3) 强化技能训练，注重实用性。本次修订以会计职业岗位要求的知识、能力来选取教材内容，着重理论的应用与会计技能的学习，能够使学生快速提高专业技能，更快地适应就业岗位的实际需要。

(4) 形式新颖，师生互动。本版教材以项目为单位，安排有重点知识项目的练习和实训操作题，帮助学生理解学习内容，提高学习效果。

本书由林志宏、晋江涛、高泽金任主编，朱晓芸、卫强、苏彩和、陈俊杰、张宇任副主编，叶春梅、叶婷、陈艳参编。

由于编者水平有限，书中难免存在不足与疏漏之处，敬请各位读者批评指正。

编　者

第1版前言 Preface

现代社会的市场竞争实质上是产品质量与产品成本的竞争，降低产品成本是企业参与激烈市场竞争的主要手段之一。从全面成本管理的观念出发，企业应力求建立一个完整、精练、实用的成本核算和分析体系。

在多年的教学实践中，我们深感需要一本理论上深入浅出、实务上简明扼要又切合企业实际的教材，从而能够便于教学并对实务工作者有所帮助和启发。在这种指导思想下，我们研究了目前国内出版的相关教材的优缺点，认真总结实践经验和教学经验后组织编写了本书。本书充分考虑了学科体系的完整性、系统性和科学性，努力做到了内容充实、概念明确、条理清晰和通俗易懂，并且在重点部分标注了▲，难点部分标注了★，方便读者使用。本书主要适用于高职高专教学及会计实务工作者的需要，同时也可供在职人员培训及各类经济管理人员参考之用。

全书共八章，具体内容包括：总论，工业企业成本会计核算的流程，费用分配与归集，生产费用在完工产品和在产品之间的分配与归集，产品成本计算方法，其他行业的成本核算，标准成本法、变动成本法和作业成本法，成本报表编制与分析。

本书由林志宏任主编。限于编者的学术水平，加之成书时间仓促，错误和失误在所难免，真诚希望老师和同仁予以指正。

编　者

目录 Contents

项目一 认知成本和成本会计

知识目标

理解成本的经济实质，正确区分理论成本和实际成本；

了解成本的作用；

理解成本会计的职能和任务。

技能目标

能够正确地辨别理论成本和实际成本的区别；

掌握成本会计的职能和任务，能结合实际情况正确确定成本开支范围。

案例导入

李文和张涛是一对好朋友，他们在一所高职院校市场营销专业毕业后，在家人的支持下共同出资在该高职院校的商业街开了一家小超市。因为商品丰富，价格便宜，很快就受到师生的欢迎。但是一系列问题也随之而来，他们原来在学校里学过一些会计的基础知识，所以会一些基本的记账方法，但是随着经营规模的扩大，仅依靠一些初级的会计知识很难对成本进行控制，具体表现为不知如何对流通的商品进行成本核算，如何控制超市每天发生的各种费用，如何对商品进行定价，等等。面对这些现实问题，他们该怎么做呢？

任务一 成本的经济实质和作用

成本与人们的生活息息相关，小到个人，大到企业，甚至整个社会。对于个人而言，每个人每个月的收入和基本的支出分别是多少，发生的支出有多少是必需的、有多少是额外的、是否在自己收入可接受的范围内等，这些都与成本有关。对于企业来说，不仅是会计人员需要熟悉成本知识，企业管理者也需要了解成本知识，因为企业的管理和决策都会涉及成本。

一、成本的经济实质

马克思政治经济理论认为，成本属于价值范畴。马克思指出，按照资本主义方式生产的

每一个商品 W 的价值,可用公式表示为 $W=c+v+m$。如果人们从这个商品的价值中减去剩余价值 m,那么在商品中剩下的只是一个在生产要素上耗费的资本价值 $c+v$ 的等价物或补偿价值。商品价值的这个部分只是补偿生产该商品的资本家自身耗费的东西,所以对资本家来说,这就是商品的成本价格。马克思在这里称之为商品的"成本价格"的那部分商品价值,指的就是产品成本,即产品成本的经济内容,包括物化劳动 c 和生产者必要的活劳动 v 两个部分。物化劳动 c 是指生产过程中所耗费的原材料等劳动对象和磨损的劳动工具等价值。生产者必要的活劳动 v 是指相当于一定生产力水平下劳动力再生产所需要的平均生活资料的价值。劳动者在进行生产时,要耗费一部分必要劳动以保证劳动力自身再生产,对于生产者必要的活劳动 v,主要以职工薪酬的形式向职工进行支付。

社会主义市场经济与资本主义市场经济有着本质的区别,但两者都是商品经济,成本的经济内容应该是一样的。在社会主义市场经济中,产品的价值仍然由三个部分组成:①已耗费的生产资料转移的价值 c;②劳动者为自己劳动所创造的价值 v;③劳动者为社会劳动所创造的价值 m。从理论上来说,前两个部分,即 $c+v$ 是商品价值中的补偿部分,它构成商品的理论成本。

综上所述,可以将成本的经济实质概括为生产经营中所耗费的生产资料转移的价值和劳动者为自己所创造的价值之和。

马克思关于商品产品成本的论述是对成本经济实质的高度理论概括,是考虑劳动耗费的价值尺度的重要理论依据。但是,社会经济现象是纷繁复杂的,企业在成本核算和成本管理中需要考虑的因素也是多种多样的。因此,理论成本与实际工作中所应用到的成本概念是有一定差别的。这主要表现在以下几个方面:

(1) 在实际工作中,成本的开支范围是由国家通过有关法规制度来加以界定的。为了促使企业加强经济核算,减少生产损失,对于劳动者为社会所创造的某些价值(如财产保险费),以及一些不形成产品价值的损失性支出(如工业企业的废品损失、季节性和修理期间的停工损失等)也计入了成本。可见,实际工作中的成本开支范围内的支出,从实质上来看,并不形成产品价值。因为它不是产品的生产性耗费,而是纯粹的损耗,并不属于成本的范围。但是考虑到经济核算的要求,将其计入成本,可促使企业减少生产损失。当然,对于成本实际开支范围与成本经济实质的背离,必须严格限制;否则,成本的计算就失去了理论依据。

(2) 上述的成本概念是就企业生产经营过程中所发生的全部劳动耗费而言的,即是一个全部成本的概念。在实际工作中,是将其全部对象化,从而计算产品的全部成本,还是将其按一定的标准分类,部分计入产品成本或期间费用,则取决于成本核算制度。例如,按照我国现行《企业会计准则》的规定,制造业企业采用制造成本法计算产品成本,从而企业生产经营中所发生的全部劳动耗费就相应地分为产品制造成本和期间费用两大部分。在这里,产品制造成本是指为制造产品而发生的各种费用总和,包括原材料费用、生产工人工资及福利费用和全部制造费用;期间费用则包括管理费用、销售费用和财务费用。在制造成本法下,这些费用不计入产品成本,而是直接计入当期损益。

(3) 上述的理论成本概念主要是针对产品成本而言的。在实际工作中,为了加强企业的成本管理和正确地进行决策，涉及和应用的成本概念是多种多样的，其内涵有的已经超出了商品成本的范围，如可控成本、不可控成本、机会成本等。

例如，制造业企业的成本有广义和狭义之分。广义的成本包括存货的采购成本、产品的生产成本、固定资产投资成本及商品销售的成本等。而狭义的成本仅指产品的生产成本，是指制造业企业为生产一定种类和数量的产品所支出的各项耗费。

课堂小思考

李梦是一名在校大学生。某天，她在商店里购买了一双皮鞋，当时正碰上打折，这双皮鞋的原价是 200 元，打折后的价格为 140 元。另外，她还花了 15 元吃了顿午饭，花了 2 元购买了一瓶矿泉水，并且支付了 4 元的交通费。那么，李梦买这双皮鞋的成本是多少？

二、成本的作用

成本的经济实质决定了成本在经济管理工作中具有十分重要的作用。

(一) 成本是补偿生产耗费的尺度

为了保证再生产的不断进行，企业必须对生产耗费(资金耗费)进行补偿。企业是自负盈亏的商品生产者和经营者，其生产耗费是用自身的生产成果(销售收入)来补偿的。而成本就是衡量这一补偿份额大小的尺度。企业在取得销售收入后，必须把相当于成本的数额划分出来，用以补偿生产经营中的资金耗费，这样才能维持资金周转按原有规模进行。如果企业不能按照成本来补偿生产耗费，企业资金就会短缺，再生产就不能按原有规模进行。成本也是划分生产经营耗费和企业纯收入的依据，在一定的销售收入中，成本越低，企业纯收入就越多。可见，成本起着衡量生产耗费尺度的作用，对经济发展有着重要的影响。

(二) 成本是综合反映企业工作业绩的重要指标

成本是一项综合性的经济指标，企业经营管理中各方面的工作业绩都可以直接或间接地在成本中反映出来。企业可以通过对成本的计划、控制、监督、考核和分析等来促使企业及企业内各单位加强经济核算，努力改进管理，有效地使用人力、物力和财力，从而降低成本，不断提高经济效益。

(三) 成本是制定产品价格的一项重要因素

在商品经济中，产品价格是产品价值的货币表现。产品价格应大体上符合其价值。无论是国家还是企业，在制定产品价格时都应遵循价值规律的基本要求。但在现阶段，人们还不能直接计算产品的价值，而只能计算成本，通过成本间接地、相对地掌握产品的价值。因此，成本就成为制定产品价格的重要因素。当然，产品的定价是一项复杂的工作，除了考虑成本外，还应考虑很多因素，如国家的价格政策及其他经济政策、各种产品的比价关系、产品在市场上的供求关系及市场竞争的态势等。

(四) 成本是企业进行决策的重要依据

在市场经济条件下,市场竞争异常激烈。努力提高企业在市场上的竞争能力和经济效益,是社会主义市场经济条件下对企业的客观要求。而要做到这一点,企业首先必须进行正确的生产经营决策。企业进行生产经营决策需要考虑的因素很多,成本就是其中主要因素之一。因为在价格等因素一定的前提下,成本的高低直接影响着企业盈利的多少;而较低的成本,可以使企业在市场竞争中处于有利地位。只有及时提供准确的成本资料,才能使决策活动建立在可靠的基础之上。

课堂小思考

成本在企业管理中的作用是什么?成本控制对企业有什么影响?

任务二 成本会计的概念和对象

在西方国家,成本的概念和内容随着社会经济的发展不断地发展和变化。为了适应不同的经营管理的需要,在各类经济组织中运用着不同的成本概念,如生产成本、变动成本、固定成本、机会成本、作业成本等。成本会计的概念也是随着成本概念的发展而不断发展和变化的。

一、成本会计的概念

成本会计是指以货币为主要计量单位,运用会计的基本原理和一般原则,采用专门的技术和方法,对企业生产经营过程中发生的生产费用进行连续的、系统的、全面的、综合的生产成本核算的一种管理行为。

狭义的成本会计仅指成本核算,而广义的成本会计还包括成本预测、决策、计划、控制、分析及考评。

二、成本会计的对象

成本会计的对象是指成本会计反映和监督的内容。明确成本会计的对象,对于确定成本会计的任务、研究目的,运用成本会计的方法,以及更好地发挥成本会计在经济管理中的作用有着重要的意义。

从理论上来说,成本所包括的内容,也就是成本会计应该反映和监督的内容。但为了更详细、具体地了解成本会计的对象,还必须结合企业的具体生产经营过程和现行《企业会计准则》的相关规定来加以说明。下面以制造业企业为例来具体说明成本会计反映和监督的内容。

众所周知,制造业企业的日常生产经营活动始终是与产品的生产和销售分不开的。它的生产过程就是产品的制造加工过程,也就是物化劳动和活劳动的消耗过程,包括劳动资料与劳动对象等物化劳动耗费和活劳动耗费两大部分。其中,房屋、机器设备等固定资产在使用过程中不改变其实物形态,但价值随着固定资产的使用会发生磨损,在会计核算中通过折旧的计提逐渐地、部分地转移到产品中,构成产品成本的一部分;原料及主要材料、辅助性材料、燃料等劳动对象在生产的时候会被消耗或者改变其实物形态,其价值也转移到产品中,构成产品成本的一部分;劳动者的工资以货币或其他形式进行支付也构成产品成本的一部分。所有这些支出构成企业在产品制造过程的全部生产费用。为生产一定种类、一定数量产品而发生的各种生产费用支出的总和就是产品的生产成本。上述产品制造过程中各种生产费用的支出和产品生产成本的形成是成本会计反映和监督的主要内容。

在产品的销售过程中,企业为销售产品也会发生各种各样的费用支出,如应由企业负担的运输费、装卸费、包装费、保险费、展览费、差旅费、广告费、专设销售机构的人员工资和其他经费等。所有这些为销售本企业产品而发生的费用就是企业的产品销售费用。产品销售费用也是企业在生产经营过程中所发生的一项重要费用,它的支出及归集过程也应该成为成本会计所反映和监督的内容。

企业的行政管理部门为组织和管理生产经营活动也会发生各种各样的费用,如企业行政管理部门人员的工资、固定资产折旧、工会经费、业务招待费、坏账损失等。这些费用可统称为管理费用。企业的管理费用也是企业在生产经营过程中所发生的一项重要费用,其支出及归集过程也应该成为成本会计所反映和监督的内容。

此外,企业为筹集生产经营所需资金等也会发生一些费用,如利息净支出、汇兑净损失、金融机构的手续费等。这些费用统称为财务费用。财务费用亦是企业在生产经营过程中发生的费用,它的支出及归集过程也应该属于成本会计反映和监督的内容。

上述的销售费用、管理费用和财务费用与产品生产没有直接联系,而是按发生的期间归集,直接计入当期损益,因此,它们构成企业的期间费用。

综上所述,按照《企业会计准则》的有关规定,可以把制造业企业成本会计的对象概括为制造业企业在生产经营过程中发生的产品生产成本和期间费用。

商品流通企业、交通运输企业、施工企业、农业企业等其他行业企业的生产经营过程虽然各有其特点,但根据各行业企业会计制度的有关规定,从总体上来看,它们在生产经营过程中所发生的各种费用同样是部分形成企业的生产经营业务成本,部分作为期间费用直接计入当期损益。因此,从现行行业企业会计准则的有关规定出发,可以把成本会计的对象概括为企业在生产经营过程中发生的生产经营业务成本和期间费用。

以上按照现行行业会计准则的有关规定,对成本会计的对象进行了概括性阐述,但成本会计不仅应该按照现行会计准则的有关规定为企业正确确定利润和进行成本管理提供可靠的生产经营业务成本和期间费用信息,而且应该从企业内部经营管理的需要出发,提供多方面的成本信息。例如,为了进行短期的生产经营预测和决策,企业应计算变动成本、固定成本、机会成本和差别成本等;为了加强企业内部的成本控制和考核,企业应计算可控成本和不可控成本;为了进一步提高成本信息的决策相关性,企业还可以计算作业成本;等等。上述按照现行行业会计准则的有关规定所计算的成本可称为财务成本;为企业内部经营管理的需要所计算的成本可称为管理成本。因此,成本会计的对象应该包括各行业企业的财务成本和管理成本。

某生产型企业2020年9月发生了以下经济业务:①采购了一批原材料,价值50万元,后将其用于产品生产,耗费了20万元;②车间办公室花费1万元购买了一些办公用品;③支付生产车间生产工人的工资20万元、车间管理人员的工资8万元、厂部行政管理部门人员的工资10万元;④对生产车间的固定资产计提折旧费15万元;⑤生产车间发生水电费30万元;⑥企业购买了一台新的机器设备,价值100万元。那么,该企业2020年9月生产产品的成本是多少?

任务三 成本会计的职能和任务

成本会计的职能是成本会计所具有的功能。成本会计作为会计的一个重要分支,同会计一样,具有反映和监督两大基本职能。但从成本会计产生和发展的历史来看,随着生产过程的日趋复杂,生产、经营管理对成本会计不断提出新的要求,成本会计的目的和功能已在基本职能之上有了进一步发展。

一、成本会计的职能

完整意义上的成本会计职能应包括成本预测、成本决策、成本计划、成本控制、成本核算、成本分析和成本考核。

(一) 成本预测

成本预测是指根据成本的有关数据及其他资料,通过一定的程序和方法,对未来的成本水平及其发展趋势所做出的科学估计。成本预测既可就某种产品的成本进行预测,也可就企业的总成本进行预测。通过成本预测,企业可以减少生产经营管理的盲目性,有利于提高成本管理的科学性与预见性。

(二) 成本决策

成本决策是指在成本预测的基础上,运用一定的专门方法,对有关方案进行比较、分析、判断,从中选出最优方案。做好成本决策对于企业正确地制订成本计划,并在执行过程中完成计划,促进企业提高经济效益具有十分重要的意义。

(三) 成本计划

成本计划是根据成本决策所确定的目标和成本预测的资料,具体规定计划期内产品的生产耗费和各种产品的成本水平，并提出为达到规定的成本水平所应采取的措施方案。成本计划是进行成本控制、成本分析和成本考核的依据。

（四）成本控制

成本控制是指预先制定成本标准，将实际发生的费用严格控制在限额标准之内，并及时揭示实际费用与成本标准之差，采取措施将生产费用控制在计划、预算之内。通过成本控制可以保证成本目标的实现，促使企业不断降低成本。

（五）成本核算

成本核算是指对生产经营过程中所发生的生产费用进行审核，并按照一定的对象和标准进行归集和分配，计算出各成本计算对象的总成本和单位成本。成本核算既是对生产经营过程中发生的生产耗费进行如实反映的过程，也是进行反馈和控制的过程。通过成本核算，可以反映成本计划的完成情况，揭露生产经营中存在的问题，为制定价格提供依据，并为进行成本预测、编制下期成本计划提供可靠的资料，还为以后的成本分析和成本考核提供必要的依据。

（六）成本分析

成本分析是利用成本核算及其他有关资料，分析成本水平及其构成的变动情况，系统地研究成本变动的趋势和原因，挖掘降低成本的潜力。通过成本分析，可以正确认识和掌握成本变动的规律，以便采取相应措施改进管理，降低耗费，提高经济效益，并为编制成本计划和制定新的经营决策提供依据。

（七）成本考核

成本考核是定期对成本计划及其有关指标的实际完成情况进行总结和评价，以监督和促使企业加强成本管理责任制，履行经济责任，提高成本管理水平。成本考核一般与奖惩制度结合，以调动各责任人努力完成目标成本的积极性。

成本会计的各项职能是相互联系、相互依存的。成本预测是成本决策的前提；成本决策既是成本预测的结果，又是制定成本计划的依据；成本计划是成本决策所确定的目标的具体化；成本控制是对成本计划的实施进行的监督，是实现成本决策既定目标的保证；成本核算是对成本计划是否完成的检验；成本分析是对计划完成与否的原因进行的检查；成本考核是实现成本计划的重要手段。在这一系列职能中，成本核算是基础，没有成本核算，其他各项职能都无法进行。

二、成本会计的任务

成本会计的任务是成本会计职能的具体化，也是人们期望成本会计应达到的目的和对成本会计的要求。从整体意义上来说，成本会计的根本任务是促进企业尽可能地节约生产经营过程中物化劳动和活劳动的消耗，不断提高经济效益。具体来说，成本会计的任务主要有以下几个：

(一) 进行成本预测，参与经营决策，编制成本计划

在社会主义市场经济中，企业应在遵守国家的有关政策、法律和制度的前提下，按照市场经济规律的要求，正确地组织自己的生产经营活动。为此，企业必须在经营管理中加强预见性和计划性。也就是说，面对市场，企业应在分析过去的基础上，科学地预测未来，周密地对自身的各项经济活动实行计划管理。就企业的成本管理工作来说，它是一项综合性很强、涉及面很广的管理工作，仅依靠财会部门和成本会计工作是难以完成的。但成本会计工作作为一项综合性很强的价值管理工作，应充分发挥自己的优势，在成本的计划管理中发挥主导作用。为了有计划地进行企业成本管理工作和有效地对费用开支进行控制，成本会计工作应在企业各有关方面的配合下，根据历史成本资料、市场调查情况及其他有关方面(如生产、技术、财务等)的资料，采用科学的方法来预测成本水平及其发展趋势，拟订各种降低成本的方案，从而进行成本决策，选出最优方案，确定目标成本；然后根据目标成本编制成本计划，制定成本费用的控制标准及降低成本应采取的主要措施，以作为对成本实行计划管理，建立成本管理责任制，开展经济核算和控制费用支出的基础。

(二) 加强成本控制，努力节约开支，不断降低成本

企业作为自主经营、自负盈亏的商品生产者和经营者，应贯彻增产节约的原则，加强经济核算，不断提高自己的经济效益。这是社会主义市场经济对企业的客观要求，也是成本会计担负的重任。因此，成本会计必须以国家有关成本费用开支范围和开支标准及企业的有关计划、预算、规定、定额等为依据，严格控制各项费用的开支，监督企业内部各单位严格按照计划、预算和规定办事，并积极探索节约开支、降低成本的途径和方法，以促进企业经济效益不断提高。

(三) 加强成本核算，及时、准确地为企业的经营管理提供有用信息

按照国家有关法规、制度的要求和企业经营管理的需要，及时、正确地进行成本核算，提供真实、有用的成本信息，是成本会计的基本任务。这是因为成本核算所提供的信息，不仅是企业正确地进行存货计价、确定利润和制定产品价格的依据，还是企业进行成本管理的基本依据。在成本管理中，对各项费用的监督与控制主要是在成本核算过程中利用有关核算资料进行的；成本预测、成本决策、成本计划、成本核算、成本分析等也是以成本核算所提供的成本信息为基本依据的。

(四) 考核成本计划的完成情况，积极开展成本分析，提高成本管理水平

在企业的经营管理中，成本是一个极为重要的经济指标，它可以综合反映企业及企业内部有关单位的工作业绩。因此，成本会计必须按照成本计划等的要求，进行成本考核，肯定成绩，找出差距，鼓励先进，鞭策落后。同时，成本也是一个综合性很强的指标，其计划的完成情况是诸多因素共同作用的结果。因此，在成本管理工作中，还必须认真、全面地开展成本分析工作。通过成本分析，揭示影响成本升降的各种因素及其影响程度，以便正确评价企业及企业内部各有关单位在成本管理工作中的业绩和揭示企业成本管理工作中的问题，从

而促进成本管理工作的改善，提高企业的经济效益。

课堂小思考

成本会计与财务会计的联系与区别是什么？

项目小结

成本是商品经济的价值范畴，是商品价值的主要组成部分。马克思关于商品产品成本的论述是对成本经济实质的高度理论概括，是考虑劳动耗费的价值尺度的重要理论依据。但是，社会经济现象是纷繁复杂的，企业在成本核算和成本管理中需要考虑的因素也是多种多样的。因此，理论成本与实际工作中所应用到的成本概念是有一定差别的。对于制造业企业来说，狭义上的成本通常是指生产过程中物化劳动和活劳动耗费的货币表现。

成本会计是指以货币为主要计量单位，运用会计的基本原理和一般原则，采用专门的技术和方法，对企业生产经营过程中发生的生产费用进行连续的、系统的、全面的、综合的生产成本核算的一种管理行为。

成本会计对象是指成本会计反映和监督的内容。以制造业企业为例，产品制造过程中各种生产费用的支出和产品生产成本的形成是成本会计反映和监督的主要内容。另外，企业发生的销售费用、管理费用、财务费用也是成本会计反映和监督的主要内容，但它们与企业的产品生产无直接联系，属于期间费用，直接计入当期损益。

成本会计的职能是指成本会计在经济管理中的功能。成本会计作为会计的一个重要分支，同会计一样，具有反映和监督两大基本职能。但从成本会计产生和发展的历史来看，随着生产过程的日趋复杂，生产、经营管理对成本会计不断提出新的要求，成本会计的目的和功能已在基本职能之上有了进一步发展。因此，完整意义上的成本会计的职能应包括成本预测、成本决策、成本计划、成本控制、成本核算、成本分析和成本考核。

成本会计的任务是成本会计职能的具体化，也是人们期望成本会计应达到的目的和对成本会计的要求。从整体意义上来说，成本会计的根本任务是促进企业尽可能地节约生产经营过程中物化劳动和活劳动的消耗，不断提高经济效益。

项目练习

一、单项选择题

1. 成本是产品价值中的(　　)部分。

A. $c+v+m$　　B. $c+v$

C. $v+m$　　D. $c+m$

2. 从耗费角度来看，产品成本是指商品生产过程中所耗费的物化劳动和活劳动中的必要劳动价值。根据这个定义,下列选项中不属于产品成本内容的是(　　)。

A. 对生产设备计提的折旧

B. 生产工人的工资

C. 原材料的生产耗费

D. 向银行借款发生的利息支出

3. 一般来说,实际工作中的成本开支范围与理论成本包括的内容是(　　)。

A. 有一定差别的　　B. 相互一致的

C. 不相关的　　D. 可以相互替代的

4. 在下列各项中,不属于理论成本的是(　　)。

A. 原材料费用　　B. 生产工人的工资

C. 废品损失　　D. 期间费用

5. 在下列各项中,不属于产品生产费用的是(　　)。

A. 制造费用

B. 管理费用

C. 生产产品耗费的原材料费用

D. 支付生产工人的工资

二、多项选择题

1. 在下列各项中,应计入期间费用的有(　　)。

A. 管理费用　　B. 制造费用

C. 销售费用　　D. 财务费用

2. 成本会计的职能有(　　)。

A. 成本预测与成本决策

B. 成本计划

C. 成本控制

D. 成本核算与成本分析

3. 构成商品的理论成本的有(　　)。

A. 已耗费的生产资料转移价值

B. 劳动者为社会劳动所创造的价值

C. 劳动者为自己劳动所创造的价值

D. 剩余劳动所创造的价值

4. 在下列各项中,构成产品成本的有(　　)。

A. 直接材料　　B. 管理费用

C. 财务费用　　D. 生产工人的工资

三、判断题

1. 产品生产成本是企业为生产产品而发生的各种耗费,包括管理费用与制造费用。（　　）
2. 期间费用一般应分配计入产品成本。（　　）
3. 成本核算是基础,没有成本核算,成本会计的其他职能无法实行。（　　）
4. 成本会计是为编制财务会计报表提供成本信息的。（　　）
5. 在实际工作中,成本的开支范围是由企业结合自身生产经营的特点来界定的。（　　）

项目二 体会制造业企业的成本会计核算

知识目标

掌握制造业企业成本核算的要求和原则；

掌握制造业企业的费用要素；

理解费用的各种分类及分类之间的相互关系；

掌握制造业企业成本核算的一般程序及涉及的主要会计账户。

技能目标

能够熟练地运用费用的各种分类标准对费用进行划分；

熟悉制造业企业成本核算中涉及的基本会计账户，并能熟练运用。

案例导入

张小明从某大学会计专业毕业后，在华盛机械制造有限公司当了一名成本会计。因为他刚接触该项工作，所以单位领导安排了主办会计当他的师傅，指导他进行成本会计核算工作。已知该公司2020年6月的有关费用数据资料如下：生产耗用原材料，价值10 000元；耗用辅助材料，价值2 000元；耗用燃料，价值3 000元；支付电费2 000元、生产工人的工资10 000元、车间管理人员的工资20 000元，购买车间设备的借款利息5 000元，车间保险费30 000元；发生固定资产报废，损失3 000元；发生车间办公费用5 000元。张小明的师傅要求他按照成本核算的要求正确划分各种费用。张小明应该怎么做呢？

任务一 认知制造业企业成本核算的要求和原则

通过前面内容的学习，我们知道成本会计是会计的一个分支，是以成本为对象的一种专业会计。成本会计的职能是成本会计所具有的功能，在不同的历史时期表现为不同的内容，而成本核算是这些职能中最基本的职能，是对企业生产经营过程中实际发生的产品成本和期间费用进行计算，并进行相应的账务处理。

一、成本核算的要求

成本核算过程既是对企业在日常生产经营过程中发生的各种耗费进行归类反映的过

程，也是为满足企业管理要求进行信息反馈的过程，还是对成本计划的实施进行检验和控制的过程。可见，成本核算不仅是成本会计的基本任务，还是企业经营管理的重要组成部分。因此，为了充分发挥成本核算的作用，在成本核算工作中，除了做好成本核算的基础工作以外，还应贯彻实现以下几项要求：

（一）正确区分各项费用

制造业企业的经济活动是多方面的，其支出的用途也不尽相同。不同用途的支出，其列支的项目也应该不同。因而，在成本核算时不能把企业发生的费用随意地计入产品成本、期间费用及管理费用中，而必须严格按其用途进行合理的划分，以保证成本费用的真实性、客观性。为了正确地进行成本核算，正确地计算产品成本和期间费用，必须正确区分以下几个方面的费用：

1. 收益性支出和资本性支出

对收益性支出和资本性支出区分的基本原则和要求主要体现在以下两个方面：

（1）用于产品生产和销售，组织和管理生产经营活动，以及筹集生产经营资金的各种费用，即收益性支出，应计入成本、费用。

（2）对于资本性支出或不是由于企业日常生产经营活动而发生的费用支出，如企业购建固定资产、无形资产和其他资产的支出，对外投资发生的支出，固定资产盈亏和清理损失，非正常原因的停工损失和自然灾害损失，被没收的财务损失，支付的滞纳金、违约金、罚款，以及企业的捐赠、赞助支出等，都不应计入产品成本、费用。

2. 生产费用与期间费用

制造业企业日常生产经营过程中所发生的费用主要包括生产费用和期间费用。直接用于产品生产所耗费的直接材料费、直接人工费和间接发生的制造费用作为成本项目，应当计入产品成本，并且当产品销售之后作为产品的销售成本计入企业的损益。而用于因组织和管理企业生产经营活动、产品销售，以及因企业筹集资金发生的费用被分别认定为管理费用、销售费用和财务费用，这些费用统称为期间费用，直接计入企业的当期损益，从当期利润中扣除。

另外，当月投产的产品不一定当月完工，当月完工的产品也不一定当月销售，因而当月的生产费用往往不计入当月产品的销售成本。因此，在进行成本核算时，必须正确地区分产品生产费用和各项期间费用，防止混淆产品生产费用与期间费用，借以调节各期产品成本和各期损益的错误做法。

3. 各月份的费用

成本核算是建立在权责发生制基础上的，而且一般制造业企业是按月进行成本核算的。因此，企业还必须正确区分各月份的费用。对于应该计入产品成本的费用，则应该进一步弄清楚是由本期的产品成本负担，还是应当由以后各期的产品成本负担。

4. 各种产品的费用

对于生产两种及两种以上产品的制造业企业，还要对计入当月产品成本的生产费用在各有关产品之间进行划分，以便分析和考核各种产品成本计划或成本定额的执行情况。凡属于某种产品单独发生，能直接计入该种产品的费用，均应直接计入该种产品的成本；凡属于几种产品共同发生，不能直接计入某种产品的费用，则应选择适当的分配标准，分配计入这几种产品的成本。要如实反映各种产品的耗费，不能人为地在不同产品之间，特别是销路好的产品与销路差的产品之间、可比产品与不可比产品之间任意转移生产费用，借以掩盖成本超支或以盈补亏的错误做法。

5. 本期完工产品与期末在产品的费用

在期末计算产品成本时，如果某种产品已全部完工，那么这种产品的各项生产费用之和就是这种产品的完工产品成本；如果某种产品均未完工，那么这种产品的各项生产费用之和就是这种产品的期末在产品成本；如果某种产品既有完工产品，又有在产品，那么应将这种产品的各项生产费用，采用适当的分配方法在本期完工产品与期末在产品之间进行分配，分别计算本期完工产品成本和期末在产品成本。

在成本核算过程中正确区分上述五个方面的费用，是产品成本的计算和各项期间费用的归集过程。在这一过程中，应贯彻受益原则，即谁受益谁负担费用，何时受益何时负担费用，负担费用的多少应与受益程度的大小成正比。因此，正确区分各种费用是保证成本、费用正确核算的关键，也是检查和评价成本、费用核算工作是否正确合理的重要标准。事实上，成本、费用的核算过程就是正确区分这五个方面费用的过程。

(二) 正确确定财产物资的计价和价值结转方法

制造业企业的生产过程也是各种劳物耗费的过程。在各种劳物耗费中，财产物资的耗费(生产资料价值的转移)占有相当大的比重。因此，合理确定企业财产物资的计价和价值结转方法会对成本计算的正确性产生重要的影响。其基本要求是，凡是国家有统一规定的，应采用统一规定的方法；国家没有统一规定的，企业要根据财产物资的特点，结合管理要求合理选用，而且一经确定不得随意改变。

(三) 选用适当的成本核算方法

产品成本是在生产过程中形成的，产品的生产工艺过程和生产组织不同，所采用的产品成本计算方法也应该有所不同。计算产品成本是为了加强成本管理，因而还应该根据管理要求的不同，采用不同的产品成本计算方法。企业只有按照产品生产特点和管理要求，选用适当的成本计算方法，才能正确、及时地计算产品成本，为成本管理提供有用的成本信息。

二、成本核算的原则

产品成本是企业生产经营管理的重要信息资料。对其进行核算是提供生产经营管理信息资料的手段。为了使产品成本信息资料符合规定，达到正确、真实和及时的要求，核算必须讲究质量。要提高成本核算质量，必须要遵守成本核算的原则。产品成本核算的原则主要有以下几个：

(一) 实际成本核算原则

企业在进行产品成本核算时,可以采用不同的计价方法进行,如计划成本、定额成本、标准成本等。但在最后计算产品成本时,必须将其调整为实际成本,这是成本核算的基本原则。因为只有按实际成本核算,才能减少成本计算的随意性,才能使成本信息保持客观性和可验证性。实际成本核算原则在应用上主要体现为以下几个方面的要求:

(1) 当某项成本发生时,按发生时的实际耗费数确认。

(2) 完工入库的产品成本按实际负担额计价。

(3) 由当期损益负担的销售产品成本也要按实际数结账。

(二) 可靠性原则

产品成本包括劳动力耗费、劳动资料耗费和劳动对象耗费等多个方面,涉及面广,核算过程复杂。为了使产品成本信息真实,因而对其核算应遵循可靠性原则。可靠性原则包括真实性和可核实性两个方面的内容。真实性是指核算出的成本数据与客观的经济事项相一致,没有任何掺假或人为提高、降低成本的成分。可核实性是指同一成本核算资料按一定原则由不同成本会计人员计算,得出的结果应该相同。

(三) 重要性原则

产品成本的构成要素尽管很多,但每个要素在整个成本中所占的分量和对成本管理所起的作用差别却很大。从成本核算效益的角度考虑,在成本核算过程中,不应对每个成本构成要素的核算都要求十分准确,这也是成本核算重要性原则的要求。成本核算重要性原则指的是应将成本中重要的内容作为重点项目单独反映并力求准确,而对次要的、在成本项目中所占比例很小的内容则从简处理。

(四) 及时性原则

成本资料主要是为企业内部管理服务的,但其也会在对外财务报告中有所体现。因此,无论对内进行成本分析和成本考核,还是对外提供会计报表,都对成本核算提出了及时性要求。及时性原则的要求包括当成本项目发生时,能及时进行会计处理;当企业高层管理者提出一些特殊成本信息要求时,能及时提供;当编制财务报表时,能及时提供成本资料。

(五) 一致性原则

成本核算是成本分析与考核的基础。成本分析与考核不仅要分析考核本期计划完成情况,还要将本期实际与上期实际进行对比分析,以考核成本变动情况。这对成本核算所采用的成本计算方法及会计处理方法等提出了一致性要求。一致性是指在成本核算中所涉及的成本核算对象、成本项目、成本计算方法及会计处理方法前后期应一致。其目的是保证前后期成本信息的可比性,提高成本信息的利用程度。一致性原则的要求包括以下几个方面的内容:

(1) 当某项成本要素发生时,确认该要素水平的方法前后期应一致,如耗用材料的计算方法、折旧计提方法等。

(2) 当成本计算过程中所采用的费用分配方法前后期应一致，如制造费用分配方法、材料费用分配方法等。

(3) 同一产品的成本计算方法前后期应一致，如品种法、分批法、分步法等。前期选定一种方法后，后期不应随意变更。

(4) 成本核算对象、成本项目的确定前后期应一致。

当然，一致性并不是绝对的，它有一个时间的要求。

课堂小思考

某生产型企业在2020年9月发生了以下经济业务：①采购了一批原材料，价值50万元，用于产品生产耗费了20万元；②车间办公室购买了一些办公用品，花费1万元；③支付生产车间生产工人的工资20万元、车间管理人员的工资8万元、厂部行政管理部门人员的工资10万元；④计提生产车间固定资产折旧费15万元；⑤生产车间发生水电费30万元；⑥购买了一台新的机器设备，价值100万元；⑦发生广告费用20万元；⑧支付罚款5万元。那么，该企业2020年9月的生产费用是多少？期间费用是多少？

任务二 认知制造业企业的费用要素

企业的产品成本是对象化的费用集合。因此，要想科学地进行成本管理和控制，正确地计算产品成本和期间费用，就需要对种类繁多的费用进行合理分类。费用可以按不同的标准进行分类，其中最主要的标准是经济内容和经济用途。

一、费用按经济内容分类

制造业企业发生的各种费用按其经济内容分类，可划分为劳动对象方面的费用、劳动手段方面的费用和活劳动方面的费用三大类。这三类可称为费用的三大要素。为了具体反映各种费用的构成和水平，还应在此基础上将其进一步划分为以下几个费用要素：

(1) 外购材料。外购材料是指企业为生产经营而耗用的一切从外单位购进的原料及主要材料、半成品、辅助材料、包装物、修理用备件和低值易耗品等。

(2) 外购燃料。外购燃料是指企业为生产经营而耗用的一切从外单位购进的各种固体、液体和气体燃料。

(3) 外购动力。外购动力是指企业为生产经营而耗用的一切从外单位购进的各种动力。

(4) 工资。工资是指企业应计入产品成本和期间费用的职工工资。

(5) 提取的职工福利费。提取的职工福利费是指企业根据规定按工资总额的一定比例计提的、应计入产品成本和期间费用的职工福利费。

(6) 折旧费。折旧费是指企业按照规定的固定资产折旧方法计算提取的折旧费用。

(7) 利息支出。利息支出是指企业应计入财务费用的借入款项的利息支出减利息收入后的净额。

(8) 税金。税金是指应计入企业管理费用的各种税金，如房产税、车船税、土地使用税、印花税等。

(9) 其他支出。其他支出是指不属于以上各要素但应计入产品成本或期间费用的费用支出，如差旅费、租赁费、外部加工费及保险费等。

按照以上费用要素反映的费用称为要素费用。将费用划分为若干要素分类核算的作用是，可以反映企业一定时期内在生产经营中发生了哪些费用，数额各是多少，进而分析企业各个时期各种费用的构成和水平。这种分类反映了企业生产经营中外购材料和燃料费，以及职工工资的实际支出，因而可以为企业核定储备资金定额、考核储备资金的周转速度，以及编制材料采购资金计划和劳动工资计划提供资料。但是，这种分类不能说明各项费用的用途，因而不便于分析各种费用的支出是否节约、合理。因此，对于制造业企业的这些费用还必须按其经济用途进行分类。

二、费用按经济用途分类

制造业企业各种费用按经济用途可分为计入产品成本的生产费用和不计入产品成本的期间费用。

(一) 生产费用

计入产品成本的生产费用在产品生产过程中的用途也不尽相同。有的直接用于产品生产，有的间接用于产品生产。因此，为具体反映计入产品成本的生产费用的各种用途，提供产品成本情况的资料，还应将其进一步划分为若干个项目，即产品生产成本项目。产品生产成本项目简称产品成本项目或成本项目，就是生产费用按其经济用途分类核算的项目。制造业企业一般应设置以下几个成本项目：

(1) 原材料，也称直接材料，是指直接用于产品生产，构成产品实体的原料、主要材料及有助于产品形成的辅助材料的费用。

(2) 燃料及动力，也称直接燃料及动力，是指直接用于产品生产的各种燃料和动力费用。

(3) 生产工资及福利费，也称直接人工，是指直接参加产品生产的工人工资及福利费。

(4) 制造费用，是指间接用于产品生产的各项费用，以及虽直接用于产品生产，但不便于直接计入产品成本，因而没有专设成本项目的费用，如机器设备的折旧费用。制造费用包括企业内部生产单位的管理人员工资及福利费、固定资产折旧费、修理费、租赁费(不包括融资租赁费)、机物料消耗、低值易耗品摊销、取暖费、水电费、办公费、保险费、设计制图费、实验检验费、劳动保护费、季节性或修理期间的停工损失及其他制造费用。

(二) 期间费用

制造业企业的期间费用按照经济用途可分为以下几种：

(1) 销售费用。销售费用是指企业在产品销售过程中发生的费用，以及为销售本企业产品而专设的销售机构的各项经费，包括运输费、装卸费、包装费、保险费、展览费和广告费，以及为销售本企业商品而专设的销售机构(含销售网点、售后服务网点等)的职工工资及福利费、类似工资性质的费用、业务费等经营费用。

(2) 管理费用。管理费用是指企业为组织和管理企业生产经营所发生的各项费用，包括企业的董事会和行政管理部门在企业的经营管理中发生的或者应由企业统一负担的公司经费(包括行政管理部门职工工资、修理费、机物料消耗、低值易耗品摊销、办公费和差旅费等)、工会经费、待业保险费、劳动保险费、董事会费(包括董事会成员津贴、会议费和差旅费等)、聘请中介机构费、咨询费(含顾问费)、诉讼费、业务招待费、技术转让费、无形资产摊销、职工教育经费、存货盘亏或盘盈(不包括应计入营业外支出的存货损失)、计提的坏账准备和存货跌价准备等。

(3) 财务费用。财务费用是指企业为筹集生产经营所需资金而发生的各项费用，包括利息支出(减利息收入)、汇兑损失(减汇兑收益)及相关的手续费等。

此外，费用还有其他的分类方法，如费用按与产量的关系可分为变动费用(变动成本)和固定费用(固定成本)。此部分内容在后面章节详细讲解。

课堂小思考

某企业2020年11月发生了以下费用：①甲车间固定资产折旧费为30 000元；②甲车间管理人员的工资为50 000元；③办公室购买办公用品，花费5 000元；④乙车间支付保险费3 000元；⑤特设销售部门销售人员的工资为20 000元；⑥辅助生产车间发生修理费2 400元；⑦办公室发生水电费500元；⑧乙车间发生水电费3 000元。那么，在以上费用中，哪些属于期间费用？

任务三 理解制造业企业成本核算的基本程序与账户设置

成本核算的主要内容之一就是计算产品成本和期间费用。因此，成本核算主要就是计算产品成本和期间费用。为了进行成本核算，企业需要设置相应的账户。

一、成本核算的基本程序

成本核算的一般程序是指对企业在生产经营过程中发生的各项费用，按照成本核算的要求，逐步进行归集和分配，最后计算出各种产品的成本和各项期间费用的基本过程。根据前述的成本核算要求和费用的分类，可将成本核算的一般程序归纳如下：

(一) 确定成本计算对象

成本计算对象是生产费用的承担者，即归集和分配生产费用的对象。确定成本计算对象是计算产品成本的前提。由于企业的生产特点、管理要求、规模大小、管理水平的不同，企业成本计算对象也不相同。对制造业企业而言，产品成本计算的对象包括产品品种、产品批别和产品的生产步骤三种。企业应根据自身的生产特点和管理要求，选择合适的产品成本计算对象。

(二) 确定成本项目

成本项目是指生产费用要素按照经济用途划分的若干项目。通过成本项目，可以反映成本的经济构成，以及产品生产过程中不同资金的耗费情况。因此，企业可以根据实际成本管理的需求，在直接材料、直接人工、制造费用三个成本项目的基础上进行必要的调整，如单设其他直接支出、废品损失、停工损失等成本项目。

(三) 确定成本计算期

成本计算期是指成本计算的间隔期，即多长时间计算一次成本。产品成本计算期的确定主要取决于企业生产组织的特点。通常，在多件、大批量生产的情况下，产品成本的计算期间与会计期间一致；在单件、小批量生产的情况下，产品成本的计算期间则与产品的生产周期一致。

(四) 审核生产费用

对生产费用进行审核，主要是确定各项费用是否应该开支，开支的费用是否应该计入产品成本。

(五) 进行生产费用的归集和分配

对生产费用进行归集和分配就是将应计入本月产品成本的各种费用要素在各有关产品之间，按照成本项目进行归集和分配。归集和分配的原则为产品生产直接发生的生产费用直接作为产品成本的构成内容，直接计入该产品成本；为产品生产服务发生的间接费用，可先按发生地点和用途进行归集汇总，然后分配计入各受益产品。产品成本计算的过程也就是生产费用的汇总和分配过程。

(六) 计算完工产品成本和月末在产品成本

对既有完工产品又有月末在产品的产品，应将计入各该产品的生产费用在完工产品和月末在产品之间采用适当的方法进行分配，从而计算出完工产品和在产品的成本。

二、成本核算的账户设置

在成本核算中，需要将企业发生的生产费用按照成本计算对象进行归集和分配，最终确定在产品成本和核算完工产品成本。因此，企业需要设置相关的总账账户和明细账户来进行核算。

(一) “生产成本”账户

为了正确核算产品成本，企业一般应设置一定的总账账户及必要的明细账户。总账账户一般设置“生产成本”账户，用以核算企业进行产品生产（包括产成品、自制半成品和提供劳务等）、自制材料、自制设备、自制工具等发生的各项生产费用。该账户的借方登记企业为进行产品生产而发生的直接材料费、直接人工费、制造费用等各种费用项目；贷方登记完工入库的完工产品成本。同时,在该账户下,还需要设置“基本生产成本”和“辅助生产成本”两个明细账户,分别用来核算企业发生的基本生产成本与辅助生产成本。

1.“生产成本——基本生产成本”账户

基本生产是指为完成企业主要生产目的而进行的产品生产。“生产成本——基本生产成本”账户用以核算企业生产各种产品、自制半成品等所发生的各项费用。该账户的借方登记企业从事基本生产活动的生产单位发生的直接材料费、直接人工费、其他直接费用和从“制造费用”账户转入的基本生产单位发生的制造费用;贷方登记结转基本生产单位完工入库产品成本和已完工的劳务成本。该账户的期末余额在借方,表示基本生产单位尚未完工的在产品成本。该账户可以按照产品品种、产品批别等成本核算对象开设基本生产成本明细账。其一般格式及举例如表2-1和表2-2所示。

表2-1 基本生产成本明细账(示例1)

车间名称:第一车间　　　　产品名称:甲产品　　　　单位:元

月	日	摘　要	产量/件	成本项目			成本合计
				直接材料	直接人工	制造费用	
8	31	本月生产费用		80 000	14 000	16 000	110 000
8	31	本月完工产品成本	1 000	80 000	14 000	16 000	110 000
8	31	完工产品单位成本		80	14	16	110

表2-2 基本生产成本明细账(示例2)

车间名称:第一车间　　　　产品名称:乙产品　　　　单位:元

月	日	摘　要	产量/件	成本项目			成本合计
				直接材料	直接人工	制造费用	
8	1	月初在产品成本		25 000	8 000	6 000	39 000
8	31	本月生产费用		95 000	28 000	30 000	153 000
8	31	生产费用累计		120 000	36 000	36 000	192 000
8	31	本月完工产品成本	2 000	92 000	28 000	32 000	152 000
8	31	完工产品单位成本		46	14	16	76
8	31	月末在产品成本		28 000	8 000	4 000	40 000

如果企业生产的产品品种较多,为了按照产品成本项目(或者既按车间又按成本项目)汇总反映全部产品总成本,那么可以设置基本生产成本二级账,其格式及举例如表2-3所示。

表 2-3 基本生产成本二级账

车间名称:第一车间　　　　单位:元

月	日	摘　要	产量/件	成本项目			成本合计
				直接材料	直接人工	制造费用	
8	1	月初在产品成本		25 000	8 000	6 000	39 000
8	31	本月生产费用		175 000	42 000	46 000	263 000
8	31	生产费用累计		200 000	50 000	52 000	302 000
8	31	本月完工产品成本	3 000	172 000	42 000	48 000	262 000
8	31	月末在产品成本		28 000	8 000	4 000	40 000

2.“生产成本——辅助生产成本”账户

辅助生产成本是为基本生产车间、企业行政管理部门或辅助生产车间自身提供各种劳务或生产供企业内部使用的各种物资等。为了归集辅助生产车间为基本生产车间及其他部门提供产品、劳务所发生的各项费用,计算辅助生产所提供的产品、劳务的成本,企业可以根据实际需要设置“生产成本——辅助生产成本”明细账户。该账户的借方登记为进行辅助生产而发生的直接材料、直接人工等应直接计入的各种费用。间接费用可以先通过“制造费用”账户归集,然后分配转入“生产成本——辅助生产成本”账户的借方,或者也可以直接计入“生产成本——辅助生产成本”账户的借方。该账户的贷方登记完工入库的产品成本或分配转出的劳务成本。该账户一般月末无余额,若有余额,余额在借方,表示辅助生产单位月末在产品成本。如果企业同时设有若干辅助生产单位,那么应当按照不同的辅助生产车间来设置辅助生产成本明细账,其格式如表 2-4 所示。

表 2-4 辅助生产成本明细账

辅助生产车间:　　　　产品或劳务:　　　　单位:元

年		凭　证		摘　要	成本项目			合　计
月	日	字	号		直接材料	直接人工	制造费用	

(二)“制造费用”账户

为了核算企业为生产产品和提供劳务而发生的各项制造费用,企业应设置“制造费用”账户。该账户的借方登记实际发生的制造费用;贷方登记分配转出的制造费用。除了季节性生产企业外,该账户月末应无余额。“制造费用”账户应按车间、部门设置明细分类账,账内按费用项目设立专栏进行明细登记。其格式如表 2-5 和表 2-6 所示。

表 2-5 制造费用明细账(格式 1)

生产车间:　　　　单位:元

年		凭证		摘要	借方	贷方	借或贷	余额	(借)方项目		
月	日	字	号						薪酬	折旧费	水电费

表 2-6 制造费用明细账(格式 2)

生产车间:　　　　单位:元

年		凭证		摘要	合计	工资	福利费	折旧费	修理费	劳保费	水电费
月	日	字	号								

(三)“废品损失”账户

需要单独核算废品损失的企业,应设置“废品损失”账户。该账户的借方登记不可修复废品的生产成本和可修复废品的修复费用;贷方登记废品残料回收的价值、应收的赔款及转出的废品净损失;该账户月末应无余额。“废品损失”账户应按车间设置明细分类账,账内按产品品种分设专户,并按成本项目设置专栏或专行进行明细登记。

(四)“销售费用”账户

为了核算企业在产品销售过程中所发生的各项费用,以及为销售本企业产品而专设的销售机构的各项经费,应设置“销售费用”账户。该账户的借方登记实际发生的各项产品销售费用;贷方登记期末转入“本年利润”账户的产品销售费用;期末结转后该账户无余额。“销售费用”账户的明细分类账应按费用项目设置专栏,进行明细登记。

(五)“管理费用”账户

为了核算企业行政管理部门为组织和管理生产经营活动而发生的各项管理费用,应设置“管理费用”账户。该账户的借方登记发生的各项管理费用;贷方登记期末转入“本年利润”科目的管理费用;期末结转后该账户应无余额。“管理费用”账户的明细分类账应按费用项目设置专栏,进行明细登记。

(六)“财务费用”账户

为了核算企业为筹集生产经营所需资金而发生的各项费用,应设置“财务费用”账户。该账户的借方登记发生的各项财务费用;贷方登记应冲减财务费用的利息收入、汇兑收益及期末转入“本年利润”账户的财务费用；期末结转后该账户应无余额。“财务费用”账户的明细分类账应按费用项目设置专栏，进行明细登记。

结合本任务所讲述的成本核算的一般程序和成本核算的主要会计账户，可以归纳出成本核算的账务处理程序，如图 2-1 所示。通过图 2-1，可以从账务处理的角度进一步理解成本核算的一般程序。

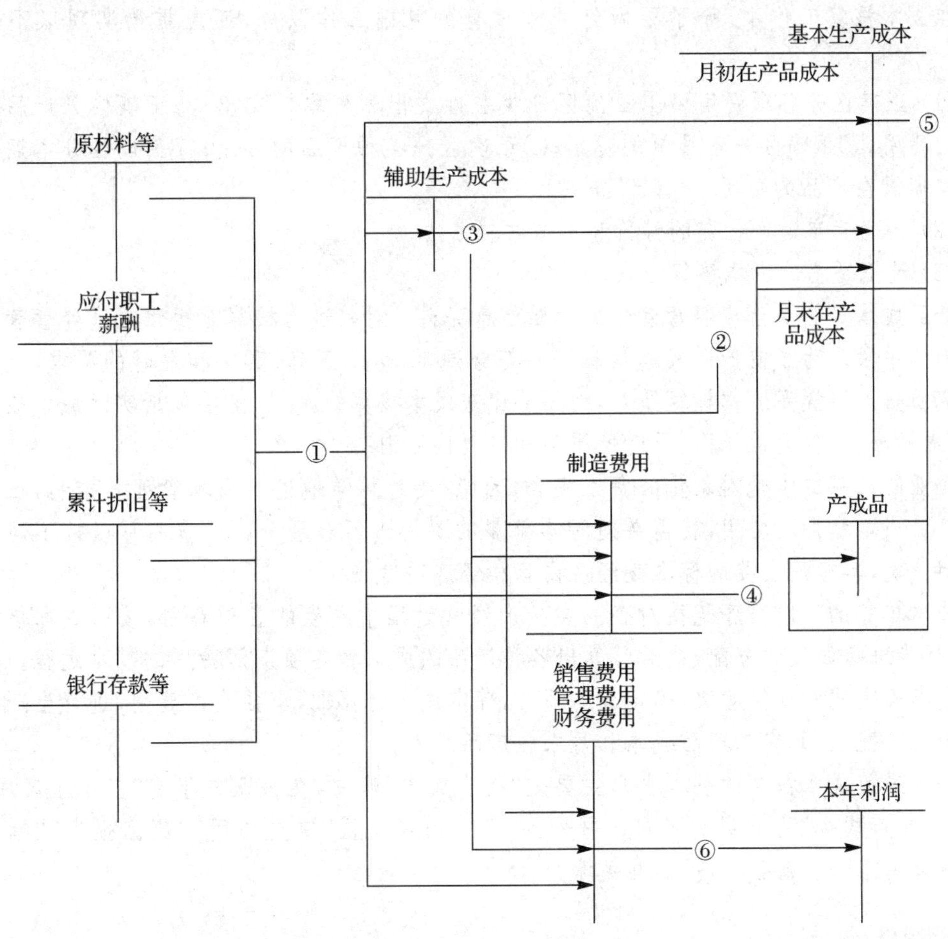

图 2-1　成本核算的账务处理程序

“制造费用”账户是企业用来核算为生产产品和提供劳务而发生的各项间接费用而设置的，一般期末无余额，但也有可能期末会有余额。这样说的具体原因是什么？

项目小结

成本核算过程既是对企业在日常生产经营过程中发生的各种耗费进行归类反映的过程,也是为满足企业管理要求进行信息反馈的过程,还是对成本计划的实施进行检验和控制的过程。

在成本核算工作中,除了要做好成本核算的基础工作以外,还应贯彻实现以下各项要求:

(1) 正确区分各项费用。①正确区分收益性支出和资本性支出;②正确区分产品成本与期间费用;③正确区分各月份的费用;④正确区分各种产品的费用;⑤正确区分本期完工产品与期末在产品的费用。

(2) 正确确定财产物资的计价和价值结转方法。

(3) 选用适当的成本核算方法。

产品成本是企业生产经营管理的重要信息资料。对其进行核算是提供生产经营管理信息资料的手段。为了使产品成本信息资料符合规定,达到正确、真实和及时的要求,核算必须讲究质量。要提高成本核算质量,必须要遵守成本核算的原则,主要包括实际成本核算原则、可靠性原则、重要性原则、及时性原则和一致性原则。

企业的产品成本是对象化的费用集合,因此,要想科学地进行成本管理和控制,正确地计算产品成本和期间费用,就需要对种类繁多的费用进行合理分类。费用可以按不同的标准进行分类,其中最主要的标准是经济内容和经济用途。

成本核算的一般程序是指对企业在生产经营过程中发生的各项费用,按照成本核算的要求,逐步进行归集和分配,最后计算出各种产品的成本和各项期间费用的基本过程。主要过程包括确定成本计算对象,确定成本项目,确定成本计算期,审核生产费用,进行生产费用的归集和分配,计算完工产品成本和月末在产品成本。

企业进行成本核算的基本账户主要是“生产成本”账户,在该账户下有“基本生产成本”和“辅助生产成本”两个明细账户。另外,企业还需要设置“制造费用”“废品损失”“销售费用”“管理费用”及“财务费用”等相关账户。

项目练习

一、单项选择题

1. 在下列各项中,属于费用要素的是(　　)。

A. 直接材料　　B. 直接人工

C. 外购材料　　D. 废品损失

2. 生产费用按其经济用途可分为(　　)。

A. 计入产品成本的生产费用和不计入产品成本的期间费用

B. 直接计入费用和间接计入费用

C. 直接费用和间接费用

D. 基本计入费用和一般费用

3. 直接计入费用和间接计入费用都应（　　）。

A. 列作当期损益的期间费用

B. 计入产品制造成本的费用

C. 计入制造费用的费用

D. 计入产品成本和期间费用的费用

4. 为核算企业进行各种产品、自制半成品等的生产所发生的各项费用，应设置（　　）账户。

A. “基本生产成本”　　B. “辅助生产成本”

C. “生产成本”　　D. “产品成本”

5. 产品成本项目（　　）。

A. 由企业根据生产特点和管理要求自行确定

B. 由国家统一规定

C. 根据财政部发布的规定确定

D. 由企业主管部门分别统一确定

6. 在下列各项中，属于产品成本项目的是（　　）。

A. 废品损失　　B. 工资费用

C. 管理费用　　D. 销售费用

7. 在生产费用中，应当按照受益原则分配的费用是指（　　）。

A. 直接计入费用　　B. 固定费用

C. 间接计入费用　　D. 变动费用

8. 在下列各项中，属于产品成本项目的是（　　）。

A. 折旧费用　　B. 外购燃料和动力

C. 直接人工　　D. 期间费用

9. 下列不能计入产品成本的费用是（　　）。

A. 燃料和动力费

B. 生产工人工资和福利费用

C. 车间管理人员工资及福利

D. 期间费用

二、多项选择题

1. 在没有期初、期末在产品的情况下，需要正确区分的费用有（　　）。

A. 生产费用与其他支出

B. 本期费用与非本期费用

C. 生产费用与期间费用

D. 各种产品的费用

2. 为了正确计算产品成本，必须正确区分的费用有（　　）。

A. 应计入产品成本和不应计入产品成本

B. 完工产品成本和月末在产品成本

C. 各个会计期间的费用

D. 各种产品的费用

3. 制造业企业的产品成本项目一般包括(　　)。

A. 直接材料　　B. 直接人工

C. 外购燃料　　D. 制造费用

4. “生产成本”账户是用来核算企业生产的(　　)等所发生的各项生产费用。

A. 各项产品　　B. 自制材料

C. 自制设备　　D. 自制工具

5. 下列属于产品生产成本的构成内容的费用有(　　)。

A. 直接材料费　　B. 管理费用

C. 直接人工费　　D. 制造费用

三、判断题

1. 为了正确计算产品成本,企业应该绝对正确地区分各个会计期间的费用。(　　)

2. 制定和修订定额,只是为了进行成本的审核,与成本计算没有关系。(　　)

3. 企业生产经营的原始记录是进行成本预测,编制成本计划,进行成本核算的依据。(　　)

4. 为了正确计算产品成本,必须正确区分各月的费用。(　　)

5. 为了正确计算产品成本,必须正确区分完工产品成本。(　　)

6. 为了正确计算产品成本,必须正确区分各种产品的费用。(　　)

7. 成本核算的基础工作不包括制定定额。(　　)

8. 选择完工产品与月末在产品费用分配的方法,既要科学合理,又要简便易行。(　　)

9. 生产费用按经济用途所做的分类,在会计上称为产品成本项目。(　　)

10. “基本生产成本”账户应该按成本计算对象设置明细分类账,账内按成本项目分设专栏或专行。(　　)

业务实训

某公司 2020 年 10 月有关费用资料如下:生产耗用原材料 80 000 元、辅助材料 1 000 元、燃料 2 000 元、电费 5 000 元,支付生产工人工资 10 000 元、车间管理人员工资 5 000 元,发生车间办公费 500 元、生产用机器修理费 500 元,支付企业管理人员工资 40 000 元、电话费 1 000 元,支付购买原材料所借款项 100 000 元的利息 5 000 元、购买车间用设备所借款项 500 000 元的利息 30 000 元,发生固定资产报废清理损失 1 000 元。该公司的成本会计人员将上述费用分类如下:生产经营管理费用 190 000 元,生产费用 15 000 元,产品成本 104 000 元,期间费用 55 000 元。

要求:请按照产品成本核算中正确区分各种费用的要求,评价该公司成本会计人员的费用分类是否正确。

项目三 归集与分配要素费用

知识目标

明确材料的用途,掌握直接材料的分配方法;

理解计件工资和计时工资的含义,掌握直接人工的分配方法;

明确辅助生产费用的内容,熟悉辅助生产费用的分配方法;

明确制造费用的内容,熟悉制造费用归集的账户设置,掌握制造费用的分配方法;

理解废品损失、停工损失的概念,掌握废品损失与停工损失的归集与分配。

技能目标

熟悉企业的各种费用,并能根据实际情况选择最合适的方法进行归集和分配。

案例导入

范雯雯是一家饮料厂的成本会计。该饮料厂主要生产各类果汁饮料。范雯雯发现该厂的成本核算制度存在一些问题:对生产各类果汁饮料的原材料没有进行适当的分类,使得在领用时容易发生错误;对原材料没有采用适当的方法在各类果汁饮料中进行分配;原材料的消耗根据实际领用数量进行核算,当发生领用成本过大时,企业没有任何管理措施;没有按照规定对发生的废品损失进行核算。为此,范雯雯向财务主管提出了这些问题,财务主管要求其对此进行改进。那么,范雯雯具体应该怎么做呢?

任务一 归集与分配直接材料

材料是指企业在生产经营过程中耗用的原料及主要材料、辅助材料、外购半成品、燃料、修理用备件、周转材料等。企业对其进行核算需要设置的账户有"原材料""周转材料"账户等。不论是耗用的外购材料还是耗用的自制材料,都应按照发生的部门或地点及用途分配计入产品成本或当期损益。

一、材料的主要组成

材料主要由以下几个部分组成:

(1) 原料及主要材料。原料及主要材料是指从企业外部通过采购或其他方式取得的,用于产品生产并形成产品实体的物品,如用于机械制造的钢材和钢板,用于生产果汁饮料的各类水果,用于冶炼的矿石,等等。

(2) 辅助材料。辅助材料是指从企业外部购进或通过其他方式取得,用于产品生产但不形成本产品实体,而有助于产品形成的物品,如润滑剂、染色剂、漂白粉、油漆等。

(3) 外购半成品。外购半成品是指从外部企业购入直接用于装配产品,成为产品组成部分的物品,如装配在洗衣机上的微型电动机。

(4) 燃料。燃料是指生产过程中用来燃烧发热的各种材料,以及燃烧时能产生热能或动力和光能的可燃物质,如汽油、天然气、煤气等。

(5) 修理用备件。修理用备件是指为修理本企业机器设备和运输工具所专用的各种备品备件,如齿轮、轴承、轮胎等。

(6) 周转材料。周转材料主要包括低值易耗品、包装物两大类。低值易耗品是指从企业外部购入、企业自制或委托加工等方式形成,不能作为固定资产的各种用具物品,如工具、劳保用品等。包装物是指从企业外部购入、企业自制或委托加工等方式形成,为了包装本企业产品而储备的各种包装容器,如桶、盒、箱等。

二、原材料的分配方法

原材料分配标准的确定要遵循合理与简便的原则。合理指的是所选择的分配标准与所应分配的费用大小有密切联系,能够使分配的结果比较合理。简便指的是作为分配标准的资料容易取得,并能使计算过程比较简便。原材料的分配方法一般有重量比例分配法、定额消耗量比例分配法、定额费用比例分配法等。

(一) 重量比例分配法

重量比例分配法是指以各种产品的重量作为分配标准,分配共同发生的材料费用的方法。如果企业生产的几种产品共同耗用同种材料或燃料,耗用量的多少与产品重量又有着直接关系,那么可以选择使用重量比例分配法。其计算公式为

材料费用分配率=材料实际总耗用量÷各产品的重量之和

某产品应分配的材料费用=该产品重量×材料费用分配率

重量比例分配法的分配标准为产品重量。若分配标准为产量、面积、体积,该分配方法可以称为产量比例分配法、面积比例分配法、体积比例分配法,计算公式与重量比例分配法的类似。

【例 3-1】 启华工厂基本生产车间生产甲、乙两种产品,2020 年 5 月生产两种产品共耗用 A 材料 6 500 千克,每千克 20 元。甲产品的重量为 1 100 千克,乙产品的重量为 1 500 千克。试采用重量比例分配法分配甲、乙产品的材料费用。

A 材料的材料费用分配率=(6 500×20)÷(1 100+1 500)=50

甲产品应分配的材料费用=1 100×50=55 000(元)

乙产品应分配的材料费用=1 500×50=75 000(元)

在实际工作中,启华工厂通过编制材料费用分配表对甲、乙产品共同耗用的 A 材料进行费用分配,如表 3-1 所示。

表 3-1 材料费用分配表(重量比例分配法)

材料名称:A 材料　　2020 年 5 月

应借账户		成本项目	分配标准/千克	分 配 率	分配金额/元
总账账户	明细账户				
生产成本	基本生产成本——甲产品	直接材料	1 100	50	55 000
生产成本	基本生产成本——乙产品	直接材料	1 500	50	75 000
合计			2 600	50	130 000

(二) 定额消耗量比例分配法

定额消耗量比例分配法就是以原材料定额消耗量为分配标准,分配原材料费用的一种方法。该方法适用于所消耗的原材料有定额消耗量的情况。其计算公式为

某产品的原材料定额消耗量=该种产品的实际产量×单位产品原材料消耗定额

原材料消耗量分配率=原材料实际总消耗量÷各产品原材料定额消耗量之和

某种产品应分配的原材料数量=该种产品的原材料定额消耗量×原材料消耗量分配率

某种产品应分配的原材料费用=该种产品应分配的原材料数量×原材料单价

【例 3-2】 启华工厂基本生产车间生产甲、乙两种产品,2020 年 7 月共耗用 A 材料 3 500 千克,每千克 20 元,甲、乙产品的产量分别为 2 200 千克和 2 600 千克,单位产品的 A 材料定额消耗量分别为 1 千克和 0.5 千克。试采用定额消耗量比例分配法分配 A 材料的材料费用。

甲产品的 A 材料定额消耗量=2 200×1=2 200(千克)

乙产品的 A 材料定额消耗量=2 600×0.5=1 300(千克)

A 材料消耗量分配率=3 500÷(2 200+1 300)=1

甲产品应分配的 A 材料数量=2 200×1=2 200(千克)

乙产品应分配的 A 材料数量=1 300×1=1 300(千克)

甲产品应分配的 A 材料费用=2 200×20=44 000(元)

乙产品应分配的 A 材料费用=1 300×20=26 000(元)

在实际工作中,启华工厂通过编制材料费用分配表对甲、乙产品共同耗用的 A 材料进行费用分配,如表 3-2 所示。

表 3-2 材料费用分配表(定额消耗量比例分配法)

材料名称:A 材料　　2020 年 7 月

应借账户		成本项目	分配标准/千克	分配率	材料实际单价	分配金额/元
总账账户	明细账户					
生产成本	基本生产成本——甲产品	直接材料	2 200	1	20	44 000
生产成本	基本生产成本——乙产品	直接材料	1 300	1	20	26 000
合计			3 500	1	20	70 000

(三) 定额费用比例分配法

定额费用比例分配法就是以原材料定额费用为分配标准，分配原材料费用的一种方法。该方法适用于所消耗的原材料有定额消耗费用的情况。其计算公式为

某产品的原材料定额费用＝该种产品的实际产量×单位产品原材料费用定额

原材料费用分配率＝待分配原材料实际费用总额÷各产品原材料费用定额之和

某产品应分配的原材料费用＝该种产品的原材料费用定额×原材料费用分配率

【例 3-3】 启华工厂基本生产车间生产甲、乙两种产品，2020 年 10 月共耗用 A 材料 4 500 千克，每千克 20 元，产品的产量分别为 2 400 千克和 1 200 千克，单位产品的定额 A 材料费用分别为 10 元和 5 元。试采用定额费用比例分配法分配 A 材料的材料费用。

甲产品的 A 材料定额费用＝2 400×10＝24 000(元)

乙产品的 A 材料定额费用＝1 200×5＝6 000(元)

A 材料费用分配率＝(4 500×20)÷(24 000＋6 000)＝3

甲产品应分配的 A 材料费用＝24 000×3＝72 000(元)

乙产品应分配的 A 材料费用＝6 000×3＝18 000(元)

在实际工作中，启华工厂通过编制材料费用分配表对甲、乙产品共同耗用的 A 材料进行费用分配，如表 3-3 所示。

表 3-3 材料费用分配表(定额费用比例分配法)

材料名称：A 材料　　　　2020 年 10 月

应借账户		成本项目	分配标准/千克	分配率	分配金额/元
总账账户	明细账户				
生产成本	基本生产成本——甲产品	直接材料	24 000	3	72 000
生产成本	基本生产成本——乙产品	直接材料	6 000	3	18 000
合计			30 000	3	90 000

三、材料费用分配的账务处理

在实际工作中，材料费用分配表应按车间编制。表中按照领用材料的产品或部门借记有关账户，按照发出材料的种类、数量、金额贷记有关存货类账户。如果企业产品种类多，使用的材料比较复杂，那么可以按照每类材料编制一张材料费用分配表。如果生产过程比较简单，使用的材料比较少，那么企业可以编制一张整体的材料费用分配表。

在按照实际成本进行材料日常核算的情况下，材料费用分配表中的金额可以根据领料凭证上的实际成本汇总填写。在按照计划成本进行材料日常核算的情况下，分配表中的金额栏要分为计划成本栏和差异栏。计划成本栏根据领料凭证上的计划成本加总填入，然后将根据本月材料成本差异分配率计算得出的差异额填入差异栏，再将计划成本加上超支差异或减去节约差异，计算出耗用材料的实际成本。

【例 3-4】 启华工厂设有两个基本生产车间生产甲、乙两种产品，2020 年 11 月根据各种领料凭证编制的材料费用分配表如表 3-4 所示。

表 3-4　材料费用分配表(启华工厂)

材料名称：A 材料　　　　2020 年 11 月　　　　单位：元

应借账户		成本项目	直接计入(计划成本)	分配标准	分配率	分配金额(计划成本)	费用合计(计划成本)	差异率(−2%)	材料实际成本
总账账户	明细账户								
生产成本	基本生产成本——甲产品	直接材料	21 900	5 400	1.5	8 100	30 000	−600	29 400
生产成本	基本生产成本——乙产品	直接材料	17 300	1 800	1.5	2 700	20 000	−400	19 600
制造费用	基本生产车间	辅助材料	1 000				1 000	−20	980
生产成本	辅助生产成本——机修车间	辅助材料	2 192				2 192	−44	2 148
生产成本	辅助生产成本——配电车间	辅助材料	1 800				1 800	−36	1 764
管理费用		辅助材料	2 000				2 000	−40	1 960
销售费用		辅助材料	1 600				1 600	−32	1 568
合计			47 792				58 592	−1 172	57 420

根据表 3-4 的资料编制如下会计分录：

借：生产成本——基本生产成本——甲产品　　29 400
　　　　　　　　　　　　　——乙产品　　19 600
　制造费用　　980
　生产成本——辅助生产成本——机修车间　　2 148
　　　　　　　　　　　　　——配电车间　　1 764
　管理费用　　1 960
　销售费用　　1 568
　材料成本差异　　1 172
　贷：原材料　　58 592

辅助材料、修理用备件等费用的分配与原材料的分配相同，此处不再赘述。

兴隆工厂是一家家具制造工厂,主要生产办公家具,如办公写字台、椅子、沙发等。该厂设有两个基本生产车间和两个辅助生产车间。第一基本生产车间主要生产办公写字台,第二基本生产车间主要生产椅子和沙发。辅助生产车间是为基本生产车间提供供电和维修劳务的。如果你是该工厂的成本会计,会如何对材料费用进行核算呢?

任务二 归集与分配直接人工

人工费用是指应付的职工工资总额和按工资总额的一定比例计提的职工福利费。工资是根据职工劳动的数量和质量,以货币形式支付给职工的劳动报酬。根据国家统计局的规定,工资总额由计件工资、计时工资、奖金、津贴和补贴、加班加点工资及特殊情况下支付的工资六部分组成。其中,计件工资和计时工资是最基本的部分。企业应将工资费用按其发生的部门或地点及用途分配计入产品成本或当期损益。

一、工资总额的计算

(一) 计时工资

计时工资是指按计时工资标准和工作时间支付给职工的劳动报酬。工资标准是指每一职工在单位时间内应得的工资额。以月薪制为例,计时工资的计算方法有以下两种:

1. 倒扣法

倒扣法是按月标准工资扣除缺勤天数应扣工资额计算工资的一种方法。其计算公式为

某职工本月应得工资=该职工月标准工资-事假天数×日标准工资-病假天数×日标准工资×病假扣款率

2. 正算法

正算法是按出勤天数直接计算工资的一种方法。其计算公式为

某职工本月应得工资=该职工本月出勤天数×日标准工资+病假天数×日标准工资×(1-病假扣款率)

(1) 日标准工资的计算方法。

日标准工资的计算可以采用下面两种方法:

① 按30天计算日标准工资。具体计算公式为

日标准工资=月标准工资÷30

② 按21.75天计算日标准工资。具体计算公式为

日标准工资=月标准工资÷21.75

在按30天计算日标准工资的企业中,由于节假日也算工资,因而出勤期间的节假日也按出勤日计算工资,事假、病假等缺勤期间的节假日也按出勤日扣工资。在按21.75天计算日标准工资的企业中,节假日不扣工资。

(2) 对职工制度工作时间的计算及工资折算方法的调整。

根据《全国年节及纪念日放假办法》的规定，全体公民的节日假期为11天。据此，国家劳动和社会保障部发布《关于职工全年月平均工作时间和工资折算问题的通知》(劳社部发〔2008〕3号)，对职工制度工作时间的计算及工资折算办法进行了调整。具体调整如下：

① 制度工作时间的计算。

年工作日：365－104(休息日)－11(法定节假日)＝250(天)

季工作日：250÷4＝62.5(天/季)

月工作日：250÷12＝20.83(天/月)

工作小时数的计算，以月、季、年的工作日乘以每日的8小时。

② 日工资、小时工资的折算。按照《中华人民共和国劳动法》的规定，法定节假日用人单位应当依法支付工资，即在折算日工资、小时工资时不剔除国家规定的11天法定节假日。据此，日工资、小时工资的折算公式为

日工资＝月工资收入÷月计薪天数

小时工资＝月工资收入÷(月计薪天数×8)

月计薪天数＝(365－104)÷12＝21.75(天)

(二) 计件工资

计件工资是指对已完成工作按计件单价支付的劳动报酬。其计算方式分为个人计件工资和集体计件工资两种方式。

1. 个人计件工资

个人计件工资是根据产品记录中登记的每一个工人的产量，乘以规定的计件单价计算得出的。这里的产品产量包括合格品数量和料废品数量。所谓料废品，就是指非工人本人过失造成的不合格产品，应计算并支付工资。而由于本人过失造成的不合格产品叫作工废品，不计算、支付工资。由于同一个工人在一个月内可能从事计件单价不同的各种产品的生产。因此，计件工资的计算公式为

$$计件工资 = \sum(某工人本月生产每种产品的产量 \times 该种产品的计件单价)$$

2. 集体计件工资

集体计件工资是按生产小组等集体计算计件工资的方法。其计算方法与个人计件工资的计算方法基本相同。集体计件工资还需要在集体内部各工人之间进行分配，一般以每人的工资标准和工作日数的乘积为分配标准。

二、直接人工费用的分配去向

基本生产车间工人的人工费用采用计件工资结算的，人工费用直接计入产品成本；采用计时工资计算且生产一种产品的，人工费用直接计入产品成本；采用计时工资计算且生产多种产品的，需要按照一定的标准分配计入各种产品的成本。

基本生产车间人员的工资按用途可分为直接从事产品生产的工人的工资和基本生产车间管理人员的工资。直接从事产品生产的工人的工资属于直接人工费用，应记入“生产成本——基本生产成本——××产品”账户的“直接人工”成本项目。基本生产车间管理人员的

工资(包括除生产工人以外所有人员的工资)则记入"制造费用"总账和所属明细账,月末分配记入"生产成本——基本生产成本——××产品"账户的"制造费用"成本项目。

辅助生产车间人员的工资按用途也可分为直接从事产品生产的工人的工资和辅助生产车间管理人员的工资。直接从事产品生产的工人的工资应记入"生产成本——辅助生产成本——××车间(产品)"账户的"直接人工"成本项目。辅助生产车间管理人员的工资应先记入"制造费用"总账和所属明细账,月末分配记入"生产成本——辅助生产成本——××车间(产品)"账户的"制造费用"成本项目。这种处理方法与基本生产的类似。如果辅助生产不对外提供商品产品,而且辅助生产车间规模较小、辅助产品或劳务单一时,为了简化核算工作,可不设置辅助生产的"制造费用"账户,辅助生产车间所有人员的工资则直接记入"生产成本——辅助生产成本——××车间(产品)"账户。

销售机构、行政管理部门人员的工资费用应分别记入"销售费用""管理费用"总账和所属明细账,并作为期间费用转入"本年利润" 账户。

三、直接人工费用的分配方法

当人工费用采用计时工资计算,同时生产多种产品时,需要按照一定的标准分配计入各种产品的成本。一般分配标准包括产品实际生产工时、定额工时、产品产量等。一般情况下,采用生产工时或定额工时分配人工费用,这样计算比较科学,而且过程相对简捷。相关计算公式为

生产工人工资分配率=生产工人工资总额÷各产品实际(定额)工时之和

各种产品应分配的工资额=各产品实际(定额)工时×分配率

【例 3-5】 启华工厂生产甲、乙两种产品,2020 年 11 月基本生产车间生产工人的计件工资分别为甲产品 1 960 元、乙产品 1 640 元。甲、乙产品的计时工资共计 8 400 元,生产工时分别为 7 200 小时、4 800 小时。另外,车间管理人员工资为 1 000 元,辅助生产机修车间人员和配电车间人员的工资分别为 400 元和 500 元,厂部管理人员的工资为 1 000 元。试分配甲、乙产品的工资费用。

工资分配率=8 400÷(7 200+4 800)=0.7

甲产品应分配的计时工资费用=7 200×0.7=5 040(元)

乙产品应分配的计时工资费用=4 800×0.7=3 360(元)

计入甲产品的工资费用=1 960+5 040=7 000(元)

计入乙产品的工资费用=1 640+3 360=5 000(元)

四、工资费用分配表的编制

在实际工作中,对工资费用的分配是通过编制工资费用分配表进行的。企业根据各个车间和部门的工资费用分配表和工资结算资料等,可以汇总编制全企业的工资费用分配表。

【例 3-6】 承【例 3-5】,编制启华工厂 2020 年 11 月的工资费用分配表,如表 3-5 所示。

表 3-5　工资费用分配表

2020 年 11 月　　　　单位:元

应借账户		成本项目	直接计入	分配计入		费用合计
总账账户	明细账户			分配标准	分配额 (0.7 元/小时)	
生产成本	基本生产成本 ——甲产品	直接人工	1 960	7 200	5 040	7 000
生产成本	基本生产成本 ——乙产品	直接人工	1 640	4 800	3 360	5 000
制造费用		直接人工	1 000			1 000
生产成本	辅助生产成本 ——机修车间	工资费用	400			400
生产成本	辅助生产成本 ——配电车间	工资费用	500			500
管理费用		工资费用	1 000			1 000
合计			6 500		8 400	14 900

根据表 3-5 的资料,编制如下会计分录:

借:生产成本——基本生产成本——甲产品　　7 000
　　　　　　　　　　　　　——乙产品　　5 000
　生产成本——辅助生产成本——机修车间　　400
　　　　　　　　　　　　　——配电车间　　500
　制造费用　　1 000
　管理费用　　1 000
　贷:应付职工薪酬 ——工资　　14 900

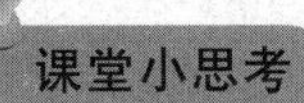

课堂小思考

启华工厂职工小宋每个月的工资是 3 500 元。他在 2020 年 10 月请了 2 天病假和 2 天事假,共出勤 18 天。已知该月双休日共 9 天,该公司病假工资按照月工资的 80%进行计算。如果日工资按照 30 天计算,那么小宋该月的工资是多少?

任务三 归集与分配辅助生产费用

制造业企业的辅助生产是指为基本生产车间、企业行政管理部门等单位服务而进行的产品生产和劳务供应。不同类型的辅助生产车间,辅助生产费用的归集程序与分配方法也不尽相同。因此,区分不同类型的辅助生产车间是正确组织辅助生产费用核算的前提。辅助生产车间按其提供劳务、作业和生产产品的种类多少,可分为单品种辅助生产车间和多品种辅助生产车间。所谓单品种辅助生产车间,是指只提供一种劳务或只进行同一性质作业的辅助生产车间,如配电车间、供水车间、机修车间和运输车队等。所谓多品种辅助生产车间,是指生产多种产品的辅助生产车间,如机械制造厂设立的模具生产车间。本任务着重介绍单品种辅助生产车间生产的已被基本生产车间或其他部门耗用的各种劳务、作业成本的归集和分配。

一、辅助生产费用的归集

辅助生产费用的归集和分配应通过“生产成本——辅助生产成本”账户进行。该账户按照产品或劳务的种类开设辅助生产成本明细账,用来归集辅助生产费用。如果辅助生产车间的规模很小,那么对辅助生产车间的制造费用可以不单独设置“制造费用”明细账进行汇总,而直接记入“生产成本——辅助生产成本”账户。辅助生产成本明细账的格式如表 3-6 和表 3-7 所示,表内数据是根据表 3-4 和表 3-5 中各种费用分配表登记的。

表 3-6 辅助生产成本明细账(配电车间)

单位:元

摘　要	材料费	动力费	工资及福利费	折旧费	修理费	保险费	其他费用	合计	转出
材料费用分配表	1 764							1 764	
动力费用分配表									
工资费用分配表			500					500	
其他费用分配表									
辅助生产成本分配表									2 264
合计	1 764		500					2 264	2 264

表 3-7　辅助生产成本明细账(机修车间)

单位:元

摘　　要	材料费	动力费	工资及福利费	折旧费	修理费	保险费	其他费用	合计	转出
材料费用分配表	2 148							2 148	
动力费用分配表									
工资费用分配表			400					400	
折旧费用分配表									
其他费用分配表									
辅助生产成本分配表									2 548
合计	2 148		400					2 548	2 548

二、辅助生产费用的分配方法

辅助生产车间提供的产品和劳务种类不同,其分配转出的程序也不同。多品种辅助生产车间辅助生产明细账归集的费用,随着完工工具、模具的入库,其成本应转入低值易耗品等账户;在领用时,再按其用途将费用一次或分次计入企业的产品成本。单品种辅助生产车间的辅助生产明细账所归集的费用,应按照受益的产品和部门进行分配。具体的分配方法有直接分配法、计划成本分配法、一次交互分配法和代数分配法。

(一) 直接分配法

直接分配法是将各辅助生产成本明细账中归集的费用总额,不考虑各辅助生产车间之间相互提供的劳务(或产品),直接分配给辅助生产部门以外的各受益产品、车间、部门的方法。此方法适用于企业只有一个辅助生产车间,只提供一种产品或劳务;企业有两个或更多的辅助生产部门,但相互之间不存在交互服务的情况;虽然各辅助生产车间存在交互服务的情况,但提供产品或服务不多,采用直接分配法分配对辅助生产成本和产品制造成本影响不大。其计算公式为

分配率=某车间辅助生产费用总额÷该辅助生产车间对外提供的劳务或作业量

某部门应负担的辅助生产费用=某部门受益的产品或劳务量×分配率

【例 3-7】 承【例 3-5】,从表 3-6 与表 3-7 可知,“辅助生产成本——机修车间”明细账和“辅助生产成本——配电车间”明细账归集的辅助生产费用总额分别为 2 548 元和 2 264 元。两个辅助生产车间分别按照机修工时和配电数量进行分配。各部门耗用工时与配电数量如表 3-8 所示。

表 3-8　各部门耗用工时与配电数量

受益部门	工时/小时	配电数量/度
机修车间		200
配电车间	30	
甲产品		1 250
乙产品		1 750
基本生产车间	400	828
销售部门	125	250
管理部门	112	450
合计	667	4 728

分配计算如下：

机修车间分配率＝2 548÷(400＋125＋112)＝2 548÷637＝4(元/小时)

配电车间分配率＝2 264÷(1 250＋1 750＋828＋250＋450)＝2 264÷4 528＝0.5(元/度)

甲产品应负担的电费＝1 250×0.5＝625(元)

乙产品应负担的电费＝1 750×0.5＝875(元)

基本生产车间应负担的修理费用＝400×4＝1 600(元)

基本生产车间应负担的电费＝828×0.5＝414(元)

销售部门应负担的修理费用＝125×4＝500(元)

销售部门应负担的电费＝250×0.5＝125(元)

管理部门应负担的修理费用＝112×4＝448(元)

管理部门应负担的电费＝450×0.5＝225(元)

在实际工作中,企业辅助生产费用的分配是通过编制辅助生产费用分配表进行的。【例 3-7】中对辅助生产费用的分配如表 3-9 所示。

表 3-9　辅助生产费用分配表(直接分配法)

单位:元

项　目	机修车间		配电车间		合　计
	耗 用 量	分 配 额	耗 用 量	分 配 额	
发生的费用		2 548		2 264	4 812
对外提供的劳务量	637		4 528		

续表

项　　目	机修车间		配电车间		合　计
	耗 用 量	分 配 额	耗 用 量	分 配 额	
分配率		4		0.5	
甲产品			1 250	625	625
乙产品			1 750	875	875
基本生产车间	400	1 600	828	414	2 014
销售部门	125	500	250	125	625
管理部门	112	448	450	225	673

根据表 3-9 的资料，编制如下会计分录：

借：生产成本——基本生产成本——甲产品　　625
　　　　　　　　　　　　　——乙产品　　875
　　制造费用　　2 014
　　销售费用　　625
　　管理费用　　673
　贷：生产成本——辅助生产成本——机修车间　　2 548
　　　　　　　　　　　　　　——配电车间　　2 264

(二) 计划成本分配法

计划成本分配法是指将辅助生产车间为各受益单位提供的劳务，按照劳务的实际耗用量和劳务的计划单位成本进行分配；将辅助生产车间实际发生的费用(包括交互分配转入的费用)与按计划单位成本分配转出的费用之间的差额，分配给辅助生产以外的各受益单位的方法。分配的差额一般全部记入“管理费用”账户。该方法一般适用于计划水平较高、管理比较规范的企业。相关计算公式为

某受益部门应负担的辅助生产费用的计划成本＝该部门接受的劳务量×计划单位成本

辅助生产成本差异＝该辅助生产车间实际发生的费用－分配转出的计划成本

辅助生产车间实际发生的费用＝按计划成本分配前已归集的费用＋按计划成本分配转入的费用

【例 3-8】 承【例 3-7】，该企业确定的辅助生产劳务的计划单位成本为修理工时每小时 5 元、电费每度 0.4 元。分配计算如下：

(1) 各受益部门应负担的计划成本费用。

机修车间应负担电费的计划成本＝200×0.4＝80(元)

配电车间应负担修理费用的计划成本＝30×5＝150(元)

甲产品应负担电费的计划成本＝1 250×0.4＝500(元)

乙产品应负担电费的计划成本＝1 750×0.4＝700(元)

基本生产车间应负担电费的计划成本＝828×0.4＝331.2(元)

基本生产车间应负担修理费的计划成本＝400×5＝2 000(元)

销售部门应负担电费的计划成本＝250×0.4＝100(元)

销售部门应负担修理费的计划成本＝125×5＝625(元)

管理部门应负担电费的计划成本＝450×0.4＝180(元)

管理部门应负担修理费的计划成本＝112×5＝560(元)

(2) 辅助生产车间实际发生的费用。

机修车间实际发生的费用＝2 548＋80＝2 628(元)

配电车间实际发生的费用＝2 264＋150＝2 414(元)

(3) 辅助生产成本差异。

机修车间辅助生产成本差异＝2 628－(150＋2 000＋625＋560)＝－707(元)

配电车间辅助生产成本差异＝2 414－(80＋500＋700＋331.2＋100＋180)＝522.8(元)

辅助生产费用的分配情况如表3-10所示。

表3-10 辅助生产费用分配表(计划成本分配法) 单位:元

项目	机修车间		配电车间		合计
	耗用量	分配额	耗用量	分配额	
发生的费用		2 548		2 264	4 812
提供的劳务量	667		4 728		
计划分配率		5		0.4	
机修车间			200	80	80
配电车间	30	150			150
甲产品			1 250	500	500
乙产品			1 750	700	700
基本生产车间	400	2 000	828	331.2	2 331.2
销售部门	125	625	250	100	725
管理部门	112	560	450	180	740
按计划成本分配合计		3 335		1 891.2	5 226.2
辅助生产实际成本		2 628		2 414	5 042
辅助生产成本差异		－707		522.8	－184.2

根据表 3-10 的资料，编制如下会计分录：

借：生产成本——基本生产成本——甲产品　500
　　　　　　　　　　　　　——乙产品　700
　　制造费用　2 561.2
　　销售费用　725
　　管理费用　740
　贷：生产成本——辅助生产成本——机修车间　3 335
　　　　　　　　　　　　　　　——配电车间　1 891.2

借：管理费用　184.2
　贷：生产成本——辅助生产成本——机修车间　707
　　　　　　　　　　　　　　　——配电车间　522.8

在计划成本分配法下，由于辅助生产劳务的单位成本是预先确定好的，因此，资料容易取得，从而简化了工作。而且，排除了辅助生产实际费用的高低对各受益部门成本的影响，便于考核、分析各受益部门的经济责任。另外，通过辅助生产成本差异的计算，能反映和考核辅助生产成本计划的执行情况。但是，该方法用到的计划单位成本必须正确确定。

（三）一次交互分配法

一次交互分配法是指辅助生产车间先进行一次相互分配，然后将辅助生产费用在辅助生产车间外部各受益对象之间进行分配的一种辅助生产费用的分配方法。

（1）对内交互分配。相关计算公式为

交互分配率＝该辅助生产交互分配前发生的费用÷劳务总量

辅助生产费用交互分配额＝该辅助生产对内提供的劳务量×交互分配率

交互分配后的辅助生产费用＝交互分配前发生的费用＋交互分配转入的费用－交互分配转出的费用

（2）对外分配。相关计算公式为

对外分配率＝该辅助生产交互分配后的费用÷该辅助生产部门对外提供的劳务量

除辅助生产部门外某受益单位应负担的辅助生产费用＝该单位接受的劳务量×对外分配率

【例 3-9】 承【例 3-5】至【例 3-8】，按照一次交互分配法计算如下：

（1）对内交互分配。

机修车间的交互分配率＝2 548÷667＝3.82（元/小时）

配电车间的交互分配率＝2 264÷4 728＝0.48（元/度）

机修车间交互分配后的费用＝2 548＋200×0.48－30×3.82＝2 529.4（元）

配电车间交互分配后的费用＝2 264＋30×3.82－200×0.48＝2 282.6（元）

（2）对外分配。

机修车间对外分配率＝2 529.4÷637＝3.97（元/小时）

配电车间对外分配率＝2 282.6÷4 528＝0.5（元/度）

甲产品应负担的电费＝1 250×0.5＝625（元）

乙产品应负担的电费＝1 750×0.5＝875(元)
基本生产车间应负担的电费＝828×0.5＝414(元)
基本生产车间应负担的修理费＝400×3.97＝1 588(元)
销售部门应负担的电费＝250×0.5＝125(元)
销售部门应负担的修理费＝125×3.97＝496.25(元)
管理部门应负担的电费＝450×0.5＝225(元)
管理部门应负担的修理费＝112×3.97＝444.64(元)
辅助生产费用的分配情况如表3-11所示。

表3-11　辅助生产费用分配表(一次交互分配法)　　单位:元

项　目	机修车间		配电车间		合　计
	耗用量	分配额	耗用量	分配额	
发生的费用		2 548		2 264	4 812
提供的劳务量	667		4 728		
交互分配					
交互分配率		3.82		0.48	
机修车间			200	96	96
配电车间	30	114.6			114.6
对外分配					
对外分配费用		2 529.4		2 282.6	4 812
对外分配率		3.97		0.5	
甲产品			1 250	625	625
乙产品			1 750	875	875
基本生产车间	400	1 588	828	414	2 002
销售部门	125	496.25	250	125	621.25
管理部门	112	444.64	450	225	669.64
对外分配合计	637	2 528.89	4 528	2 264	4 792.89

注:由于对外分配率为约数,因此对外分配后合计数额与对外分配费用存在一定差异。该差异也可由管理费用负担。

根据以上辅助生产费用分配表编制如下会计分录:
(1) 对内交互分配。
借:生产成本——辅助生产成本——机修车间　　96
　　　　　　　　　　　　　——配电车间　　114.6

贷:生产成本——辅助生产成本——配电车间　　96

——机修车间　　114.6

(2) 对外分配。

借:生产成本——基本生产成本——甲产品　　625

——乙产品　　875

制造费用　　2 002

销售费用　　621.25

管理费用　　669.64

贷:生产成本——辅助生产成本——机修车间　　2 528.89

——配电车间　　2 264

由于对辅助生产内部提供的劳务进行了交互分配,所以提高了分配结果的正确性。但采用一次交互分配法,需要计算两次分配率,从而增加了计算工作量。

(四) 代数分配法

代数分配法是按照数学中解联立方程的方法,计算辅助生产劳务的单位成本,然后根据各受益单位(包括辅助生产车间)耗用的数量和单位成本计算分配辅助生产费用的一种方法。该方法适用于实现会计电算化的企业。其分配程序如下:运用代数中多元一次联立方程的原理,先计算各辅助生产车间产品和劳务的实际单位成本,然后与各受益单位耗用的产品或劳务量相乘,计算分配辅助生产费用。

【例 3-10】 承【例 3-7】,按照代数分配法计算如下:

假设机修车间的单位成本为 x,配电车间的单位成本为 y,联立如下方程组:

$$\begin{cases} 2\,548+200y=667x \\ 2\,264+30x=4\,728y \end{cases}$$

解得:$x=3.971\,229$;$y=0.504\,048$

各受益部门应负担的辅助生产费用如下:

机修车间应负担的电费=200×0.504 048=100.81(元)

配电车间应负担的修理费=30×3.971 229=119.14(元)

甲产品应负担的电费=1 250×0.504 048=630.06(元)

乙产品应负担的电费=1 750×0.504 048=882.08(元)

基本生产车间应负担的修理费=400×3.971 229=1 588.49(元)

基本生产车间应负担的电费=828×0.504 048=417.35(元)

销售部门应负担的修理费=125×3.971 229=496.4(元)

销售部门应负担的电费=250×0.504 048=126.01(元)

管理部门应负担的修理费=112×3.971 229=444.78(元)

管理部门应负担的电费=450×0.504 048=226.82(元)

辅助生产费用的分配情况如表3-12所示。

表3-12 辅助生产费用分配表(代数分配法)　　单位:元

项目	机修车间		配电车间		合计
	耗用量	分配额	耗用量	分配额	
发生的费用		2 548		2 264	4 812
分配率		3.971 229		0.504 048	
机修车间			200	100.81	100.81
配电车间	30	119.14			119.14
甲产品			1 250	630.06	630.06
乙产品			1 750	882.08	882.08
基本生产车间	400	1 588.49	828	417.35	2 005.84
销售部门	125	496.4	250	126.01	622.41
管理部门	112	444.78	450	226.82	671.6
合计	667	2 648.81	4 728	2 383.13	5 031.94

根据以上辅助生产费用分配表编制如下会计分录:

借:生产成本——辅助生产成本——机修车间　　100.81
　　　　　　　　　　　　　——配电车间　　119.14
　　　　——基本生产成本——甲产品　　630.06
　　　　　　　　　　　　　——乙产品　　882.08
　制造费用　　2 005.84
　销售费用　　622.41
　管理费用　　671.60
贷:生产成本——辅助生产成本——机修车间　　2 648.81
　　　　　　　　　　　　　——配电车间　　2 383.13

采用代数分配法计算分配率分配辅助生产费用最科学,分配结果最准确。但是,如果辅助生产车间、部门较多,解联立方程的工作会很复杂。

课堂小思考

当运用直接分配法下计算费用分配率时,需要将分母扣除辅助生产车间所耗用的劳务量,这样做的目的是什么?

任务四 归集与分配制造费用

制造费用是指制造业企业为生产产品或提供劳务而发生的，应计入产品成本，但没有专设成本项目的各项生产费用。制造费用主要包括工资及福利费、修理费、办公费、折旧费、水电费、机物料消耗费、劳动保护费、保险费、租赁费、低值易耗品摊销、停工损失、运输费等。

一、制造费用的归集

制造费用的归集和分配通过“制造费用”账户进行，并按照车间和部门开设不同的明细账户，分别归集和分配各个车间发生的制造费用。制造费用明细账的格式如表 3-13 所示，表内数据是根据前述的各种费用分配表登记的。

表 3-13 “制造费用——基本生产车间”明细账

单位：元

摘　　要	材料费	动力费	工资及福利费	折旧费	修理费	保险费	其他费用	合　计	转　出
材料费用分配表									
动力费用分配表									
工资费用分配表									
折旧费用分配表									
待摊费用分配表									
其他费用分配表									
辅助生产成本分配表(直接分配法)									
合计									

二、制造费用的分配方法

在生产一种产品的车间、部门中，发生的制造费用应直接计入该种产品的成本。在生产多种产品的车间、部门中，发生的制造费用则属于间接计入费用，应采用适当的分配方法，分配计入各产品生产成本。

分配制造费用，需要选择一定的标准进行，常用的标准有生产工人工时、生产工人工资、机器工时和年度计划分配率等。由此产生了生产工人工时比例法、生产工人工资比例法、机器工时比例法和年度计划分配率法等制造费用的分配方法。分配方法一经确定，不宜任意变更。下面主要介绍前三种分配方法。

(一) 生产工人工时比例法

生产工人工时比例法是指按照各种产品所用生产工人实际(定额)工时的比例分配制造

费用的方法。这种方法适用于机械化程度较低或生产的各产品工艺过程机械化程度大致相同的单位。其计算公式为

制造费用分配率＝制造费用总额÷产品实际(定额)工时总数

某种产品应分配的制造费用＝该产品实际(定额)工时×制造费用分配率

【例 3-11】 承【例 3-5】,生产甲、乙产品的生产工时分别为 7 200 小时、4 800 小时。该月“制造费用”账户的借方余额为 3 994 元。分配计算如下：

制造费用分配率＝3 994÷(7 200＋4 800)＝0.332 8(元/小时)

甲产品应分配的制造费用＝7 200×0.332 8＝2 396.16(元)

乙产品应分配的制造费用＝3 994－2 396.16＝1 597.84(元)

制造费用的分配情况如表 3-14 所示。

表 3-14 制造费用分配表(生产工人工时比例法)

应借科目			耗用工时/小时	分配率/(元/小时)	分配额/元
总账账户	明细账户	费用项目			
生产成本	基本生产成本——甲产品	制造费用	7 200	0.332 8	2 396.16
生产成本	基本生产成本——乙产品	制造费用	4 800	0.332 8	1 597.84
合计			12 000		3 994

根据以上制造费用分配表,编制会计分录如下：

借:生产成本——基本生产成本——甲产品　　2 396.16

　　　　　　　　　　　　　　——乙产品　　1 597.84

　贷:制造费用　　3 994

生产工人工时比例法可以将产品负担制造费用的多少与劳动生产率的高低联系起来。如果劳动生产率提高,单位产品生产工时减少,所负担的制造费用就相应降低。因此,生产工人工时比例法是较为常用的一种制造费用分配方法。

(二) 生产工人工资比例法

生产工人工资比例法是指按照计入各种产品成本的生产工人实际工资的比例分配制造费用的方法。这种方法适用于各种产品机械化生产程度基本相同的企业。相关计算公式为

制造费用分配率＝制造费用总额÷生产各种产品的生产工人工资之和

某种产品应分配的制造费用＝生产该产品的生产工人工资×制造费用分配率

【例 3-12】 承【例 3-5】,生产甲、乙产品的生产工人工资分别为 7 000 元、5 000 元。本月“制造费用”账户借方余额为 3 994 元。分配计算如下：

制造费用分配率＝3 994÷(7 000＋5 000)＝0.332 8

甲产品应分配的制造费用＝7 000×0.332 8＝2 329.6(元)

乙产品应分配的制造费用＝3 994－2 329.6＝1 664.4(元)

制造费用的分配情况如表 3-15 所示。

表 3-15　制造费用分配表(生产工人工资比例法)

应借科目			工　资	分配率	分配额/元
总账账户	明细账户	费用项目			
生产成本	基本生产成本——甲产品	制造费用	7 000	0.332 8	2 329.6
生产成本	基本生产成本——乙产品	制造费用	5 000	0.332 8	1 664.4
合计			12 000		3 994

根据以上制造费用分配表资料,编制会计分录如下:

借:生产成本——基本生产成本——甲产品　　2 329.6

　　　　　　　　　　　　　——乙产品　　1 664.4

　贷:制造费用　　3 994

由于生产工人的工资资料比较容易取得,因此采用生产工人工资比例法分配制造费用比较简便。但是这种方法的使用前提是各种产品的工艺过程机械化程度或生产工人的操作技能大致相同;否则,就会导致分配结果不符合配比原则。

(三) 机器工时比例法

机器工时比例法是指以各种产品生产所用机器设备的运转工作时间的比例作为分配标准分配制造费用的一种方法。这种方法适用于机械化、自动化程度较高的车间。相关分配公式为

制造费用分配率＝制造费用总额÷各种产品耗用的机器工时之和

某种产品应分配的制造费用＝该产品耗用的机器工时×制造费用分配率

在机械化程度较高的车间中,有相当大部分的制造费用与机械设备有关,因此,采用机器工时比例法分配制造费用比较符合配比原则。

课堂小思考

启华工厂设有一个基本生产车间,用于生产甲、乙、丙三种产品。这三种产品的生产工时分别为 2 000 小时、3 000 小时和 2 000 小时。2020 年 8 月,有关制造费用的经济业务如下:①以银行存款支付办公费用 4 000 元,其中基本生产车间的办公费用为 1 500 元,厂部的办公费用为 2 500 元;②耗用材料的实际成本为 100 000 元,其中基本生产车间的成本为 90 000 元,车间的成本为 6 000 元,厂部的成本为 4 000 元;③应付工资 80 000 元,其中,基本生产车间生产工人的工资为 60 000 元,车间管理人员的工资为 9 000 元,厂部人员的工资为 11 000 元;④以银行存款支付水电费8 000 元,其中基本生产车间的水电费为 6 000 元,车间的水电费为 800 元,厂部的水电费为 1 200 元。那么,启华工厂 2020 年 8 月共发生的制造费用是多少? 试采用生产工人工时比例法分配本月的制造费用。

任务五 归集与分配废品损失及停工损失

损失性费用是指企业由于生产组织不合理、经营管理不善或生产工人未执行技术操作规程等,导致企业产生废品或停工停产,造成企业人力、物力或财力上的损失。损失性费用包括废品损失、停工损失,以及在产品盘亏和毁损等。下面详细说明废品损失和停工损失。

一、废品损失的概念、归集与分配

(一) 废品损失的概念

废品是指由于生产原因造成质量不符合规定的技术标准,不能按照原定用途使用或者需要加工修复后才能使用的在产品、半成品和产成品。它包括生产过程中发现的废品和入库后发现的废品。

废品按其修复的技术可能性和修复费用的经济合理性,可分为可修复废品和不可修复废品两种。可修复废品是指在技术上可修,在经济上修复合算的废品。在经济上修复合算是指发生的修复费用低于重新制造同一产品发生的支出。不可修复废品是指在技术上不可修,或者在技术上可修但在经济上不合算的废品。

废品损失是指在生产过程中、入库后发现的不可修复废品的生产成本及可修复废品的修复费用,扣除回收的残料价值和应收赔款以后的净损失。

(二) 可修复废品损失的归集与分配

可修复废品损失是指在修复过程中所发生的各项修复费用(一般包括修复期间发生的直接材料费、直接人工费和应分摊的制造费用),扣除回收的残料价值和应收赔款以后的净损失。

可修复废品在返修前发生的生产费用不是废品损失,仍在“生产成本——基本生产成本”账户和相关的明细账户中登记。根据各项分配率计算得出的在返修过程中发生的生产费用,应记入“废品损失”账户的借方。如果有回收的残料价值和责任人赔偿款,则记入“废品损失”账户的贷方。在返修过程中发生的生产费用减去回收的残料价值和责任人赔偿款后的废品净损失,应从“废品损失”账户的贷方转入“生产成本——基本生产成本”账户的借方,作为“废品损失”成本项目单独反映。下面举例说明可修复废品损失的归集和分配。

【例 3-13】 经质检部门检验发现,在启华工厂 2020 年 2 月生产的丙产品中有 10 件产品出现不同程度的质量问题。这些问题产品经过修复后还可以销售,因此将其确定为可修复废品。启华工厂为修复丙产品发生材料费 600 元,耗用工时 100 小时。启华工厂的人工费用分配率为 5.5,制造费用分配率为 2.5。在修复过程中回收的残料价值为 20 元,收到责任人赔偿 150 元。分配计算如下:

材料费用=600(元)

人工费用=100×5.5=550(元)

制造费用=100×2.5=250(元)

修复费用总额＝600＋550＋250＝1 400(元)

废品净损失＝1 400－20－150＝1 230(元)

相关废品损失的归集和分配情况如表 3-16 所示。

表 3-16　废品损失计算表(丙产品)　　单位:元

项　　目	废品数量/件	直接材料费		生产工时/小时	直接人工费		制造费用		合　　计
		分配率	分配额		分配率	分配额	分配率	分配额	
废品成本	10		600	100	5.5	550	2.5	250	1 400
回收残值		20							20
责任人赔偿									150
废品净损失									1 230

根据表 3-16 的资料,编制会计分录如下:

借:废品损失——丙产品　　1 400
　贷:原材料　　600
　　应付职工薪酬　　550
　　制造费用　　250

借:原材料　　20
　其他应收款　　150
　贷:废品损失——丙产品　　170

借:生产成本——基本生产成本——丙产品　　1 230
　贷:废品损失——丙产品　　1 230

(三) 不可修复废品损失的归集与分配

不可修复废品损失是指不可修复废品的生产成本扣除回收的残料价值和应收赔款以后的净损失。不可修复废品的成本与同种合格产品的成本是同时发生的,并已归集计入该种产品的生产成本明细账中。为了归集和分配不可修复废品损失,必须先计算废品的成本,将其从该种产品总成本中分离出来。不可修复废品的生产成本既可以按实际成本计算,也可以按计划成本计算。为了简便,在实际工作中往往对其按照计划成本计算。

计算得出的废品生产成本,应从“生产成本——基本生产成本”账户及相关明细账户中转出,转入“废品损失”账户的借方。如果有回收的残料价值和责任人赔偿款,则记入“废品损失”账户的贷方。“废品损失”账户的借方余额作为废品净损失从“废品损失”账户的贷方转回到“生产成本——基本生产成本”账户的借方,作为“废品损失”成本项目反映。下面举例说明不可修复废品损失的归集和分配。

【例 3-14】　经质检部门检验发现,在启华工厂 2020 年 3 月生产的丁产品中有 10 件产品出现质量问题。这些产品经确定为不可修复废品,予以报废。已知到报废时材料已全部投入,其他费用按照计划成本的 50%计算。丁产品的单位计划成本为直接材料费 60 元、直接人工费 25 元、制造费用 15 元。报废过程中回收的残料价值为 85 元,收到的责任人赔偿为 220 元。分配计算如下:

材料费用=60×10=600(元)

人工费用=25×10×50%=125(元)

制造费用=15×10×50%=75(元)

废品生产成本总额=600+125+75=800(元)

废品净损失=800-85-220=495(元)

相关废品损失的归集和分配情况如表 3-17 所示。

表 3-17 废品损失计算表(丁产品) 单位:元

项目	废品数量/件	直接材料费		直接人工费		制造费用		合计
		分配率	分配额	分配率	分配额	分配率	分配额	
废品成本	10	60	600	25	125	15	75	800
回收残值		85						85
责任人赔偿								220
废品净损失								495

根据表 3-17 的资料,编制会计分录如下:

借:废品损失——丁产品 800

　贷:生产成本——基本生产成本——丁产品 800

借:原材料 85

　　其他应收款 220

　贷:废品损失——丁产品 305

借:生产成本——基本生产成本——丁产品 495

　贷:废品损失——丁产品 495

不可修复废品成本按计划成本计算,因费用定额已事先确定,所以计算工作比较简便、及时,有利于考核和分析废品损失和产品成本。但前提是必须具备比较准确的费用定额资料,否则会影响成本计算的正确性。

二、停工损失的概念、归集与分配

(一) 停工损失的概念

停工损失是指企业生产单位(分厂、车间或车间内某个班组)在停工期内发生的各项费用,包括停工期内发生的燃料及动力费、损失的材料费用、应支付的生产工人的工资及提取的福利费,以及应负担的制造费用等。应由过失人、过失单位或保险公司负担的赔款,要从停工损失中扣除。

企业发生停工的时间有长有短,停工的原因多种多样。因此,对发生的停工损失,应根据不同情况进行相应的分配处理。由于自然灾害引起的停工损失,应转作营业外支出。由于原材料供应不足、机器设备发生故障及计划减产等发生的停工损失，应在规定的期限内（全厂连续停产10天以内、生产车间连续停产1个月以内）计入产品成本；超过上述期限的，应转作营业外支出。

为了简化核算，对于生产单位不满1个工作日的停工，可以不计算停工损失。季节性生产的企业在停工期内发生的费用，应采用待摊、预提的方法由开工期内的生产成本负担，不作为停工损失。

（二）停工损失的归集与分配

停工损失的归集和分配是通过“停工损失”账户进行的。该账户应按车间进行明细核算，根据停工报告单和相应费用分配表等有关凭证，将停工期内发生的、应列入停工损失的费用记入“停工损失”账户，借记“停工损失”账户，贷记“原材料”“应付职工薪酬”和“制造费用”等账户。对于由过失人、过失单位或保险公司负担的赔款，应借记“其他应收款”账户，贷记“停工损失”账户。月末，将发生的停工费用扣除各种赔款后的停工净损失，按停工的原因分配计入营业外支出或产品成本，借记“营业外支出”“生产成本——基本生产成本”账户，贷记“停工损失”账户。月末，“停工损失”账户无余额。

不单独核算停工损失的企业，不设置“停工损失”账户和“停工损失”成本项目。停工期内发生的属于停工损失的各项费用，应分别记入“制造费用”和“营业外支出”等账户。辅助生产车间的停工损失由于数额一般较小，通常都不单独进行核算。

启华工厂2020年7月发现在生产的乙产品中有10件不可修复废品。已知原材料是在生产开始时一次性投入的，每件原材料的费用定额为110元；已经完成的定额工时为200小时，每小时的费用定额为直接人工费10元、制造费用8元。另外，回收废品残料的价值为500元。那么，启华工厂的成本会计应该如何计算废品损失呢？

项目小结

各项要素费用一般是通过编制费用分配表进行分配的，并根据费用分配表确定的项目分别记入“生产成本”账户下设置的“基本生产成本”“辅助生产成本”账户。分配到辅助生产车间的各项费用，应记入“生产成本——辅助生产成本”明细账。如果是提供辅助产品的，其核算方法与基本生产的核算方法一样；如果是提供劳务的，则在期末将辅助生产费用采用适当的方法分配给各受益单位，分配方法主要有直接分配法、一次交互分配法、计划成本分配法和代数分配法。通过对辅助生产费用进行分配后，将应计入产品成本的各项费用分别归集到“生产成本——基本生产成本”账户和“制造费用”账户。

制造费用是企业为生产产品而发生的，应计入产品成本。当发生制造费用时，可以将其直接记入“制造费用”账户，也可以通过一定的分配方法将其归集到“制造费用”账户。对于归集到“制造费用”账户的制造费用，在期末要采用适当的方法将其分配到有关的产品成本中。如果仅有一种产品的生产,制造费用则直接转入;如果有多种产品的生产,则需要按照生产工人工时比例法或生产工人工资比例法或机器工时比例法分配给不同产品。

生产损失是企业在生产过程中发生的不能形成正常产出的各种耗费,主要包括废品损失和停工损失。废品损失是指在生产过程中、入库后发现的不可修复废品的生产成本,以及可修复废品的修复费用,扣除回收的残料价值和应收赔款以后的净损失。停工损失是指企业生产单位(分厂、车间或车间内某个班组)在停工期内发生的各项费用,包括停工期内发生的燃料及动力费、损失的材料费用、应支付的生产工人的工资及提取的福利费,以及应负担的制造费用等。废品损失和停工损失的归集是通过设置"废品损失"账户和"停工损失"账户进行的,期末根据不同原因将其净额转入"生产成本——基本生产成本""其他应收款""营业外支出"等账户。

项目练习

一、单项选择题

1. 在下列各项中,不属于制造业企业成本项目的是(　　)。

A. 燃料及动力费　　B. 直接人工费

C. 制造费用　　D. 折旧费

2. 如果甲、乙两种产品的重量不同,材料单位消耗量基本相同,企业没有制定材料单位消耗定额且在材料领用时未能区分每种材料的消耗量,那么可以作为甲、乙产品共同消耗的材料费用的分配标准的是(　　)。

A. 完工产品的重量　　B. 完工产品的数量

C. 每种产品的材料消耗定额　　D. 每种产品的实际材料消耗量

3. 在下列项目中,不属于工资总额的是(　　)。

A. 生产工人的工资　　B. 管理人员的工资

C. 退休人员的生活费　　D. 福利机构人员的工资

4. 在实际工作中,企业按社会福利人员工资和规定比例计提的职工福利费,应在(　　)账户中进行核算。

A. "生产费用"　　B. "管理费用"

C. "应付职工薪酬"　　D. "制造费用"

5. 基本生产车间的照明电费应借记(　　)账户。

A. "生产成本"　　B. "销售费用"

C. "制造费用"　　D. "管理费用"

6. "生产成本——基本生产成本"账户按(　　)分设明细账。

A. 产品品种　　B. 产品成本项目

C. 明细分类科目　　D. 会计要素具体内容

7. 采用一次交互分配法分配辅助生产费用,对外分配的费用总额是(　　)。

A. 交互分配前的费用

B. 交互分配前的费用加上交互分配转入的费用

C. 交互分配前的费用减去交互分配转出的费用

D. 交互分配前的费用加上交互分配转入的费用,减去交互分配转出的费用

8. 在辅助生产费用的各种分配方法中,分配结果最准确的是(　　)。

A. 一次交互分配法　　B. 直接分配法

C. 计划成本分配法　　D. 代数分配法

9. 如果同一车间生产若干产品的机械化程度不同,那么对该车间发生的制造费用宜采用的分配方法是(　　)。

A. 生产工人工时比例法　　B. 生产工人工资比例法

C. 机器工时比例法　　D. 三者皆可

二、多项选择题

1. 在发生下列费用时,可以直接借记“生产成本——基本生产成本”账户的是(　　)。

A. 车间照明发生的电费　　B. 构成产品实体的原材料费用

C. 车间管理人员的工资　　D. 车间生产人员的工资

2. 在计算计时工资时,要考虑的因素有(　　)。

A. 月标准工资　　B. 出勤记录

C. 缺勤情况及性质　　D. 职工工龄

3. 企业最常用的辅助生产费用分配方法是(　　)。

A. 直接分配法　　B. 一次交互分配法

C. 代数分配法　　D. 计划分配法

4. 在分配辅助生产费用,贷记“生产成本——辅助生产成本”账户时,对应的借方账户可能有(　　)账户。

A.“生产成本——基本生产成本”　　B.“预提费用”

C.“制造费用”　　D.“销售费用”

5. 在下列损失中,不属于企业废品损失的是(　　)。

A. 可修复废品的修复费用

B. 不可修复废品的净损失

C. 产品销售后发生的产品“三包”费用

D. 产品在运输过程中发生的意外损失

三、判断题

1. 凡是支付给职工的款项都构成企业的工资总额。(　　)

2. 在按月薪制计算计时工资时,不必考虑当月的日历天数。(　　)

3. 在计算集体计件工资时,通常以计时工资为分配依据。(　　)

4. 辅助生产费用的直接分配法适用于辅助生产车间之间提供劳务较多的企业。(　　)

5. 凡是修复后可以正常使用的废品都是可修复废品。(　　)

6. 本期发生的废品损失应当全部由本期的完工产品负担。(　　)

业务实训

华天公司设有一个基本生产车间和两个辅助生产车间(供电车间和机修车间),基本生产车间生产甲、乙两种产品,两个辅助生产车间分别供电和提供修理劳务,辅助生产车间发生的制造费用直接记入“辅助生产成本”账户。2020 年 5 月初,该公司分别投产甲产品 1 000 件、乙产品 2 000 件,月末全部完工。该月部分相关资料如下:

(1) 甲、乙两种产品共耗用原材料 10 000 千克,每千克 10 元。甲、乙产品的单位消耗定额分别为 5 千克、4 千克,车间一般耗用材料 5 000 元。

(2) 发生应付工资 70 000 元,其中甲、乙产品的生产工人的工资为 52 000 元,车间管理人员的工资为 8 000 元,行政管理人员的工资为 4 000 元,专设销售机构的人员的工资为 6 000 元。甲产品单位实际工时为 6 小时,乙产品单位实际工时为 5 小时。

(3) 供电车间和机修车间发生的实际费用分别为 46 000 元和 26 000 元,服务的对象和耗用劳务量分别为机修车间用电 8 000 度,基本生产车间用电 80 000 度,行政管理部门用电 4 000 度;供电车间修理用工时 500 小时,基本生产车间修理用工时 6 000 小时。

要求:

(1) 按生产工人工时比例法分配直接人工费用;按一次交互分配法分配辅助生产费用;按生产工人工资比例法分配制造费用(写出计算过程),并填写表 3-18 至表 3-21。

(2) 登记“生产成本——基本生产成本”明细账(见表 3-22 和表 3-23)。

表 3-18 材料费用分配表(华天公司)　　单位:元

应借账户		直接计入金额	分配计入		材料费用合计
			定额消耗量/千克	分配金额(分配率)	
基本生产成本	甲产品				
	乙产品				
制造费用					
合计					

表 3-19 工资费用分配表(华天公司)　　单位:元

应借账户		成本或费用项目	直接计入	分配计入			费用合计
				生产工时/小时	分配率	分配金额	
基本生产成本	甲产品	直接人工					
	乙产品	直接人工					
制造费用		职工薪酬					
管理费用		职工薪酬					
销售费用		职工薪酬					
合计							

表 3-20 辅助生产费用分配表(华天公司) 单位:元

<table>
<tr><th colspan="3" rowspan="2">项 目</th><th colspan="3">交互分配</th><th colspan="3">对外分配</th></tr>
<tr><th>供电车间</th><th>机修车间</th><th>合 计</th><th>供电车间</th><th>机修车间</th><th>合 计</th></tr>
<tr><td colspan="3">待分配的费用</td><td></td><td></td><td></td><td></td><td></td><td></td></tr>
<tr><td colspan="3">劳务供应数量</td><td></td><td></td><td></td><td></td><td></td><td></td></tr>
<tr><td colspan="3">费用分配率</td><td></td><td></td><td></td><td></td><td></td><td></td></tr>
<tr><td rowspan="5">辅助生产成本</td><td rowspan="2">供电车间</td><td>数量</td><td></td><td></td><td></td><td></td><td></td><td></td></tr>
<tr><td>金额</td><td></td><td></td><td></td><td></td><td></td><td></td></tr>
<tr><td rowspan="2">机修车间</td><td>数量</td><td></td><td></td><td></td><td></td><td></td><td></td></tr>
<tr><td>金额</td><td></td><td></td><td></td><td></td><td></td><td></td></tr>
<tr><td colspan="2">金额小计</td><td></td><td></td><td></td><td></td><td></td><td></td></tr>
<tr><td rowspan="2">制造费用</td><td rowspan="2">基本生产车间</td><td>数量</td><td></td><td></td><td></td><td></td><td></td><td></td></tr>
<tr><td>金额</td><td></td><td></td><td></td><td></td><td></td><td></td></tr>
<tr><td colspan="2" rowspan="2">管理费用</td><td>数量</td><td></td><td></td><td></td><td></td><td></td><td></td></tr>
<tr><td>金额</td><td></td><td></td><td></td><td></td><td></td><td></td></tr>
<tr><td colspan="3">对外分配金额合计</td><td></td><td></td><td></td><td></td><td></td><td></td></tr>
</table>

表 3-21 制造费用分配表(华天公司) 单位:元

产品名称	分配标准	分 配 率	分配金额
甲产品			
乙产品			
合计			

表 3-22 "生产成本——基本生产成本"明细账(华天公司甲产品)

产品名称:甲产品

投产数量:1 000 件 2020 年 5 月 单位:元

<table>
<tr><th colspan="2">2020 年</th><th rowspan="2">凭证号数</th><th colspan="2" rowspan="2">摘 要</th><th colspan="3">成本项目</th><th rowspan="2">合 计</th></tr>
<tr><th>月</th><th>日</th><th>直接材料</th><th>直接人工</th><th>制造费用</th></tr>
<tr><td>5</td><td>略</td><td>略</td><td colspan="2">原材料费用分配</td><td></td><td></td><td></td><td></td></tr>
<tr><td>5</td><td>略</td><td>略</td><td colspan="2">工资费用分配</td><td></td><td></td><td></td><td></td></tr>
<tr><td>5</td><td>略</td><td>略</td><td colspan="2">制造费用分配</td><td></td><td></td><td></td><td></td></tr>
<tr><td rowspan="2">5</td><td rowspan="2">31</td><td rowspan="2"></td><td rowspan="2">完工产品成本</td><td>总成本</td><td></td><td></td><td></td><td></td></tr>
<tr><td>单位成本</td><td></td><td></td><td></td><td></td></tr>
</table>

表 3-23 "生产成本——基本生产成本"明细账(华天公司乙产品)

产品名称:乙产品

投产数量:2 000 件　　　　2020 年 5 月　　　　单位:元

<table>
<tr><th colspan="2">2020 年</th><th rowspan="2">凭证号数</th><th colspan="2" rowspan="2">摘　要</th><th colspan="3">成本项目</th><th rowspan="2">合　计</th></tr>
<tr><th>月</th><th>日</th><th>直接材料</th><th>直接人工</th><th>制造费用</th></tr>
<tr><td>5</td><td>略</td><td>略</td><td colspan="2">原材料费用分配</td><td></td><td></td><td></td><td></td></tr>
<tr><td>5</td><td>略</td><td>略</td><td colspan="2">工资费用分配</td><td></td><td></td><td></td><td></td></tr>
<tr><td>5</td><td>略</td><td>略</td><td colspan="2">制造费用分配</td><td></td><td></td><td></td><td></td></tr>
<tr><td rowspan="2">5</td><td rowspan="2">31</td><td rowspan="2"></td><td rowspan="2">完工产品成本</td><td>总成本</td><td></td><td></td><td></td><td></td></tr>
<tr><td>单位成本</td><td></td><td></td><td></td><td></td></tr>
</table>

项目四 在完工产品和在产品之间分配与归集生产费用

知识目标

理解完工产品成本与在产品成本的关系，以及在产品收发结存的数量核算；
掌握在完工产品和在产品之间分配费用的七种方法；
了解完工产品成本的结转。

技能目标

能够在不同条件下灵活运用在完工产品和在产品之间分配费用的七种方法。

案例导入

李丽利用暑假到一家家具生产工厂进行成本核算实习。圆桌是该厂生产的主要产品之一，该产品的生产需要经过加工、装配和油漆三道工序。当月月末各个工序在产品的数量分别为第一道工序 200 张、第二道工序 150 张、第三道工序 230 张。三道工序的生产工时定额分别为 80 小时、60 小时、50 小时。当月总共完工的圆桌为 1 000 张，未完工的圆桌为 300 张。那么，李丽应该如何对完工产品和在产品的生产费用进行分配呢？

任务一 在产品数量的核算

制造业企业的在产品品种规格较多，并且处于不断流动中。在产品数量是通过在产品收发结存账进行核算的。企业应当根据生产特点和实际管理要求，按照加工工序对在产品的数量进行核算。

一、在产品成本与完工产品成本的关系

每个月末，当产品成本明细账中按照成本项目归集了本月生产费用以后，如果产品已经全部完成，产品成本明细账中归集的生产费用（如果有月初在产品，还应包括月初在产品成本）之和就是该种完工产品的成本；如果既有完工产品又有月末在产品，产品成本明细账中归集的生产费用之和还应在完工产品与月末在产品之间采用适当的分配方法进行分配，以计算完工产品成本和月末在产品成本。

本月生产费用、本月完工产品成本和月初、月末在产品成本四者之间的关系，可用公式表示为

月初在产品成本＋本月生产费用＝本月完工产品成本＋月末在产品成本

在公式前两项已知的情况下，在完工产品和月末在产品之间分配费用的思路通常有两类：一类是先确定月末在产品成本，再计算本月完工产品成本；另一类是将前两项之和在后两项之间按照一定的分配比例进行分配，同时计算出本月完工产品成本和月末在产品成本。从上式可以看出，除本月生产费用对本月完工产品成本有着重要影响外，在产品数量及成本的大小也是影响本月完工产品成本的一个重要因素。

二、在产品收发结存的数量核算

在产品是指企业已经投入生产，但还没有完成全部生产过程、不能作为商品销售的产品。在产品有广义和狭义之分，广义的在产品是就整个企业而言的，它是指从材料投入开始，到最终制成产成品交付验收前的一切未完工产品，包括正在车间加工的产品和已经完成一个或几个生产步骤，但还需要继续加工的半成品，以及未经验收入库的产品和等待返修的废品。狭义的在产品是就某一车间或某一生产步骤来说的，它只包括该车间或生产步骤正在加工中的那部分在产品。

企业要对在产品收发结存的数量进行核算，应同时具备账面核算资料和实际盘点资料。企业一方面要做好在产品收发结存的日常核算工作，另一方面要做好在产品的清查工作。做好这两项工作，既可以从账面上随时掌握在产品的动态，又可以清查在产品的实际数量。这不仅对正确计算产品成本，加强生产资料管理及保护企业财产有着重要意义，而且对掌握生产进度，加强生产管理有着重要意义。

车间在产品收发结存的日常核算通常是通过在产品收发结存账进行的。该账应分别按照产品的品种和在产品的名称(如零部件的名称)设立，以便用来反映车间各种在产品的收入、转出和结存的数量，为计算产品成本提供资料，并可以随时从账面上掌握在产品的动态和生产进度，以加强企业生产资金的管理。其基本格式如表4-1所示。

表4-1　在产品收发结存账

产品名称：　　　　　　　　　　　　　　　　车间名称：

日期		摘要	收入		转出			结存		备注
月	日		凭证号	数量	凭证号	合格品	废品	完工	未完工	

为了核实在产品的数量，保护在产品的安全完整，企业必须认真做好在产品的清查工作。企业对在产品既可以定期进行清查，也可以不定期进行轮流清查。如果车间没有建立

在产品收发结存账，那么每月月末都必须清查一次在产品，以便取得在产品的实际盘点资料，用来计算产品成本。清查后，应根据盘点结果和账面资料编制在产品盘存表，填明在产品的账面数、实存数和盘存盈亏数等资料，并分析原因，提出处理意见，而后根据处理结果及时进行账务处理。

在产品发生盘盈时，应按盘盈在产品的成本（一般按定额成本计算）借记"生产成本——基本生产成本"账户，并记入相应的产品成本明细账各成本项目；贷记"待处理财产损溢——待处理流动资产损溢"账户。经过批准进行处理时，则应借记"待处理财产损溢——待处理流动资产损溢"账户，贷记"制造费用"账户，并从相应的制造费用明细账"在产品盘亏和毁损（减盘盈）"项目中转出，冲减制造费用。

在产品发生盘亏和毁损时，应借记"待处理财产损溢——待处理流动资产损溢"账户，贷记"生产成本——基本生产成本"账户，并从相应的产品成本明细账各成本项目中转出，冲减在产品成本。对于毁损在产品的残料价值，应借记"原材料"等账户，贷记"待处理财产损溢——待处理流动资产损溢"账户，冲减损失。经过审批进行处理时，应根据不同情况将损失从"待处理财产损溢——待处理流动资产损溢"账户的贷方转入各有关账户的借方，其中应由过失人或保险公司赔偿的损失，转入"其他应收款"账户的借方；由于意外灾害造成的非常损失，转入"营业外支出"账户的借方；由于车间管理不善造成的损失，转入"制造费用"账户的借方，并记入相应的制造费用明细账的"在产品盘亏和毁损（减盘盈）"账户。

如果在产品的盘亏是由于没有办理领料或交接手续，或者某种产品的零件为另一种产品挪用所致，那么应补办手续，及时转账更正。

课堂小思考

如果企业在清查在产品时发现盘亏了，那么应该如何进行账务处理？

任务二 在完工产品和在产品之间分配费用的方法

如何既较合理又简单地在完工产品和月末在产品之间分配费用，是产品成本计算中要解决的一个重要问题。企业应根据月末在产品的数量、各月间在产品数量的变化情况、各项费用在产品中所占的比重及定额管理基础情况等具体条件，采用适当的分配方法。

根据生产费用分配的两条思路，可采用各种不同的分配方法，而通常采用的分配方法有在产品不计算成本法、在产品按固定成本计价法、在产品按所耗原材料费用计价法、在产品按定额成本计价法、在产品按完工产品成本计算法、约当产量比例法和定额比例法。

一、在产品不计算成本法

在采用在产品不计算成本法时，虽然各月末有在产品，但不计算其成本。这种方法适用于各月月末在产品数量很小的产品。由于各月月末在产品数量很小，是否计算在产品成本对于完工产品成本的影响很小。因此,为了简化产品成本计算工作,可以不计算在产品成本,也就是某种产品本月发生的生产费用全部由该种完工产品成本负担。例如,煤炭工业的采煤、自来水生产企业,由于在产品数量很少,为了简化核算,月末在产品就可以不计算成本。

采用在产品不计算成本法计算完工产品成本,生产成本明细账既无期初余额,也无期末余额。本月发生的生产费用就是本月完工产品成本。用公式表示为

本月完工产品成本=本月发生的生产费用

二、在产品按固定成本计价法

在采用在产品按固定成本计价法时,各月末在产品的成本固定不变。这种方法适用于各月末在产品数量较小或者在产品数量虽大,但各月之间变化不大的产品。由于月末在产品数量较小、月初和月末在产品成本较小,月初、月末在产品成本差额也很小,是否计算各月在产品成本的差额对于完工产品成本的影响不大;各月末在产品数量虽然较大,但各月末在产品数量变化不大,因而月初、月末在产品成本的差额仍然不大,是否计算各月在产品成本的差额对于完工产品成本的影响仍然不大。因此,为简化产品成本计算工作,上述两种产品的每月在产品成本都按年初数固定计算。

对于采用在产品按固定成本计价法计算成本的产品,每年年终,应根据实际盘点的在产品数量,计算12月末在产品的实际成本,在次年的1～11月,无论在产品数量是否发生变化,都固定地以上年12月末的在产品成本作为各月在产品成本。例如,炼铁企业和化工企业的产品,由于高炉和化学反应装置的容积固定,其在产品成本就可以这样计算。相关计算步骤如下:

(1) 计算1～11月完工产品成本。其计算公式为

本月完工产品成本=月初在产品成本(年初固定成本)+本月发生的生产费用-月末在产品成本(年初固定成本)=本月发生的生产费用

(2) 计算12月完工产品成本。其计算公式为

本月完工产品成本=月初在产品成本(年初固定成本)+本月发生的生产费用-月末在产品成本(实际成本)

三、在产品按所耗原材料费用计价法

在采用在产品按所耗原材料费用计价法时,月末在产品只计算其所耗用的原材料费用,不计算工资及福利费等加工费;产品的加工费用全部由完工产品成本负担。这种分配方法适用于各月末在产品数量较大、各月在产品数量变化也较大,且原材料费用在成本中所占比重较大的产品,如纺织、造纸和酿酒等工业的产品。其计算公式为

本月完工产品成本=月初在产品原材料成本+本月发生的全部生产费用-月末在产品原材料成本

【例4-1】 启华工厂生产的甲产品的原材料费用比较大,在产品只计算原材料费用。该

种产品的月初在产品原材料费用为540元，当月原材料费用为7 860元，工资及福利费为324元，制造费用为216元。当月完工产品有220件，月末在产品有20件。原材料是在生产开始时一次投入的，因而每件完工产品和在产品所耗原材料的数量相等，原材料费用按完工产品和在产品的数量进行分配。分配计算如下：

原材料分配率＝(540＋7 860)÷(220＋20)＝35

月末在产品原材料成本＝20×35＝700(元)

本月完工产品成本＝540＋7 860＋324＋216－700＝8 240(元)

四、在产品按定额成本计价法

在采用在产品按定额成本计价法时，月末在产品成本按定额成本计算，将该种产品的全部生产费用(如果有月初在产品，还应包括月初在产品成本)减去按定额成本计算的月末在产品成本后的余额作为完工产品成本；将每月生产费用脱离定额的节约差异或超支差异全部计入当月完工产品成本。采用这种方法，在修订消耗定额或费用定额的月份，月末在产品按新定额计价所发生的差额也应计入当月完工产品成本，这给考核和分析完工产品成本带来一定的困难。因此，这种方法适用于各项消耗定额或费用定额比较准确、稳定，而且各月末在产品数量变化不大的产品。相关计算公式为

月末在产品直接材料定额成本＝月末在产品数量×材料消耗定额×材料计划单价

月末在产品直接人工定额成本＝月末在产品数量×工时消耗定额×计划小时工资率

月末在产品制造费用定额成本＝月末在产品数量×工时消耗定额×计划小时费用率

月末在产品定额成本＝月末在产品直接材料定额成本＋月末在产品直接人工定额成本＋月末在产品制造费用定额成本

完工产品成本＝月初在产品成本＋本月生产费用－月末在产品定额成本

【例4-2】 2020年4月，启华工厂生产甲产品所耗材料在生产开始时一次投入，产品的材料费用定额为75元。月末在产品有2 500件，定额工时共计13 400小时，每小时费用定额为工资及福利费1.1元、燃料及动力费3.2元、制造费用2.4元。月初在产品和当月生产费用累计为原材料费用496 300元、燃料及动力费125 800元、工资及福利费44 600元、制造费用99 700元。分配计算如表4-2所示。

表4-2 完工产品、在产品成本分配计算表(在产品按定额成本计价法)

2020年4月　　单位：元

项　目	生产费用累计	月末在产品成本(定额成本)	完工产品成本
原材料费用	496 300	187 500(2 500×75)	308 800
燃料及动力费	125 800	42 880(13 400×3.2)	82 920
工资及福利费	44 600	14 740(13 400×1.1)	29 860
制造费用	99 700	32 160(13 400×2.4)	67 540
合计	766 400	277 280	489 120

五、在产品按完工产品成本计算法

在采用在产品按完工产品成本计算法时，在产品视同完工产品分配费用。这种方法适用于月末在产品已经接近完工或者已经完工、只是尚未包装或尚未验收入库的产品。由于在产品成本已经接近完工产品成本，为了简化产品成本计算工作，在产品可以视同完工产品，按两者的数量比例分配原材料费用和各项加工费用。相关计算公式如下：

费用分配率＝生产费用总额÷(完工产品数量＋月末在产品数量)

月末在产品负担的费用＝月末在产品数量×费用分配率

完工产品负担的费用＝完工产品数量×费用分配率

＝生产费用总额－月末在产品负担的费用

【例 4-3】 2020 年 5 月，启华工厂甲产品的月初在产品费用和本月发生费用的累计情况为原材料费用 572 260 元、燃料及动力费 507 650 元、工资及福利费 166 140 元、制造费用 230 750 元。当月完工产品有 7 030 件，月末在产品 2 200 件都已完工，但尚未验收入库，可以视同完工产品分配各项费用。分配计算如表 4-3 所示。

表 4-3 完工产品、在产品成本分配计算表(在产品按完工产品成本计算法)

2020 年 5 月　　单位:元

项　目	生产费用累计	费用分配率	完工产品		月末在产品	
			数量/件	费用	数量/件	费用
原材料费用	572 260	62	7 030	435 860	2 200	136 400
燃料及动力费	507 650	55	7 030	386 650	2 200	121 000
工资及福利费	166 140	18	7 030	126 540	2 200	39 600
制造费用	230 750	25	7 030	175 750	2 200	55 000
合计	1 476 800	160		1 124 800		352 000

注：各项费用分配率根据该生产费用累计数除以完工产品与月末在产品数量之和计算。

六、约当产量比例法

在采用约当产量比例法时，要将月末在产品的数量按照完工程度折算为相当于完工产品的产量，即约当产量，然后按照完工产品产量与月末在产品约当产量的比例，分配计算完工产品费用和月末在产品费用。这种方法适用于月末在产品数量较大，各月末在产品数量变化也较大，产品成本中原材料费用和工资及福利费等加工费用的比重相差不多的产品。

由于在产品在生产加工过程中完工程度和投料程度不同，所以必须分成本项目计算在产品的约当产量。原材料项目约当产量的确定取决于产品生产过程中的投料程度。

(一) 原材料在生产开始时一次投入

如果原材料是在生产开始时一次投入的，则单位在产品和单位完工产品耗用的原材料是相等的。因此，不论在产品完工程度如何，原材料都可按在产品实际结存数量和完工产品产量的比例进行分配。

由于完工产品与不同完工程度的在产品所发生的加工费用不相等，因而完工产品与月末在产品的各项加工费用不能按它们的数量比例分配，而应采用约当产量比例法分配。其计算公式为

在产品约当产量＝在产品数量×完工百分比

某项费用分配率＝该项费用总额÷(完工产品产量＋在产品约当产量)

完工产品某项费用＝完工产品产量×某项费用分配率

在产品某项费用＝在产品约当产量×某项费用分配率

或　　在产品某项费用＝该项费用总额－完工产品该项费用

【例 4-4】 启华工厂某年 7 月完工甲产品 1 800 件，月末在产品有 350 件，在产品完工程度为 20%。月初在产品和本月发生的工资及福利费共 160 820 元。分配计算如下：

月末在产品约当产量＝350×20%＝70(件)

工资及福利费分配率＝160 820÷(1 800＋70)＝86

完工产品工资及福利费＝1 800×86＝154 800(元)

月末在产品工资及福利费＝70×86＝6 020(元)

月末完工产品与在产品工资及福利费合计＝154 800＋6 020＝160 820(元)

通过【例 4-4】可以看出，在采用约当产量比例法分配费用时，在产品完工程度的测定，对于费用分配的正确性影响很大。在各工序在产品数量和单位产品在各工序的加工量都相差不多的情况下，后面各工序在产品多加工的程度可以抵补前面各工序少加工的程度。这样，全部在产品完工程度均可按 50%平均计算。如果不是这种情况，各工序在产品的完工程度就要按工序分别测定。

为了提高成本计算的正确性，并加速成本计算工作，可以根据各工序的累计工时定额数占完工产品工时定额数的比率，事先确定各工序在产品的完工率。此时，在产品完工率的计算公式为

某道工序在产品的完工率＝(前面各道工序工时之和＋本工序工时定额×50%)÷产品工时定额

在上式中，将本工序(在产品所在工序)的工时定额乘以 50%，是因为该工序中各件在产品的完工程度不同，为了简化完工率的测算工作，都按平均完工 50%计算。在产品从上一道工序转入下一道工序时，上一道工序已经完工，因而前面各道工序的工时定额应按 100%计算。

【例 4-5】 启华工厂生产甲产品的工时定额为 25 小时，经过三道工序制成。各道工序工时定额分别为 8 小时、10 小时和 7 小时。各道工序的完工率计算如下：

第一道工序的完工率＝8×50%÷25×100%＝16%

第二道工序的完工率＝(8＋10×50%)÷25×100%＝52%

第三道工序的完工率=(8+10+7×50%)÷25×100%=86%

在每月计算产品成本时,根据各道工序的在产品数量和确定的完工率,即可计算各道工序在产品的约当产量和约当产量总数,据以分配费用。

【例 4-6】 承【例 4-5】,完工产品为 38 000 件。各道工序月末在产品数量分别为 12 000 件、15 000 件、11 000 件。月初在产品和本月发生的制造费用共计 1 629 630 元。制造费用分配如下:

第一道工序在产品约当产量=12 000×16%=1 920(件)

第二道工序在产品约当产量=15 000×52%=7 800(件)

第三道工序在产品约当产量=11 000×86%=9 460(件)

月末在产品约当产量总数=1 920+7 800+9 460=19 180(件)

制造费用分配率=1 629 630÷(38 000+19 180)=28.5

完工产品应负担的制造费用=38 000×28.5=1 083 000(元)

月末在产品应负担的制造费用=19 180×28.5=546 630(元)

(二) 原材料随着加工进度陆续投入

如果原材料随着加工进度陆续投入,原材料投入程度与加工进度完全一致或基本一致,那么原材料费用也可以采用上述方法确定的完工率分配计算;如果两者投入的进度不完全一致,为了提高原材料费用分配的正确性,应按每一道工序的原材料消耗定额计算约当产量。

【例 4-7】 启华工厂的甲产品由两道工序制成,原材料不是在生产开始时一次投入的,而是在生产开始以后逐渐投入的,其投入程度与工时投入进度并不一致。这两道工序的原材料消耗定额及其完工率的计算如表 4-4 所示。

表 4-4 原材料消耗定额与完工率计算表(原材料陆续投入)

工 序	本道工序的原材料消耗定额/千克	完工率的计算
1	600	600×50%÷2 000×100%=15%
2	1 400	(600+1 400×50%)÷2 000×100%=65%
合计	2 000	—

(三) 原材料在每道工序开始时投入

如果原材料随着生产进度分工序投入,即在每道工序开始时就一次投入本道工序所耗原材料,则应将一次投入的计算方法与陆续投入的计算方法结合起来计算完工率。

【例 4-8】 启华工厂的甲产品由两道工序制成,其原材料在每道工序开始时一次投入。其每道工序开始时一次投入的原材料定额及其完工率的计算如表 4-5 所示。

表 4-5　完工率计算表(原材料在每道工序开始时投入)

工　序	每道工序开始时每件在产品一次投入的原材料定额/千克	完工率的计算
1	1 600	1 600÷2 500×100%=64%
2	900	(1 600+900)÷2 500×100%=100%
合计	2 500	—

由于上述原材料在每道工序一开始就投入,因而同一道工序中各件在产品原材料的消耗定额就是该工序的消耗定额,不应按 50%折算。最后一道工序在产品的完工率均为 100%。

【例 4-9】　承【例 4-8】,两道工序的在产品数量分别为 2 000 件、1 200 件。完工产品有 7 920 件,月初在产品和本月发生的原材料费用累计 991 120 元。原材料费用分配如下:

第一道工序在产品约当产量=2 000×64%=1 280(件)

第二道工序在产品约当产量=1 200×100%=1 200(件)

在产品约当产量总数=1 280+1 200=2 480(件)

原材料费用分配率=991 120÷(7 920+2 480)=95.3

完工产品应负担的原材料费用=7 920×95.3=754 776(元)

月末在产品应负担的原材料费用=2 480×95.3=236 344(元)

七、定额比例法

在采用定额比例法时,其生产费用按照完工产品和月末在产品定额消耗量或定额费用的比例进行分配。其中原材料费用,按原材料的定额消耗量或定额费用比例分配;工资及福利费等加工费用,按定额工时比例分配。采用定额比例法,可以避免在产品按定额成本计算将脱离定额差异全部计入完工产品的不足。这种方法适用于定额管理基础较好,各项消耗定额或费用定额比较准确、稳定,但各月月末在产品数量变动较大的产品。其计算公式为

消耗量分配率=(月初在产品实际消耗量+本月实际消耗量)÷(完工产品定额消耗量+月末在产品定额消耗量)

完工产品实际消耗量=完工产品定额消耗量×消耗量分配率

完工产品费用=完工产品实际消耗量×原材料单价(或单位工时的工资、费用)

月末在产品实际消耗量=月末在产品定额消耗量×消耗量分配率

月末在产品费用=月末在产品实际消耗量×原材料单价(或单位工时的工资、费用)

按照上述公式进行分配,不仅可以提供完工产品和在产品的实际费用资料,而且可以提供它们的实际消耗量资料,便于考核和分析各项消耗定额的执行情况。但是,这样分配的核算工作量较大,这在所耗原材料的品种较多的情况下更是如此。为了简化分配计算工作,也可以按照下列公式进行分配:

原材料费用分配率=(月初在产品实际原材料费用+本月实际原材料费用)÷(完工产

品定额原材料费用+月末在产品定额原材料费用)

完工产品原材料费用=完工产品定额原材料费用×原材料费用分配率

月末在产品原材料费用=月末在产品定额原材料费用×原材料费用分配率=月初在产品实际原材料费用+本月实际原材料费用-完工产品原材料费用

工资(其他费用)分配率=[月初在产品实际工资(其他费用)+本月实际工资(其他费用)]÷(完工产品定额工时+月末在产品定额工时)

完工产品工资(其他费用)=完工产品定额工时×工资(其他费用)分配率

月末在产品工资(其他费用)=月末在产品定额工时×工资(其他费用)分配率=月初在产品实际工资(其他费用)+本月实际工资(其他费用)-完工产品工资(其他费用)

【例 4-10】 2020 年 6 月,启华工厂生产的丙产品的月初在产品费用为原材料费用 86 850 元、燃料及动力费 15 400 元、工资及福利费 5 790 元、制造费用 22 040 元。本月的生产费用为原材料费用 114 300 元、燃料及动力费 21 750 元、工资及福利费 8 481 元、制造费用 29 684 元。完工产品的定额原材料费用为 170 000 元,定额燃料及动力费为 32 000 元,定额工时为 11 000 小时。月末在产品的定额原材料费用为 30 000 元,定额燃料及动力费为 6 000 元,定额工时为 4 000 小时。分配计算如表 4-6 所示。

表 4-6 完工产品、在产品成本分配计算表(定额比例法)

2020 年 6 月　　单位:元

项目			原材料费用	燃料及动力费	工资及福利费	制造费用	合计
①	月初在产品费用		86 850	15 400	5 790	22 040	130 080
②	本月生产费用		114 300	21 750	8 481	29 684	174 215
③=①+②	生产费用累计		201 150	37 150	14 271	51 724	304 295
④=③÷(⑤+⑦)	费用分配率		1.01	0.98	0.95	—	—
⑤	完工产品费用	定额	170 000	32 000	11 000	—	—
⑥=⑤×④	完工产品费用	实际	171 700	31 360	10 450	—	213 510
⑦	月末在产品费用	定额	30 000	6 000	4 000	—	—
⑧=⑦×④	月末在产品费用	实际	30 300	5 880	3 800	—	39 980

采用这种分配方法计算完工产品和月末在产品成本时,必须取得完工产品和月末在产品的定额资料。但是,当产品种类及生产工序较多时,核算工作量很大。所以,有的企业月末在产品定额资料不根据月末在产品的数量计算得出,而是采用简化的倒挤方法计算得出。具体计算公式如下(以定额消耗量为例):

月末在产品定额消耗量=月初在产品定额消耗量+本月投入的定额消耗量-本月完工产品定额消耗量

用这一公式计算虽然可以减少核算工作量,但是容易掩盖在产品盘盈、盘亏的情况,不能如实地反映产品成本的水平。为了保证在产品账实相符,提高成本计算的准确性,采用这一方法必须每隔一定时期(每季或每半年)对在产品进行一次盘点,根据在产品的实存数量计算一次定额消耗量。

综上所述,生产费用在各种产品之间,以及在完工产品与月末在产品之间进行横向和纵向分配和归集以后,就可以计算出各种完工产品的实际成本,据以考核和分析各种产品成本计划的执行情况。

课堂小思考

启华工厂生产的丙产品由两道工序制成。原材料随着生产进度分工序投入,并且在每道工序开始时一次性投料。第一道工序投入的原材料为300千克,月末在产品数量为3 500件;第二道工序投入的原材料为220千克,月末在产品数量为3 000件。月末完工产品有10 000件,月初在产品和本月发生的原材料费用累计为600 000元。试计算两道工序按原材料消耗程度表示的在产品完工率;两道工序按原材料消耗程度表示的月末在产品约当产量;按约当产量比例法分配完工产品与月末在产品的材料费用。

任务三 结转完工产品成本

制造业企业完工产品(包括产成品及自制的材料、工具和模具等)经验收入产成品库以后,其成本应从“生产成本——基本生产成本”账户和各种产品成本明细账户的贷方转入各有关账户的借方。其中,完工入库产成品的成本,应转入“产成品”账户的借方;完工自制材料、工具、模具等的成本,应分别转入“原材料”和“周转材料——低值易耗品”等账户的借方。“生产成本——基本生产成本”账户的月末余额就是基本生产在产品的成本。其应与所属各种产品成本明细账中月末在产品成本之和核对相符。

课堂小思考

大洋公司于2020年11月生产某产品,当月完工产品数量为3 000件,期末在产品数量为500件,期初在产品成本为62 140元,本期发生费用204 000元,在产品单位定额工时为10小时。产品单位定额如下:直接材料定额成本42元,直接工资定额成本0.16元,制造费用定额成本0.024元。试计算期末在产品成本与完工产品成本。

项目小结

在产品是指企业已经投入生产,但尚未最后完工,不能作为商品销售的产品。在产品有广义在产品和狭义在产品之分。

企业对在产品的收发结存数量进行核算,应同时具备账面核算资料和实际盘点资料。企业一方面要做好在产品收发结存的日常核算工作,另一方面要做好在产品的清查工作。

做好这两项工作,既可以从账面上随时掌握在产品的动态,又可以清查在产品的实际数量。这不仅对正确计算产品成本,加强生产资料管理及保护企业财产有着重要意义,而且对掌握生产进度,加强生产管理也有着重要意义。车间在产品收发结存的日常核算,通常是通过在产品收发结存账进行的。

对产品成本在完工产品与月末在产品之间进行分配的方法主要有在产品不计算成本法、在产品按固定成本计价法、在产品按所耗原材料费用计价法、在产品按定额成本计价法、在产品按完工产品成本计算法、约当产量比例法和定额比例法。其中,后三种方法比较重要,核算相对复杂些。

项目练习

一、单项选择题

1. 在产品不计算成本法适用于(　　)。

A. 月末没有在产品　　B. 月末在产品数量很小

C. 月末在产品数量很大　　D. 月末在产品数量变化很大

2. 月末在产品数量较大,各月末采用(　　)进行成本核算更适宜。

A. 在产品不计算成本法　　B. 在产品按固定成本计价法

C. 在产品按完工产品成本计算法　　D. 约当产量比例法

3. 按约当产量比例法分配计算完工产品与月末在产品的原材料费用的条件是(　　)。

A. 产品成本中原材料费用和工资福利等费用的比重相差不多

B. 原材料消耗定额比较难确定

C. 原材料在生产开始时一次投入

D. 原材料随生产进度陆续投入

4. (　　)适用于定额管理基础较好,各项消耗定额或费用定额比较准确、稳定并且各月在产品数量变动不大的产品。

A. 在产品按固定成本计价法　　B. 定额比例法

C. 在产品按定额成本计价法　　D. 在产品按完工产品成本计算法

5. 如果原材料在每道工序开始时一次投入,那么分配原材料费用的在产品完工率为(　　)与完工产品消耗定额的比率。

A. 所在工序累计消耗定额的50%　　B. 所在工序累计消耗定额

C. 所在工序消耗定额的50%　　D. 所在工序消耗定额

6. 某道工序在产品完工率是(　　)与完工产品工时定额的比率。

A. 所在工序工时定额

B. 所在工序累计工时定额

C. 所在工序工时定额的50%

D. 上道工序累计工时定额与所在工序工时定额的50%之和

7. 已经接近完工或者已完工但尚未验收入库的在产品可用在产品按完工产品成本计

算法分配原材料和各项加工费用。分配率为该费用的累计数与(　　)的比率。

A. 完工产品数量与在产品数量之和

B. 完工产品数量与在产品约当产量之和

C. 完工产品数量

D. 在产品数量

8. 某企业定额管理薄弱,各月末在产品数量较多,各项目成本在成本中的比重也差不多,这样该企业在产品成本宜按(　　)计算。

A. 直接材料费用　　B. 约当产量比例法

C. 定额成本　　D. 定额比例

9. 某企业定额管理基础工作较好,能够制定比较准确、稳定的消耗定额,各月末在产品数量变化较大,应采用(　　)。

A. 定额比例法　　B. 在产品按所耗原材料费用计价法

C. 在产品按定额成本计价法　　D. 在产品按固定成本计价法

10. 原材料费用分配率为月初在产品实际原材料费用与本月实际原材料费用之和除以(　　)。

A. 完工产品定额原材料费用与月末在产品定额原材料费用之和

B. 完工产品定额工时与月末在产品定额工时

C. 完工产品定额原材料费用

D. 月末在产品定额原材料费用

二、多项选择题

1. 在下列各项中,属于企业在产品的有(　　)。

A. 正在加工的产品　　B. 正在返修的废品

C. 未经验收入库的产品　　D. 对外销售的自制半成品

2. 当月初在产品费用与本月费用已知时,在完工产品和在产品之间分配费用的方法通常有(　　)。

A. 先确定月末在产品费用,再计算完工产品费用

B. 将本月费用在完工产品和在产品之间进行分配

C. 将月初在产品费用与本月费用之和按一定的分配比例在完工产品与在产品之间进行分配

D. 将月初在产品费用与本月费用之和全部计入完工产品

3. 通常对完工产品费用采用的分配方法有在产品不计算成本法、在产品按固定成本计价法及(　　)等。

A. 在产品按完工产品成本计算法　　B. 在产品按定额成本计价法

C. 在产品按所耗原材料费用计价法　　D. 约当产量比例法

4. 在完工产品与在产品之间分配费用时,对采取哪种分配方法,应考虑的具体条件有(　　)。

A. 在产品数量的多少　　B. 各月在产品数量变化的大小

C. 各项费用比重的大小　　D. 定额管理基础的好坏

5. 在下列各项中,不适合于月末在产品数量较大、各月末在产品数量变动较大的产品的计价方法有(　　)。

A. 在产品按固定成本计价法　　B. 在产品按定额成本计价法

C. 在产品不计算成本法　　D. 定额比例法

6. 在下列产品中,适用约当产量比例法的有(　　)。

A. 在产品已接近完工

B. 各月末在产品数量较大

C. 各月末在产品数量变化较大

D. 产品成本中原材料费用、工资及福利费等费用的比重相差不多

7. 采用定额比例法分配完工产品与在产品费用,应具备的条件有(　　)。

A. 企业定额管理基础较好　　B. 各月末在产品数量变动较大

C. 消耗定额或费用比较稳定　　D. 各月末在产品数量变动不大

三、判断题

1. 企业的在产品是指没有完成全部生产过程,不能作为商品销售的产品。(　　)

2. 当采用在产品不计算成本法时,月末在产品成本只包含材料成本。(　　)

3. 当采用在产品按固定成本计价法时,月末在产品按核定额计算成本。(　　)

4. 当采用在产品按定额成本计价法时,月末在产品费用脱离定额的差异都由完工产品承担。(　　)

5. 对于各月末在产品数量变化不大的产品,可以不计算月末在产品成本。(　　)

6. 月末对已接近完工但尚未包装或验收入库的在产品,可以视同完工,按完工产品计算成本。(　　)

7. 当采用在产品按所耗原材料费用计价法时,在产品成本中不包含工资及福利费。(　　)

8. 如果是原材料在生产开始时一次投入的,那么完工产品与月末在产品的原材料费用须按约当产量比例法分配计算。(　　)

9. 当采用在产品按定额成本计价法时,月末在产品的定额成本与实际成本的差异全部由完工产品成本负担。(　　)

10. 如果企业定额管理基础工作较好,能制定比较准确、稳定的消耗定额,各月末在产品数量变动较大,那么可采用在产品按定额成本计价法。(　　)

业务实训

某企业生产甲产品,原材料是在开始生产时一次投入的。甲产品的工时定额为50小时,其中第一道工序的工时定额为10小时,第二道工序的工时定额为30小时,第三道工序的工时定额为10小时。期初在产品数量为零,本期完工产品的数量为500件,期末在产品的数量为200件,其中第一道工序的在产品有100件,第二道工序的在产品有20件,第三道工序

的在产品有 80 件。本期为生产甲产品发生原材料费用 56 000 元、直接人工费用 50 320 元和制造费用 47 360 元。

要求：该企业财务处要求用约当产量比例法计算完工产品和在产品的成本，但刚毕业的成本会计核算员小王不知如何下手，你能帮助他解决这个问题吗？

项目五 计算产品成本的方法

知识目标

理解各种成本计算方法的特点和适用范围；
理解各种成本计算方法的优缺点；
掌握品种法、分批法、分步法、分类法和定额法的计算程序。

技能目标

能够熟练运用品种法、分批法、分步法、分类法和定额法来准确核算企业的产品成本。

案例导入

小华是某高校会计专业的大学生。在校期间，她已经学习了会计专业的各类专业课程，并且也参加了就业实习。毕业之前，她参加了多场招聘会，其中一家招聘成本会计的企业给了她一个面试的机会。在面试过程中，面试人员提出了如下一些问题：企业的产品核算方法有哪些？企业选择某种成本核算方法的依据是什么？企业的不同产品成本管理要求会对成本核算方法有何影响？企业是如何计算产品的单位成本的？

面对这些问题，小华应该如何作答呢？

任务一 认知计算产品成本的方法

企业计算产品成本的目的是为成本管理提供资料。因此，采用何种计算方法，具体提供哪些资料，都应考虑到成本管理的要求。产品成本又是在生产过程中形成的，成本管理需要哪些成本资料，在很大程度上受生产特点的影响。从上述两个方面的关系可以看出，企业在确定成本计算方法时，必须从企业的具体情况出发，兼顾企业的生产特点和成本管理要求。

一、生产组织和管理要求对产品成本计算的影响

制造业企业的生产按照生产组织划分，可以分为大量生产、成批生产和单件生产三种类型。

(1) 大量生产。大量生产是指连续不断地重复生产一种或者若干种产品的生产。在此类生产中,产品的品种较少并且产量大,重复性强,专业化水平高,而且比较稳定,如化肥、食糖、面粉、冶金、采掘、纺织、造纸、酿酒等工业生产。

(2) 成批生产。成批生产是指按预先确定的产品批别和数量进行的产品生产。成批生产具有产量较大,品种较多,生产有一定的重复性的特点。其一般采用专用及通用设备进行生产,如服装、机械、仪表、电器等工业生产。成批生产按生产批量的大小不同,又可分为大批生产和小批生产。大批生产由于生产的批量大,往往在一段时期内不断地生产品种相同的产品,因此具有大量生产的性质;小批生产由于生产的批量小,一批产品往往同时完工,因此具有单件生产的性质。

(3) 单件生产。单件生产类似于小批生产,是根据订货单位的要求,从事个别的、性质特殊的产品的生产。在这种生产的企业或车间中,产品的品种多,产量少,而且很少重复,如重型机器、船舶制造、专用设备等工业生产及新产品的试制等。

二、工艺过程和管理要求对产品成本计算的影响

制造业企业的生产按照工艺过程划分,可以分为单步骤生产和多步骤生产两种类型。

(1) 单步骤生产。单步骤生产又称为简单生产,是指生产工艺过程不能间断或不便于分散在几个不同地点进行的生产,如发电、采掘、铸件等工业生产。这类生产的工艺技术简单、周期较短、产品品种稳定,生产只能由一个车间或一个企业独立完成。

(2) 多步骤生产。多步骤生产又称为复杂生产,是指生产工艺过程可以间断、分散在不同地点,分别在不同时间进行的生产步骤所组成的生产,可以由一个企业的各个车间进行,也可以由几个企业协作进行。多步骤生产按其产品加工方式和各个生产步骤的内在联系不同,又可以分为连续式多步骤生产和装配式多步骤生产两种类型。连续式多步骤生产是指对投入生产的原材料,要依次经过各生产步骤的连续加工,才能制成产品的生产,如纺织、冶金、造纸等工业的生产。装配式多步骤生产是指先将原材料分别在各个车间并行加工为零件、部件,再将零件、部件装配为产品的生产,如车辆、机械、电子仪表等工业的生产。

三、产品成本计算的基本方法与辅助方法

产品成本的计算方法分为基本方法和辅助方法两类。

(一) 产品成本计算的基本方法

为适应各种类型生产的特点和与之相联系的管理要求,在产品成本计算工作中,应该分别确定三种不同的成本计算对象,分别采用以产品成本计算对象为标志的三种不同的产品成本计算方法。

在大量大批、单步骤生产或大量大批、多步骤生产的情况下,成本管理上不要求按生产步骤计算成本,成本计算对象就是全厂某月份生产的某种产品,此时宜采用品种法。

在大量大批、多步骤生产的情况下,成本管理上要求按生产步骤计算成本,成本计算对

象就为各步骤某月份生产的半成品或产成品,此时宜采用分步法。

在单件小批生产的情况下,无论单步骤生产还是多步骤生产,成本计算对象通常是全厂生产的某批或某件产成品,此时宜采用分批法。

这三种方法是计算产品实际成本必不可少的方法,是产品成本计算的基本方法。它们各自的特点可以用表格加以说明,如表 5-1 所示。

表 5-1 产品成本计算方法各自的特点

基本方法	生产组织	生产工艺过程和管理的要求	成本计算对象	成本计算期
品种法	大量大批生产	单步骤生产或管理上不要求分步骤计算成本的多步骤生产	生产的某种产品	定期于某月份
分批法	小批单件生产	单步骤生产或管理上不要求分步骤计算成本的多步骤生产	每一批(件)产品	某批或某件产品的生产周期
分步法	大量大批生产	管理上要求分步骤计算成本的多步骤生产	生产的半成品或产成品	定期于某月份

(二)产品成本计算的辅助方法

在实际工作中除了上述三种成本计算的基本方法之外,还有分类法、定额法等成本计算方法,它们都是成本计算的辅助方法。在产品品种、规格繁多的企业,逐一按产品的品种、规格计算产品成本,不仅工作量大,而且也没有必要。为了简化计算工作,可以先按产品的类别归集生产费用,计算产品类别的成本,然后将其分配到各种产品成本中,这种方法被称为分类法。对于在产品成本定额管理工作基础好的企业,为了做好定额管理工作,控制生产费用,降低产品成本,加强对成本的分析和考核,可以采用定额法计算产品成本。

产品成本计算的辅助方法是从基本方法中延伸出来的,这些成本计算方法都不是独立的成本计算方法,在进行成本计算时,必须与三种成本计算的基本方法的任何一种结合使用。这些方法与生产类型的特点没有直接的联系,不涉及成本计算对象。它们的应用或者是为了简化成本计算工作,或者是为了加强成本管理,只要具备条件,各种生产类型的企业都可以使用。因此,从计算产品实际成本的角度来说,它们不是必不可少的,这些方法称为成本计算的辅助方法。

定额法是以产品定额成本为基础来计算实际成本的一种方法,在制造业企业中广泛使用。那么,定额法适合在什么类型的企业中使用呢?是否不限企业类型,只要定额管理制度健全的企业都能使用该方法进行核算呢?

任务二 品 种 法

在任务一中我们了解到，由于制造业企业产品生产的特点和管理要求的不同，对企业选择成本计算对象、成本计算期，以及划分完工产品成本与在产品成本有着重要影响，尤其对成本计算对象的影响最为突出。由于成本计算对象不同，就形成了不同的成本计算方法，在本任务中将介绍最基本的一种方法——品种法。

一、品种法的基本概念

品种法是指以产品的品种作为成本计算对象，归集生产费用，计算产品成本的一种成本计算方法。采用各种成本计算方法最终都要计算出各产品的实际总成本和单位成本，而按照产品品种计算产品成本是成本计算最起码的要求。因此，品种法是企业产品成本计算最基本的方法。

品种法主要适用于大量、大批、单步骤生产类型的企业，如发电、供水、采掘等企业。对于大量、大批、多步骤生产类型的企业或车间，如果生产规模较小，或者按流水线组织生产，或者产品生产的全过程是集中封闭式生产，成本管理上又不要求按照各生产步骤计算产品成本，也可以采用品种法计算产品成本，如制砖厂、糖果厂、织布厂和小型水泥厂，以及辅助生产的供水车间、供气车间和供电车间等。

二、品种法的特点

(一) 以产品品种作为成本计算对象

品种法以产品的品种作为成本计算对象，并设置生产成本明细账。如果企业或者生产单位只生产一种产品，成本计算对象就是该种产品，只需为该种产品设置生产成本明细账，并分别就成本项目登记生产费用。在这种情况下，本月发生的全部生产费用都是直接费用，可以直接计入产品成本。如果生产两种或两种以上的产品，就需要以每种产品作为成本计算对象，分别设置产品成本明细账，将发生的直接费用直接记入各产品的成本明细账的有关成本项目，将发生的间接费用先按发生单位和地点进行归集，月末再采用适当的分配方法，在各成本计算对象之间进行分配，分别记入各产品的成本明细账的有关成本项目。

(二) 一般定期按月计算成本

采用品种法计算产品成本的企业，其特点是连续不断地生产一种或几种产品。企业无法随时计算完工产品成本，也不可能在产品全部制造完工后再计算产品成本，因而产品成本的计算只能定期按月进行。因而，在品种法下，产品成本的计算只能按月进行，以各月作为成本计算期定期计算成本，其与产品的生产周期并不一致。

(三) 生产费用在完工产品与在产品之间分配

采用品种法月末计算产品成本时，如果是单步骤生产，一般不存在尚未完工的在产品或者在产品数量很小，因而可以不计算月末在产品成本。在这种情况下，按照产品品种设置的产品成本明细账中按成本项目归集的全部费用就是该完工产品的实际总成本。将实际总成本按完工产量平均就是完工产品的单位成本。如果月末有在产品，并且数量较多，这就需要将产品成本明细账中归集的各项生产费用，采用一定的分配方法，在本月完工产品和月末在产品之间进行分配，以便计算出本月完工产品的实际总成本和月末在产品成本。

三、品种法的成本计算程序

成本计算程序是企业会计制度规定的对产品生产过程中所发生的各项生产费用进行审核、归集和分配，最终计算出完工产品成本和月末在产品成本的过程。在品种法下，成本计算的一般程序如下：

(1) 根据产品的品种设置产品成本明细账。为了计算产品成本，应当按照产品品种设置产品成本明细账，在明细账中按成本项目设置专栏，通常包括直接材料、直接人工和制造费用等项目。对于有月初在产品成本的产品，还应在产品成本明细账中登记月初在产品的成本。

(2) 归集和分配各种费用。根据生产过程中发生的各项费用的原始凭证和有关资料，编制各种费用分配表，据以登记"生产成本——基本生产成本"明细账、"生产成本——辅助生产成本"明细账、制造费用明细账和产品成本计算单。

(3) 归集和分配辅助生产费用。企业应根据辅助生产成本明细账归集的本月辅助生产费用总额，按照确定的辅助生产费用分配方法，分别编制各辅助生产单位的辅助生产费用分配表，分配辅助生产费用。根据分配结果，编制会计分录，分别记入有关产品成本明细账、制造费用明细账和期间费用明细账。

如果辅助生产单位发生了制造费用，则通过制造费用明细账归集，应在分配辅助生产费用前分别转入各辅助生产成本明细账，并计入该辅助生产单位本期费用总额。

(4) 分配基本生产单位制造费用。根据制造费用明细账归集制造费用，并且以确定的制造费用分配方法在各种产品之间进行分配，分别编制各基本生产单位的制造费用分配表。根据分配结果，编制会计分录，并且登记产品生产成本明细账或产品成本计算单。

(5) 确定完工产品成本和月末在产品成本。采用适当的方法将本月归集的生产费用在本月完工产品和月末在产品之间进行分配。

(6) 结转本月完工产品成本。根据产品成本计算结果，编制本月完工产品成本汇总表，结转本月完工产品成本，分别记入有关产品生产成本明细账或产品成本计算单和库存商品明细账。

四、品种法的具体应用

品种法是产品成本计算方法中最基本的方法，因而品种法的计算程序体现着产品成本计算的一般程序。若把品种法所用的各种费用分配表和明细账联系起来，以及将产品成本计算与相应的账务处理结合起来，不仅有利于全面、系统、具体地掌握这一方法，还有利于深入理解成本核算的基本原理。

【例 5-1】 启华工厂设有一个基本生产车间和供电、修理两个辅助生产车间，大量生产A和B两种产品。A、B产品均属于单步骤生产。根据生产特点和管理要求，A、B产品均采用品种法计算产品成本。该企业生产成本总账下设置基本生产成本和辅助生产成本两个明细账，“基本生产成本”明细账分A、B产品设置成本计算单，辅助生产成本明细账分设供电车间明细账和修理车间明细账。“制造费用”项目用于核算基本生产车间发生的间接费用。本例题中供电车间和修理车间由于提供产品或服务单一，所以发生的间接费用直接记入辅助生产成本所属的明细账。成本计算单下设置“直接材料”“直接人工”和“制造费用”三个成本账户。某月有关成本计算资料如下：

(1) 月初在产品成本。A、B两种产品的月初在产品成本已分别记入各产品成本计算单，如表5-12与表5-13所示。

(2) 当月生产数量。A产品本月完工250件，月末在产品50件，实际生产工时50 000小时；B产品本月完工100件，月末在产品20件，实际生产工时25 000小时。A、B产品的原材料都在生产开始时一次投入，加工费用发生比较均衡，月末在产品完工程度均为50%。

(3) 当月发生生产费用。

① 发出材料的信息如表5-2所示。

表5-2　发出材料的信息　　单位：元

领料部门和用途	材料费用			合　计
	原材料	包装物	低值易耗品	
基本生产车间				
A产品耗用	400 000	5 000		405 000
B产品耗用	300 000	2 000		302 000
A、B产品共同耗用	14 000			14 000
车间一般耗用	1 000		50	1 050
供电车间耗用	500			500
修理车间耗用	600			600

续表

领料部门和用途	材料费用			合　计
	原材料	包装物	低值易耗品	
厂部管理部门耗用	600		200	800
合计	716 700	7 000	250	723 950

② 工资及福利费汇总表如表5-3所示。

表5-3　工资及福利费汇总表　　单位:元

人员类别	应付工资	应计提福利费	合　计
产品生产工人	210 000	29 400	239 400
车间管理人员	10 000	1 400	11 400
供电车间人员	4 000	560	4 560
修理车间人员	3 500	490	3 990
厂部管理人员	20 000	2 800	22 800
合计	247 500	34 650	282 150

③ 以现金支付的费用为1 250元,其中基本生产车间办公费125元、市内交通费32.5元;供电车间市内交通费72.5元;修理车间外部加工费240元;厂部管理部门办公费680元、材料市内运输费100元。

④ 以银行存款支付的费用为7 350元,其中基本生产车间办公费500元、水费1 000元、差旅费700元、设计制图费1 300元;供电车间水费250元、外部修理费900元;修理车间办公费200元;厂部管理部门办公费1 500元、水费600元、招待费100元、市话费300元。

⑤ 应计提固定资产折旧费11 000元,其中基本生产车间5 000元,供电车间1 000元,修理车间2 000元,厂部管理部门3 000元。

下面按照品种法来计算产品成本,具体步骤如下:

(1) 根据各项生产费用发生的原始凭证和有关资料,编制各项要素的费用分配表。

① 分配材料费用,其中生产A、B产品共同耗用材料按A、B产品直接耗用原材料的比例分配。分配结果如表5-4、表5-5所示。

表 5-4 A、B 产品共同耗用材料费用分配表 单位:元

产品名称	直接耗用原材料费用	分配率	分配共耗材料费用
A 产品	400 000	0.02	8 000
B 产品	300 000	0.02	6 000
合计	700 000		14 000

表 5-5 材料费用分配表 单位:元

会计账户	明细账户	原材料费用	包装物	低值易耗品费用	合计
生产成本——基本生产成本	A 产品	408 000	5 000		413 000
	B 产品	306 000	2 000		308 000
生产成本——辅助生产成本	供电车间	500			500
	修理车间	600			600
制造费用	基本生产车间	1 000		50	1 050
管理费用	修理费	600		200	800
合计		716 700	7 000	250	723 950

② 分配工资及福利费。分配结果如表 5-6 所示。其中,A、B 产品应分配的工资及福利费按 A、B 产品的实际生产工时比例分配。

表 5-6 工资及福利费分配表 单位:元

分配对象		工资			福利费	
会计账户	明细账户	分配标准/工时	分配率	分配金额	分配率	分配金额
生产成本——基本生产成本	A 产品	50 000	2.80	140 000	0.14	19 600
	B 产品	25 000	2.80	70 000	0.14	9 800
生产成本——辅助生产成本	供电车间			4 000	0.14	560
	修理车间			3 500	0.14	490
制造费用	基本生产车间			10 000	0.14	1 400
管理费用	工资、福利费			20 000	0.14	2 800
合计				247 500		34 650

③ 分配本月现金和银行存款支付费用。其分配结果如表 5-7 所示。

表 5-7 其他费用分配表 单位:元

会计账户	明细账户	现金支付	银行存款支付	合　计
制造费用	基本生产车间	157.5	3 500	3 657.5
生产成本——辅助生产成本	供电车间	72.5	1 150	1 222.5
	修理车间	240	200	440
管理费用		780	2 500	3 280
合计		1 250	7 350	8 600

④ 计提固定资产折旧费用。其分配结果如表 5-8 所示。

表 5-8 折旧费用计算表 单位:元

会计账户	明细账户	费用项目	分配金额
制造费用	基本生产车间	折旧费	5 000
生产成本——辅助生产成本	供电车间	折旧费	1 000
	修理车间	折旧费	2 000
管理费用		折旧费	3 000
合计			11 000

(2) 根据各项要素费用分配表登记有关辅助生产成本明细账(见表 5-9、表 5-10)、制造费用明细账(见表 5-11)、产品成本计算单(见表 5-12、表 5-13)。

表 5-9 辅助生产成本明细账(供电车间)

车间名称:供电车间 单位:元

年		凭证号	摘　要	直接材料	直接人工	制造费用	合　计
月	日						
略	略	略	材料费用分配表	500			500
			工资及福利费分配表		4 560		4 560
			转入制造费用			2 222.5	2 222.5
			本期发生额合计	500	4 560	2 222.5	7 282.5
			结转各受益部门	500	4 560	2 222.5	7 282.5

表 5-10 辅助生产成本明细账(修理车间)

车间名称:修理车间　　　　单位:元

年		凭证号	摘　要	直接材料	直接人工	制造费用	合　计
月	日						
略	略	略	材料费用分配表	600			600
			工资及福利费分配表		3 990		3 990
			转入制造费用			2 440	2 440
			本期发生额合计	600	3 990	2 440	7 030
			结转各受益部门	600	3 990	2 440	7 030

表 5-11 制造费用明细账

车间名称:基本生产车间　　　　单位:元

摘　要	材料费用	工资及福利费	折旧费	修理费	水电费	其　他	合　计
材料费用分配表	1 050						1 050
工资及福利费分配表		11 400					11 400
折旧费用计算表			5 000				5 000
其他费用分配表						3 657.5	3 657.5
辅助生产分配表				5 250	1 020		6 270
本期发生额	1 050	11 400	5 000	5 250	1 020	3 657.5	27 377.5
期末结转制造费用	−1 050	−11 400	−5 000	−5 250	−1 020	−3 657.5	−27 377.5

表 5-12 产品成本计算单(A 产品)

产品名称:A 产品　　产成品:250 件　　在产品:50 件

摘　要	直接材料	直接人工	制造费用	合　计
月初在产品成本	82 000	16 235	1 837.5	100 072.5
本月发生生产费用	416 060	159 600	18 250	593 910
生产费用合计	498 060	175 835	20 087.5	693 982.5
完工产品数量	250	250	250	

续表

在产品约当产量	50	25	25	
总约当产量	300	275	275	
分配率(单位成本)	1 660.2	639.4	73.05	2 372.65
完工产品总成本	415 050	159 850	18 262.5	593 162.5
月末在产品成本	83 010	15 985	1 825	100 820

表 5-13 产品成本计算单(B 产品)

产品名称:B产品　　产成品:100 件　　在产品:20 件

摘　　要	直接材料	直接人工	制造费用	合　　计
月初在产品成本	61 870	8 200	1 675	71 745
本月发生生产费用	309 530	79 800	9 127.5	398 457.5
生产费用合计	371 400	88 000	10 802.5	470 202.5
完工产品数量	100	100	100	
在产品约当产量	20	10	10	
总约当产量	120	110	110	
分配率(单位成本)	3 095	800	98.2	3 993.2
完工产品总成本	309 500	80 000	9 820	399 320
月末在产品成本	61 900	8 000	982.5	70 882.5

(3) 根据各辅助生产车间制造费用明细账汇集的制造费用总额,分别转入该车间辅助生产成本明细账。本例供电车间和修理车间提供单一产品或服务,未单独设置制造费用明细账,车间发生的间接费用直接记入各车间辅助生产成本明细账。根据辅助生产成本明细账(见表 5-9 与表 5-10)归集的待分配辅助生产费用和辅助生产车间本月劳务供应量,采用计划成本分配法分配辅助生产费用,并据以登记有关成本计算单和费用明细账。

本月供电车间和修理车间提供的劳务量如表 5-14 所示。每度电的计划成本为 0.34 元,每小时修理费的计划成本为 3.50 元;成本差异全部由管理费用负担。按车间生产 A、B 两种产品的生产工时比例分配,并记入产品成本计算单中“直接材料”成本项目,分配结果如表 5-15 所示。

表 5-14　供电车间和修理车间提供的劳务量

使用部门	供电(单位成本 0.34 元)		修理(单位成本 3.5 元)	
	用电度数/度	计划成本/元	修理工时/小时	计划成本/元
供电车间			200	700
修理车间	1 500	510		
基本生产车间产品生产	13 500	4 590		
基本生产车间一般耗费	3 000	1 020	1 500	5 250
厂部管理部门	5 000	1 700	550	1 925
合计	23 000	7 820	2 250	7 875
实际成本		7 982.5		7 540
成本差异		162.5		−335

表 5-15　产品生产用电分配表　　单位:元

产　　品	生产工时/小时	分 配 率	分配金额
A 产品	50 000	0.061 2	3 060
B 产品	25 000	0.061 2	1 530
合计	75 000		4 590

供电车间实际成本＝7 282.5＋700＝7 982.5(元)

修理车间实际成本＝7 030＋510＝7 540(元)

分配辅助生产费用的会计分录如下：

① 结转辅助生产计划成本。

借:生产成本——辅助生产成本——供电车间　　700
　　　　　　　　　　　　　——修理车间　　510
　　　　——基本生产成本——A 产品　　3 060
　　　　　　　　　　　　　——B 产品　　1 530
　　制造费用——基本生产车间　　6 270
　　管理费用　　3 625
　贷:生产成本——辅助生产成本——供电车间　　7 820
　　　　　　　　　　　　　　——修理车间　　7 875

② 结转辅助生产成本差异,成本差异由管理费用负担。

借:生产成本——辅助生产成本——修理车间　　335
　贷:管理费用　　172.5
　　　生产成本——辅助生产成本——供电车间　　162.5

(4) 根据制造费用明细账(见表5-11)归集的制造费用总额,编制制造费用分配表,并登记有关成本计算单。

本例按A、B两种产品的生产工时比例分配制造费用,分配结果如表5-16所示。

表5-16 制造费用分配表

车间名称:基本生产车间　　　　单位:元

产　　品	生产工时/小时	分配率	分配金额
A产品	50 000	0.365	18 251.67
B产品	25 000	0.365	9 125.83
合计	75 000		27 377.5

分配制造费用的会计分录如下:

借:生产成本——基本生产成本——A产品　　9 125

　　　　　　　　　　　　　　——B产品　　4 562.5

　贷:制造费用——基本生产车间　　13 687.5

(5) 根据各产品成本计算单归集的生产费用合计数和有关生产数量记录,在完工产品和月末在产品之间分配生产费用,并据以结转完工产品成本。

按约当产量法分别计算A、B两种产品的完工产品成本和月末在产品成本。月末在产品约当产量计算情况如表5-17和表5-18所示。

表5-17 在产品约当产量计算表(A产品)

产品名称:A产品　　　　单位:件

成本项目	在产品数量	投料程度(加工程度)	约当产量
直接材料	50	100%	50
直接人工	50	50%	25
制造费用	50	50%	25

表5-18 在产品约当产量计算表(B产品)

产品名称:B产品　　　　单位:件

成本项目	在产品数量	投料程度(加工程度)	约当产量
直接材料	20	100%	20
直接人工	20	50%	10
制造费用	20	50%	10

根据A、B两种产品的月末在产品约当产量,采用约当产量法在A、B两种产品的完工产品与月末在产品之间分配生产费用。具体分配情况如表5-12和表5-13所示。

根据表5-12、表5-13中的分配结果，编制完工产品成本汇总表（见表5-19），结转完工入库产品成本。会计分录如下：

借：库存商品——A产品　　593 162.5

——B产品　　399 320

贷：生产成本——基本生产成本——A产品　　593 162.5

——B产品　　399 320

表5-19　完工产品成本汇总表　　单位：元

成本项目	A产品（250件）		B产品（100件）	
	总成本	单位成本	总成本	单位成本
直接材料	415 050	1 660.2	309 500	3 095
直接人工	159 850	639.4	80 000	800
制造费用	18 262.5	73.05	9 820	98.2
合计	593 162.5	2 372.65	399 320	3 993.2

课堂小思考

嘉佳公司是一家食品加工厂，主要生产蛋糕、面包、糕点等食品。这些食品的生产一般是在流水线上进行的，并且生产过程是不能够间断的，而不是由几个生产车间分别进行加工制造的。其产品的生产组织形式属于大量大批生产。对这种类型的企业，应该采用何种方法进行成本核算呢？

任务三　分　批　法

品种法是以产品品种作为成本计算对象，以产品品种归集生产费用的一种基本的成本核算方法。但是在小批生产方法下，产品批量较小，就可以采用另一种方法进行核算。在本任务中，我们将学习成本计算方法的第二种方法——分批法。

一、分批法的概念

分批法是以产品的批别或件别作为成本计算对象，开设生产成本明细账，归集生产费用，计算产品成本的一种方法。

分批法一般适用于单件、小批生产的企业，这些企业不要求分步骤计算成本，如船舶制造、飞机制造、重型机械制造、精密仪器制造、服装、印刷、新产品试验或试制、专业修理等企业。在这种生产类型的企业中，由于大多是根据购货单位的订单组织生产的，因此分批法也称订单法。

二、分批法的特点

1. 以产品批别或件别为成本计算对象

成本计算对象就是产品的批别或件别。在小批、单件生产中，产品的种类和每批产品的批量大多根据购买单位的订单确定。但如果在一张订单中包括几种产品或虽然只有一种产品但其数量较大而且要求分批交货，企业生产计划部门可将订单中的产品按照品种划分批别，组织生产。如果在一张订单中只规定一件产品，但其属于大型复杂的产品，价值较大，生产周期较长，也可以按照产品的组成部分分批组织生产。如果在同一时期内，企业接到不同客户要求生产同一产品的几张订单，企业生产计划部门可以将其合为一批产品组织生产，进行产品成本的计算。

2. 成本计算期与生产周期一致

分批法是以每批或每件产品的生产周期为成本计算期进行成本计算的。在分批法中，由于各批产品的生产周期不一致，每批产品的实际成本必须等到该批产品全部完工后才能确定，各期所投产的各批号、各订单产品的生产周期又长短不一，因而不能定期计算成本。通常，分批组织生产的企业都是待完工一批产品时才计算该批产品的成本。这样，某批产品成本的计算期是从该批产品自投产起到产品完工为止的整个过程，而不是会计核算的报告期。因此，分批法下的成本计算期是产品周期。

3. 生产费用一般不在完工产品与在产品之间进行分配

生产费用一般不需要在完工产品和在产品之间分配。在单件生产中，产品完工前，产品成本明细账登记的各项生产费用都是在产品成本。当产品完工时，产品成本明细账登记的各项生产费用就是完工产品的成本。因此，在月末计算产品成本时，生产费用不需要在完工产品和在产品之间进行分配。在小批生产中，由于产品的批量较小，批内产品一般都能同时完工或者在较短的时间内全部完工，在月末计算产品成本时，要么全部已经完工，要么全部没有完工，因此，在通常情况下，不存在在完工产品和在产品之间分配生产费用的问题。

但是，如果产品批量较大、购货单位要求分次交货，就会出现批内产品跨月陆续完工的情况，这时应采用适当的方法将生产费用在完工产品和月末在产品之间分配。采用的分配方法视批内产品跨月陆续完工的数量占批量的比重大小而定。

三、分批法的计算程序

1. 按批别或订单开设生产成本明细账

在开始生产产品时，要按照产品的每一批别或订单开设生产成本明细账或产品成本计算单，并按成本项目分设专栏。在对生产过程中所发生的生产费用分清楚应计入对象后，凡属于某一批别或订单的直接费用，应直接计入该批别或订单的产品成本计算单。间接费用先归集并按一定的方法分配后再计入有关批别或订单的产品成本计算单，待该批产品全部完工后，将每一批别或订单归集的生产费用分别按成本项目汇总，即该批产品的总成本。将总成本除以该批产品的产量，即该批产品的单位成本。

2. 按批别或订单归集生产费用

在分批法中，需要特别指出要按照批别或订单归集生产费用。因此，在归集批别或各订单产品直接耗用的材料、人工等费用时，都要在相关原始凭证上填好生产批号（生产通知单号）和订单号，这样便于生产费用的整理，并及时记入相应的基本生产明细账的各项目。间接费用需要按照发生地点和用途进行归集，然后采用适当的分配方法记入相应的基本生产成本明细账的“制造费用”成本项目。

3. 按产品完工月份计算该批产品的总成本和单位成本

月末，根据完工批别产品的完工通知单，将计入已完工的该批产品的成本明细账所归集的生产费用，按成本项目加以汇总，计算出该批完工产品的总成本和单位成本，并转账。如果出现批内产品跨月陆续完工并已销售或提货的情况，这时应采用适当的方法将生产费用在完工产品和月末在产品之间进行分配，计算出该批已完工产品的总成本和单位成本。

四、分批法的具体应用

分批法的成本计算程序与品种法的成本计算程序基本一致，需要按照批别或订单开设成本明细账，以此归集与分配生产费用，并计算完工产品的成本。

【例 5-2】 启华工厂根据客户订单组织企业生产，使用分批法计算成本。2020 年 8 月，该工厂有关资料及核算过程如下：

（1）各批产品的生产情况如表 5-20 所示。

表 5-20　生产情况表

批　次	产　品	产量/件	投产期	完工期	提前交货
201	A	200	4 月	8 月	
202	B	400	6 月	8 月	7 月交货 200 件
203	C	600	7 月	9 月	

（2）各批产品的生产工时记录表如表 5-21 所示。

表 5-21　各批产品的生产工时记录表

批　次	生产工时/小时	
	第一车间	第二车间
201	24 000	15 600
202	18 000	22 000
203	22 000	20 000
合计	64 000	57 600

(3) 材料发出汇总表如表5-22所示。

表5-22　材料发出汇总表　　单位:元

批　号	直接领用	共同耗用材料分配					耗用材料总额
		产量/台	单位定额	定额耗用量	分配率	分配材料费	
201	248 000	200	120	24 000	2	48 000	296 000
202	154 000	400	100	40 000	2	80 000	234 000
203	198 000	600	80	48 000	2	96 000	294 000
小计	600 000			112 000		224 000	824 000
第一车间领用机物料	7 200						7 200
第二车间领用机物料	8 000						8 000
合计	615 200					224 000	839 200

根据表5-22编制如下会计分录:

借:生产成本——基本生产成本——201　　296 000

——202　　234 000

——203　　294 000

制造费用——第一车间　　7 200

——第二车间　　8 000

贷:原材料　　839 200

(4) 工资及福利费汇总表如表5-23所示。

表5-23　启华工厂2020年8月工资及福利费汇总表　　单位:元

项　目	第一车间			第二车间			管理人员薪酬	合　计
	生产工时	分配率	职工薪酬	生产工时	分配率	职工薪酬		
201	24 000	3	72 000	15 600	2.5	39 000		111 000
202	18 000	3	54 000	22 000	2.5	55 000		109 000
203	22 000	3	66 000	20 000	2.5	50 000		116 000
小计	64 000		192 000	57 600		144 000		336 000
第一车间管理人员			10 000					10 000
第二车间管理人员						14 000		14 000
企业管理部门人员							20 000	20 000
合计			202 000			158 000	20 000	380 000

根据表 5-23 编制会计分录如下：

借：生产成本——基本生产成本——201　　111 000

　　　　　　　　　　　　　——202　　109 000

　　　　　　　　　　　　　——203　　116 000

　　制造费用——第一车间　　10 000

　　　　　　——第二车间　　14 000

　　管理费用　　20 000

　贷：应付职工薪酬　　380 000

(5) 分配折旧费及其他费用。其中，一车间 34 000 元，二车间 26 960 元，行政管理部门 6 000 元。编制会计分录如下：

借：制造费用——第一车间　　34 000

　　　　　　——第二车间　　26 960

　　管理费用　　6 000

　贷：累计折旧　　66 960

(6) 分配并结转制造费用。制造费用明细账及分配表如表 5-24、表 5-25、表 5-26 所示。

表 5-24　制造费用明细账(第一车间)　　单位：元

2020 年		摘　要	材料费用	职工薪酬	折旧费及其他费用	合　计
月	日					
8	31	领用材料	7 200			7 200
8	31	分配工资及福利费		10 000		10 000
8	31	分配折旧费及其他费用			34 000	34 000
8	31	结转制造费用	−7 200	−10 000	−34 000	−51 200

表 5-25　制造费用明细账(第二车间)　　单位：元

2020 年		摘　要	材料费用	职工薪酬	折旧费及其他费用	合　计
月	日					
8	31	领用材料	8 000			8 000
8	31	分配工资及福利费		14 000		14 000
8	31	分配折旧费及其他费用			26 960	26 960
8	31	结转制造费用	−8 000	−14 000	−26 960	−48 960

表 5-26　各批次产品的制造费用分配表　　单位:元

批　次	第一车间			第二车间			合　计
	生产工时/小时	分配率	应分配费用	生产工时/小时	分配率	应分配费用	
201	24 000	0.8	19 200	15 600	0.85	13 260	32 460
202	18 000	0.8	14 400	22 000	0.85	18 700	33 100
203	22 000	0.8	17 600	20 000	0.85	17 000	34 600
合计	64 000		51 200	57 600		48 960	100 160

根据表 5-26 编制会计分录如下：

借:生产成本——基本生产成本——201　　32 460
　　　　　　　　　　　　　——202　　33 100
　　　　　　　　　　　　　——203　　34 600
　贷:制造费用——第一车间　　51 200
　　　　　　　——第二车间　　48 960

(7) 登记基本生产成本明细账,如表 5-27、表 5-28、表 5-29 所示。

表 5-27　基本生产成本明细账(201 批次)

批次 201　产量:200 件　产品 A　投产期:4 月　完工期:8 月　单位:元

2020 年 月	日	摘　要	直接材料	直接人工	制造费用	合　计
7	31	截至本月累计余额	1 500 000	420 000	100 000	2 020 000
8	31	本月发生成本	296 000	111 000	32 460	439 460
8	31	截至本月累计余额	1 796 000	531 000	132 460	2 459 460
8	31	完工产品成本结转	−1 796 000	−531 000	−132 460	−2 459 460
8	31	本批单位产品成本	8 980	2 655	662.3	12 297.3

表 5-28　基本生产成本明细账(202 批次)

批次 202　产量:400 件　产品 B　投产期:6 月　完工期:8 月　单位:元

2020 年 月	日	摘　要	直接材料	直接人工	制造费用	合　计
6	30	本月发生成本	760 000	176 000	90 000	1 026 000
7	31	本月发生成本	1 020 000	340 000	120 000	1 480 000
7	31	本月交货 200 件成本结转	−960 000	−280 000	−119 200	−1 359 200

续表

7	31	截至本月累计余额	820 000	236 000	90 800	1 146 800
8	31	本月发生成本	234 000	109 000	33 100	376 100
8	31	截至本月累计余额	1 054 000	345 000	123 900	1 522 900
8	31	结转 200 件完工成本	−1 054 000	−345 000	−123 900	−1 522 900
8	31	本批产品总成本	2 014 000	625 000	243 100	2 882 100
8	31	本批产品单位成本	5 035	1 562.5	607.75	7 205.25

表 5-29 基本生产成本明细账(203 批次)

批次 203　产量:600 件　产品 C　投产期:7 月　完工期:9 月　单位:元

2020 年		摘　要	直接材料	直接人工	制造费用	合　计
月	日					
7	31	本月发生成本	420 000	100 000	28 000	548 000
8	31	本月发生成本	294 000	116 000	34 600	444 600
8	31	截至本月累计余额	714 000	216 000	62 600	992 600

8 月末,201、202 批产品完工入库,结转生产成本。根据表 5-27 与表 5-28 编制会计分录如下:

借:库存商品——A 产品　2 459 460
　　　　　——B 产品　1 522 900
　贷:生产成本——基本生产成本——201　2 459 460
　　　　　　　　　　　　　——202　1 522 900

五、简化分批法

在单件小批生产企业或生产车间中,如果同一个月份产品的投产批数较多,那么要将间接费用在各批产品之间进行分配,工作量会很大。因此,在投产批数较多并且月末未完工批数较多的制造业企业中,可以采用简化分批法计算产品成本。

(一) 简化分批法的概念

简化分批法又称间接费用累计分配法、不分批计算在产品成本分批法,是指每月发生的人工费用和制造费用等间接费用不需要按月在各批产品之间分配,而是将这些费用累加起来,直到产品完工的那个月份,再按照完工产品累计生产工时比例,在各批完工产品之间进行分配的一种分批法。

(二) 简化分批法的特点

在简化分批法下,在各批产品完工之前,账内只登记直接计入费用和生产工时,对每月发生的间接费用暂时先不进行分配，而是先将这些费用在基本生产成本明细账中进行归集，等到有完工产品的那个月份再将间接费用按照累计工时进行分配，计算完工产品成本；全部产品的在产品应负担的间接费用，仍以总数反映在基本生产成本明细账中，不进行分配，不分批计算在产品成本。

对各批完工产品分配间接费用，一般是按照完工产品累计生产工时比例进行分配的，其计算公式为

全部产品某项累计间接费用分配率＝(期初结存全部产品的间接费用＋本月发生全部产品的间接费用)÷(期初结存全部在产品的累计工时＋本月发生的全部工时数)

某批完工产品应负担的某项间接计入费用＝该批完工产品的累计生产工时×全部产品该项累计间接费用分配率

(三) 简化分批法的具体应用

【例 5-3】 启华工厂根据客户订单、小批生产多种产品，由于产品批别较多，月末有大量未完工产品，因而采用简化分批法进行产品成本核算，分别开设“基本生产成本”账户和“基本生产成本”明细账(产品成本计算单)，设置直接材料、直接人工和制造费用三个成本项目和生产工时专栏。假设各批产品的原材料都是在开始生产时一次性投入。2020 年 8 月有关产品月初在产品和本月发生的各项生产费用资料如下：

(1) 生产产品的批号的基本情况。

① 123 批号 A 产品，7 月 20 日投产，投产量为 300 件，8 月 31 日全部完工。其中，直接材料费用 7 月为 58 000 元，本月为 23 000 元；生产工时 7 月为 5 000 小时，本月为 2 400 小时。

② 146 批号 B 产品，8 月 2 日投产，投产量为 200 件，8 月 31 日完工 100 件。其中，直接材料费用本月为 32 500 元；生产工时本月为 3 450 小时；本月完工产品直接材料费用为 16 250 元，生产工时为 1 725 小时。

③ 235 批号 C 产品，8 月 24 日投产，投产量为 80 件，本月产品全部未完工。其中，直接材料费用本月为 55 900 元，生产工时本月为 3 150 小时。

(2) 基本生产成本明细账如表 5-30 所示。

表 5-30　基本生产成本明细账(汇总)

生产单位：基本生产车间　　　　2020 年 8 月　　　　单位：元

月	日	摘　要	直接材料	生产工时/小时	直接人工	制造费用
8	1	月初在产品成本和工时	58 000	5 000	34 000	30 000
8	31	本月费用和工时	111 400	9 000	55 600	33 000
8	31	累计费用和工时	169 400	14 000	89 600	63 000
8	31	累计间接费用分配率			6.4	4.5
8	31	完工产品成本	97 250	9 125	58 400	41 062.5
8	31	月末在产品成本	72 150	4 875	31 200	21 937.5

下面具体说明表 5-30 中数据的来源：

直接人工费用累计分配率=(34 000+55 600)÷(5 000+9 000)=6.4(元/小时)

制造费用累计分配率=(30 000+33 000)÷(5 000+9 000)=4.5(元/小时)

① 月初在产品成本中的各项生产费用和生产工时是根据上个月的各项生产费用和生产工时资料进行登记的；本月费用和工时则是根据本月各批号产品各项费用分配表和生产工时记录进行登记的；累计费用和工时则是将月初在产品成本与本月费用和工时相加得出的。

② 完工产品的原材料费用和生产工时，应根据各批号产品成本明细账中完工产品原材料和工时汇总登记。完工产品的各类间接费用，应当根据完工产品的生产工时分别乘以累计间接费用分配率进行计算。其计算过程如下：

本月完工产品原材料费用=58 000+23 000+16 250=97 250(元)

本月完工产品生产工时=5 000+2 400+1 725=9 125(小时)

123 批号 A 产品完工产品的直接人工费用=(5 000+2 400)×6.4=47 360(元)

123 批号 A 产品完工产品的制造费用=(5 000+2 400)×4.5=33 300(元)

146 批号 B 产品完工产品的直接人工费用=1 725×6.4=11 040(元)

146 批号 B 产品完工产品的制造费用=1 725×4.5=7 762.5(元)

③ 月末在产品成本的原材料费用和生产工时，可以根据累计的费用和生产工时分别减去完工产品的费用和工时进行计算。而月末在产品的间接费用，可以根据月末在产品的生产工时分别乘以累计间接费用分配率进行计算，也可以根据各自费用的累计数分别减去完工产品的费用进行计算。

根据以上计算结果，将完工产品应负担的间接计入费用从基本生产成本明细账转入各个批号产品基本生产成本明细账中。相关基本生产成本明细账如表 5-31 至表 5-33 所示。

表 5-31 "基本生产成本——A 产品"明细账

产品批号：123　　产量：300 件　　产品：A　　投产期：7 月　　完工期：8 月　　单位：元

2020 年		摘　要	直接材料	生产工时/小时	直接人工	制造费用	合计
月	日						
8	1	7 月生产费用	58 000	5 000			
8	31	本月生产费用和工时	23 000	2 400			
8	31	累计生产费用和工时	81 000	7 400			
8	31	累计间接费用分配率			6.4	4.5	
8	31	本月转出完工产品成本	81 000	7 400	47 360	33 300	169 060

表 5-32 “基本生产成本——B 产品”明细账

产品批号:146　　产量:200 件　　产品:B　　投产期:8 月　　完工期:　　单位:元

2020 年		摘　要	直接材料	生产工时/小时	直接人工	制造费用	合计
月	日						
8	31	本月生产费用和工时	32 500	3 450			
8	31	累计生产费用和工时	32 500	3 450			
8	31	累计间接费用分配率			6.4	4.5	
8	31	本月转出完工产品成本	16 250	1 725	11 040	7 762.5	36 777.5
8	31	月末在产品成本	16 250	1 725			

表 5-33 “基本生产成本——C 产品”明细账

产品批号:235　　产量:80 件　　产品:C　　投产期:8 月　　完工期:　　单位:元

2020 年		摘　要	直接材料	生产工时/小时	直接人工	制造费用	合计
月	日						
8	31	本月生产费用和工时	55 900	3 150			
8	31	月末在产品成本	55 900	3 150			

根据基本生产成本明细账,结转本月完工产品入库,编制会计分录如下:

借:库存商品——A 产品　　169 060

　　　　　——B 产品　　36 777.5

　贷:生产成本——A 产品　　169 060

　　　　　　——B 产品　　36 777.5

采用简化分批法,对于没有完工产品的月份,只需要在基本生产成本明细账中登记直接材料费用和生产工时。

课堂小思考

某服装生产企业主要生产童装。该企业的产品生产属于小批、单件的单步骤生产类型,并且是根据购货单位的订单来组织生产的。该企业于 2020 年 10 月接到订单生产儿童牛仔裤 30 000 条,订单号为 1001,当月发生的直接材料费用为 10 000 元、直接人工费用为 50 000 元、制造费用为 8 500 元;11 月发生的直接材料费用为 6 500 元、直接人工费用为 25 000 元、制造费用为 4 700 元;12 月未发生直接材料费用,发生的直接人工费用为 23 000 元、制造费用为 3 600 元,当月生产完 25 000 条儿童牛仔裤。那么,应如何进行计算该企业生产儿童牛仔裤的成本?

任务四 分步法

在企业中，有些产品的生产工艺是比较复杂的，需要由可以间断的若干个生产步骤组成，此时品种法和分批法都不适用。本任务将介绍一种新的核算方法——分步法。

一、分步法的概念

分步法是按照产品的生产步骤归集生产费用、计算各步骤半成品和最后产成品成本的一种方法。这种方法适用于从事大量、大批、多步骤生产，并且在管理上需要按照生产步骤计算产品成本的企业。例如，冶金企业生产可分为炼铁、炼钢、轧钢等步骤；纺织企业生产可以分为纺织、织布等步骤；机械制造企业生产可分为铸造、加工、修配等步骤。在这类企业中，产品生产可以分为若干个生产步骤，通常不仅要求按照产品品种计算成本，还要求按照生产步骤计算成本，以便为考核和分析各种产品及各生产步骤的成本计划的执行情况提供资料。

二、分步法的特点

（一）以产品品种及其经过的生产步骤作为成本计算对象

分步法以产品品种及其经过的生产步骤作为成本计算对象，因此，在计算产品成本时，应按照产品的生产步骤设立产品成本明细账。如果只生产一种产品，成本计算对象就是该种产品及其所经过的各生产步骤，产品成本明细账应该按照产品的生产步骤设立。如果生产多种产品，成本计算对象则是各种产品及其所经过的各生产步骤，应按照每个产品的各个步骤设立产品成本明细账。在计算成本时，企业应按照生产步骤分产品分配和归集生产费用，如果能直接计入某种产品的，应直接计入该生产步骤产品成本明细账中相应的成本账户；如果不能直接计入某种产品的，应先在生产步骤中归集，月末再采用适当的分配方法分配计入。

在实际工作中，产品成本计算的步骤与实际的产品生产步骤的口径有可能一致或不一致。出现这种差异的原因是为了简化计算工作。人们可以根据成本管理的需要，对有必要分步骤计算产品成本的生产步骤单独开设生产成本明细账和计算成本；对没有必要的就将该生产步骤与其他的生产步骤合并，统一计算成本。此外，在通常情况下，企业可将生产车间视为生产步骤。但当企业生产车间的规模很大，生产车间内部又按照生产工段划分生产步骤，而管理上也需要在车间内分步骤计算和考核产品成本时，也可以将生产车间内部的生产工段作为成本计算对象；反之，当企业规模较小，管理上又不要求分车间计算和考核产品成本的，也可以将几个车间合并为一个生产步骤计算产品成本。因此，企业应根据自身的具体情况确定成本计算对象。

(二) 成本计算工作按月进行

由于分步法主要适用于大量、大批、多步骤生产企业,其生产组织特点决定产品生产周期较长,可以间断,而且往往都是跨月连续不断进行的,产品陆续完工,无法准确划分生产周期。因此,出于及时进行成本考核的需要,成本计算工作要按月定期进行,这与会计报告期一致,但与产品的生产周期不一致。

(三) 要将生产费用在完工产品与在产品之间进行分配

由于大量、大批、多步骤生产,成本计算一般按月进行,与产品生产周期不一致,因此,在月末计算产品成本时,各生产步骤一般都存在未完工的在产品。为了计算完工产品成本和月末在产品成本,还需要根据企业的具体情况,采用适当的方法,将归集在产品成本明细账中的生产费用在完工产品与在产品之间进行分配。

三、分步法的计算程序

在分步法下,最终完工产品的成本计算是建立在每一个加工部门或加工步骤产品成本计算的基础上的。为了每一加工部门或加工步骤区分转入下道工序或计入最终完工产品成本的份额,需要在本部门产品明细账记录的基础上编制产品成本计算单,计算本部门的完工产品成本和在产品成本。在分步法下,生产部门或步骤的成本计算可以按以下几个步骤进行:清点汇总产品的实物数量;计算产品的约当产量;计算汇总各要素费用总额;根据成本总额和产品约当产量计算产品单位成本;计算本部门完工产品费用和期末在产品费用。由于各个企业生产工艺过程的特点和成本管理对各步骤成本资料的要求不同(是否需要计算半成品成本),分步法可分为逐步结转分步法和平行结转分步法。下面将分别对这两种方法加以介绍。

四、逐步结转分步法

(一) 逐步结转分步法的应用范围

在采用分步法的大量、大批、多步骤生产的企业中,有的产品制造过程是由一系列循序渐进的、性质不同的加工步骤组成的。在这类生产中,从原料投入到产品制成,中间要经过若干生产步骤的逐步加工,前面各步骤生产的都是半成品,只有最后步骤生产的才是产成品。为了加强对各生产步骤成本的管理,往往要求不仅计算各种产成品成本,还要求计算各步骤半成品成本。具体来说,企业采用逐步结转分步法主要包括以下几个原因:

(1) 有一些半成品是企业几种产品共同耗用的,因而要分别计算各种产成品的成本,就要先计算这些半成品的成本。

(2) 有些企业生产的半成品不完全为企业自用,还经常作为商品对外销售。为了计算外售半成品的成本,全面考核和分析商品产品成本计划的执行情况,也要求计算这些半成品的成本。

(3) 有的半成品虽然不一定对外销售,但要进行同行业成本的评比,因而也要计算这些半成品的成本。

(4) 实行厂内经济责任制的企业,为了有效地控制各生产步骤内部的生产耗费和资金占用水平,也要求计算并在各生产步骤之间结转半成品成本。

综上所述,逐步结转分步法就是为了计算半成品成本而采用的一种分步法。因此,这种方法又称为计算半成品成本分步法。

(二) 逐步结转分步法的计算程序

在逐步结转分步法下,各步骤所耗用的上一步骤半成品的成本,要随着半成品实物的转移,从上一步骤的产品成本明细账转入下一步骤相同产品的成本明细账,以便逐步计算各步骤的半成品成本和最后步骤的产成品成本。逐步结转分步法的特点主要表现在以下几个方面:

(1) 按产成品品种和各步骤半成品品种设置"生产成本——基本生产成本"明细账,归集发生的生产费用,计入各步骤的"生产成本——基本生产成本"明细账。

(2) 月末,将第一步骤产品(半成品)基本生产成本明细账所归集的生产费用,采用适当的分配方法,在完工产品和月末在产品之间分配,计算出本步骤完工半成品成本。如果半成品不通过半成品库收发,而是直接转入下一步骤继续加工,则在第一步骤完工的半成品转入第二步骤后,应将计算出的完工半成品成本随之转到第二步骤,不必编制结转半成品成本的会计分录。如果半成品通过仓库收发,即半成品完工后,不为下一步骤直接领用,而要通过半成品库收发,则应编制结转半成品成本的会计分录:当验收入库时,借记"自制半成品"账户,贷记"生产成本——基本生产成本"账户;当下一步骤领用时,编制相反的会计分录。

(3) 二步骤基本生产成本明细账所归集的费用包括第一步骤完工的半成品成本与第二步骤发生的费用。通过该费用可分配计算出第二步骤的半成品成本。

(三) 逐步结转分步法的种类

根据结转的半成品成本在下一步骤产品成本明细账中的反映方法,逐步结转分步法可分为综合结转法和分项结转法。下面将对这两种方法分别加以介绍。

1. 综合结转法

综合结转法的特点是将各步骤所耗用的上一步骤的半成品成本,以"原材料""直接材料"或专设的"半成品"项目综合记入各该步骤的产品成本明细账。综合结转可以按照半成品的实际成本结转,也可以按照半成品的计划成本或定额成本结转。

(1) 按实际成本结转。采用这种结转方法,各步骤所耗上一步骤的半成品费用应根据所耗半成品的实际数量乘以半成品的实际单位成本计算。由于各月所产半成品的实际单位成本不同,因而所耗半成品实际单位成本的计算可根据企业的实际情况,选择使用先进先出法、加权平均法等方法。

(2) 按计划成本结转。采用这种结转方法,半成品日常收发的明细核算均按计划成本计价,在半成品实际成本计算出来后,再计算半成品差异额和差异率,调整领用半成品计划成本。而半成品收发的总分类核算则按实际成本计价。

按计划成本结转的特点:自制半成品明细账不仅要反映半成品收发和结存的数量和实际成本,还要反映其计划成本、成本差异额和成本差异率。在产品成本明细账中,对于所耗用半成品的成本,可以直接按照调整成本差异后的实际成本登记;也可以按照计划成本和成本差异分别登记,以便于分析上一步骤半成品成本差异对本步骤成本的影响。

按计划成本结转的优点:可以简化和加速半成品核算和产品成本计算工作;便于各步骤进行成本的考核和分析。

(3) 综合结转法成本还原。所谓成本还原,就是从最后一个步骤起,把各步骤所耗上一步骤半成品的综合成本,逐步分解、还原成原材料、工资及福利费和制造费用等原始成本项目,从而求得按原始成本项目反映的产成品成本资料。成本还原一般通过成本还原计算表进行,下面是成本还原的步骤:

① 计算还原分配率。计算公式为

还原分配率=本月产成品所耗上一步骤半成品成本合计÷本月所产该种半成品成本合计

② 以还原分配率分别乘以本月所产该种半成品各个成本项目的费用,即可将本月产成品所耗半成品的综合成本,按照本月所产该种半成品的成本构成进行分解、还原,求得按原始成本项目反映的还原对象成本。还原以后的各项费用之和等于还原对象,应与产成品所耗半成品费用相抵消。

③ 将表中的工资及福利费、制造费用与产成品所耗半成品费用还原值中的原材料、工资及福利费、制造费用按成本项目分别相加,就是按原始成本项目反映的还原后的产成品总成本。

(4) 综合结转法的优缺点。

优点:可以在各生产步骤的产品成本明细账中反映各该步骤完工产品所耗半成品费用的水平和本步骤加工费用的水平,有利于各个生产步骤的成本管理。

缺点:为了从整个企业的角度反映产品成本的构成,加强企业的综合成本管理,必须进行成本还原,从而增加了核算工作量。因此,这种结转方法只适宜在半成品具有独立的国民经济意义、管理上要求计算各步骤完工产品所耗半成品费用,但不要求进行成本还原的情况下采用。

2. 分项结转法

分项结转法的特点是将各步骤所耗用的上一步骤半成品成本,按照成本项目分项转入各该步骤产品成本明细账的各个成本项目。分项结转既可以按照半成品的实际成本结转,也可以按照半成品的计划成本结转,然后按成本项目分项调整成本差异。由于后一种做法计算的工作量较大,因而一般多采用按实际成本分项结转的方法。

(1) 分项结转法的计算程序。

① 根据上一步骤产品成本明细账、半成品交库单和半成品领用单登记自制半成品明细账。

② 根据各种生产费用分配表、半成品领用单、自制半成品明细账、产成品交库单和本步骤在产品的有关资料,登记本步骤产品成本明细账。

(2) 分项结转法的优缺点。

优点:采用分项结转法结转半成品成本,可以直接、正确地提供按原始成本项目反映的企业产品成本资料,便于从整个企业的角度考核和分析产品成本计划的执行情况,不需要进行成本还原。

缺点:分项结转法下的成本结转工作比较复杂,而且在各步骤完工产品成本中看不出所耗上一步骤半成品费用是多少、本步骤加工费用是多少,不便于进行各步骤完工产品的成本分析。因此,分项结转法一般适用于管理上不要求计算各步骤完工产品所耗半成品费用和本步骤加工费用,而要求按原始成本项目计算产品成本的企业。

(四) 逐步结转分步法的优缺点与适用范围

1. 优缺点

优点:能够提供各个生产步骤的半成品成本资料;能为在产品的实物管理和生产资金管理提供资料;能全面反映各步骤完工产品中所耗上一步骤半成品费用水平和本步骤加工费用水平,有利于各步骤的成本管理。如果采用分项结转法结转半成品成本,则可以直接提供按原始成本项目反映的产品成本资料,满足企业分析和考核产品构成和水平的需要。

缺点:逐步结转分步法的核算工作比较复杂,核算工作的及时性也较差。如果采用综合结转法,则需要进行成本还原;如果采用分项结转法,则结转的核算工作量较大,两者都增加了核算工作量。

2. 适用范围

逐步结转分步法一般适宜在半成品品种不多、逐步结转半成品成本的工作量不是很大的情况下;或者半成品的种类较多,但管理上要求提供各个生产步骤半成品成本数据的情况下采用。

五、平行结转分步法

采用分步法的大量、大批、多步骤生产的企业,为了简化和加速成本计算工作,在计算产品成本时,可以不计算各步骤所产半成品成本,也不计算各步骤所耗上一步骤的半成品成本(各步骤之间不结转所耗半成品成本),只计算本步骤所发生的各项生产费用,以及在这些费用中应计入产成品成本的"份额",然后将各步骤应计入同一产成品成本的份额平行结转、汇总,即可计算出该种产品的产成品成本。这种平行结转各步骤成本的方法称为平行结转分步法或不计算半成品成本分步法。

(一) 平行结转分步法的特点

(1) 采用平行结转分步法,各生产步骤不计算半成品成本,只计算本步骤所发生的生产费用。

(2) 采用平行结转分步法,各步骤之间也不结转半成品成本,只是在企业的产成品入库时,才将各步骤费用中应计入产成品成本的份额从各步骤产品成本明细账中转出,从"生产成本——基本生产成本”账户的贷方转入“产成品”账户的借方。

(3) 采用平行结转分步法,每一生产步骤的生产费用都要在其完工产品与月末在产品之间进行分配。这里的在产品是指尚未产成的全部在产品和半成品,包括尚在本步骤加工的在产品,即狭义的在产品;本步骤已完工,转入半成品库的半成品;已从半成品库转到以后各步骤进一步加工,尚未最后产成的产品。

(二) 平行结转分步法的基本计算程序

(1) 按产品和加工步骤设置成本明细账,分别按成本项目归集本步骤发生的生产费用(但不包括耗用上一步骤半成品的成本)。

(2) 月末将各步骤归集的生产费用在产成品与广义在产品之间进行分配,计算各步骤费用中应计入产成品成本的份额。

(3) 将各步骤费用中应计入产成品成本的份额按成本项目平行结转,汇总计算产成品的总成本及单位成本。

(三) 平行结转分步法的优缺点和适用范围

1. 优缺点

优点:(1) 采用平行结转分步法,各步骤可以同时计算产品成本,然后将应计入完工产品成本的份额平行结转汇总计入产成品成本,不必逐步结转半成品成本,从而可以简化和加速成本计算工作。

(2) 采用平行结转分步法,一般是按成本项目平行结转汇总各步骤成本中应计入产成品成本的份额,因而能够直接提供按原始成本项目反映的产品成本资料,不必进行成本还原,省去了大量烦琐的计算工作。

缺点:(1) 不能提供各步骤半成品成本资料及各步骤所耗上一步骤半成品费用资料。

(2) 由于各步骤间不结转半成品成本,使得半成品实物转移与费用结转脱节,不能为各步骤在产品的实物管理和资金管理提供资料。

2. 适用范围

平行结转分步法一般只适宜在半成品种类较多,逐步结转半成品成本的工作量较大,管理上又不要求提供各步骤半成品成本资料的情况下采用。

六、分步法的具体应用

下面举例介绍分步法在实际工作中的应用。

【例 5-4】 启华工厂生产甲产品的过程分为三个步骤,上一步骤完工的半成品不通过半成品库收发,直接转给下一步骤继续进行加工。各步骤的在产品采用约当产量法按实际成本计算。直接材料在第一步骤生产开始时一次投入,各步骤在产品的完工程度均为50%。启华工厂2020年3月有关产量记录和成本资料如表5-34、表5-35所示。

表 5-34　产量记录　　单位:件

项　　目	第一步骤	第二步骤	第三步骤
月初在产品数量	8	12	10
本月投产或上步交来的数量	76	72	76
本月完工数量	72	76	80
月末在产品数量	12	8	6

表 5-35　成本资料　　单位:元

成本项目	月初在产品成本				本月生产费用			
	第一步骤	第二步骤	第三步骤	合　计	第一步骤	第二步骤	第三步骤	合　计
直接材料（或半成品）	64	180	200	444	608			
直接人工	8	18	40	66	148	222	292	662
制造费用	90	25	50	165	300	135	157.5	592.5
合计	162	223	290	675	1 056			

启华工厂采用逐步结转(综合结转)分步法,计算甲产品的生产成本。该企业甲产品的生产成本计算如下:

(1) 设置第一步骤产品成本明细账,如表 5-36 所示。

表 5-36　产品成本明细账(A 半成品)

产品名称:A 半成品　　2020 年 3 月　　单位:元

项　　目	直接材料	直接人工	制造费用	合　　计
月初在产品成本	64	8	90	162
本月发生费用	608	148	300	1 056
生产费用合计	672	156	390	1 218
完工半产品数量/件	72	72	72	
在产品约当产量/件	12	6	6	
总约当产量/件	84	78	78	
单位成本/(元/件)	8	2	5	15
转出完工 A 半成品成本	576	144	360	1 080
月末在产品成本	96	12	30	138

① 直接材料费用的分配。

直接材料费用分配率=672÷(72+12)=8

完工A半成品直接材料费用=72×8=576(元)

月末在产品直接材料费用=12×8=96(元)

② 直接人工费用的分配。

直接人工费用分配率=156÷(72+6)=2

完工A半成品直接人工费用=72×2=144(元)

月末在产品直接人工费用=6×2=12(元)

③ 制造费用的分配。

制造费用分配率=390÷(72+6)=5

完工A半成品制造费用=72×5=360(元)

月末在产品制造费用=6×5=30(元)

(2) 设置第二步骤产品成本明细账,如表5-37所示。

表5-37 产品成本明细账(B半成品)

产品名称:B半成品　　2020年3月　　单位:元

项　　目	半成品	直接人工	制造费用	合　　计
月初在产品成本	180	18	25	223
本月发生费用	1 080	222	135	1 437
生产费用合计	1 260	240	160	1 660
完工半成品数量/件	76	76	76	
在产品约当产量/件	8	4	4	
总约当产量/件	84	80	80	
单位成本/(元/件)	15	3	2	20
转出完工B半成品成本	1 140	228	152	1 520
月末在产品成本	120	12	8	140

① A半成品费用的分配。

半成品费用分配率=1 260÷(76+8)=15

完工B半成品的A半成品费用=76×15=1 140(元)

月末在产品A半成品费用=8×15=120(元)

② 直接人工费用的分配。

直接人工费用分配率=240÷(76+4)=3

完工B半成品直接人工费用=76×3=228(元)

月末在产品直接人工费用=4×3=12(元)

③ 制造费用的分配。

制造费用分配率＝160÷(76＋4)＝2

完工B半成品制造费用＝76×2＝152(元)

月末在产品制造费用＝4×2＝8(元)

(3) 设置第三步骤产品成本明细账，如表5-38所示。

表5-38 产品成本明细账(甲产品)

产品名称：甲产品　　　　2020年3月　　　　单位：元

项　目	半成品	直接人工	制造费用	合　计
月初在产品成本	200	40	50	290
本月发生费用	1 520	292	157.5	1 969.5
生产费用合计	1 720	332	207.5	2 259.5
完工产品数量/件	80	80	80	
在产品约当产量/件	6	3	3	
总约当产量/件	86	83	83	
单位成本/(元/件)	20	4	2.5	26.5
转出甲产成品成本	1 600	320	200	2 120
月末在产品成本	120	12	7.5	139.5

① B半成品费用的分配。

半成品费用分配率＝1 720÷(80＋6)＝20

完工甲产成品B半成品费用＝80×20＝1 600(元)

月末在产品B半成品费用＝6×20＝120(元)

② 直接人工费用的分配。

直接人工费用分配率＝332÷(80＋3)＝4

完工甲产成品直接人工费用＝80×4＝320(元)

月末在产品直接人工费用＝3×4＝12(元)

③ 制造费用的分配。

制造费用分配率＝207.5÷(80＋3)＝2.5

完工甲产成品制造费用＝80×2.5＝200(元)

月末在产品制造费用＝3×2.5＝7.5(元)

【例5-5】 启华工厂生产B产品的过程分为两个步骤。直接材料在第一步骤开始时一次投入，对成本计算采用平行结转分步法。两个步骤的完工产品份额和广义在产品之间的费用分配均采用定额比例法。第一步骤直接材料成本按直接材料定额费用比例分配，第一步骤和第二步骤的工资及制造费用都按定额工时比例分配。2020年3月有关资料如

表 5-39 至表 5-41 所示。

表 5-39　第一步骤和第二步骤的定额资料

项　目	第一步骤		第二步骤	
	完工产品	在产品	完工产品	在产品
直接材料定额费用/元	30 000	6 000		
定额工时/工时	22 000	8 000	4 500	1 200

表 5-40　月初在产品成本　　单位:元

生产步骤	直接材料	直接人工	制造费用	合　计
第一步骤	5 200	3 100	3 400	11 700
第二步骤		504	480	984

表 5-41　本月发生的生产费用　　单位:元

生产步骤	直接材料	直接人工	制造费用	合　计
第一步骤	29 000	9 500	10 400	48 900
第二步骤		3 600	3 339	6 939

另外,2020 年 3 月 B 产品的完工产量为 500 吨。该企业 B 产品的成本计算如下:

(1) 设置第一步骤产品成本明细账,如表 5-42 所示。

表 5-42　产品成本明细账(第一步骤)

第一步骤:B 产品　　2020 年 3 月　　单位:元

项　目		直接材料	直接人工	制造费用	合　计
月初在产品成本		5 200	3 100	3 400	11 700
本月生产费用		29 000	9 500	10 400	48 900
生产费用合计		34 200	12 600	13 800	60 600
分配率		0.95	0.42	0.46	—
应计入产成品成本的份额	定额	30 000	22 000	22 000	—
	实际	28 500	9 240	10 120	47 860
月末在产品成本	定额	6 000	8 000	8 000	—
	实际	5 700	3 360	3 680	12 740

① 直接材料费用的分配。

直接材料费用分配率＝34 200÷(30 000＋6 000)＝0.95

应计入产成品的直接材料费用的份额＝30 000×0.95＝28 500(元)

月末广义在产品的直接材料费用＝34 200－28 500＝5 700(元)

② 直接人工费用的分配。

直接人工费用分配率＝12 600÷(22 000＋8 000)＝0.42

应计入产成品的直接人工费用的份额＝22 000×0.42＝9 240(元)

月末广义在产品的直接人工费用＝12 600－9 240＝3 360(元)

③ 制造费用的分配。

制造费用分配率＝13 800÷(22 000＋8 000)＝0.46

应计入产成品的制造费用的份额＝22 000×0.46＝10 120(元)

月末广义在产品的制造费用＝13 800－10 120＝3 680(元)

(2) 设置第二步骤产品成本明细账，如表 5-43 所示。

表 5-43 产品成本明细账(第二步骤)

第二步骤:B产品　　2020 年 3 月　　单位:元

项目		直接材料	直接人工	制造费用	合计
月初在产品成本			504	480	984
本月生产费用			3 600	3 339	6 939
生产费用合计			4 104	3 819	7 923
分配率			0.72	0.67	—
应计入产成品成本的份额	定额		4 500	4 500	—
	实际		3 240	3 015	6 255
月末在产品成本	定额		1 200	1 200	—
	实际		864	804	1 668

① 直接人工费用的分配。

直接人工费用分配率＝4 104÷(4 500＋1 200)＝0.72

应计入产成品的直接人工费用的份额＝4 500×0.72＝3 240(元)

月末广义在产品的直接人工费用＝4 104－3 240＝864(元)

② 制造费用的分配。

制造费用分配率＝3 819÷(4 500＋1 200)＝0.67

应计入产成品的制造费用的份额＝4 500×0.67＝3 015(元)

月末广义在产品的制造费用＝3 819－3 015＝804(元)

(3) 根据各步骤产品成本明细账，登记产成品成本汇总表，如表5-44所示。

表5-44　产成品成本汇总表(B产品)

产品名称:B产品　　2020年3月　　产量:500吨　　单位:元

成本项目	第一步骤的份额	第二步骤的份额	总成本	单位成本
直接材料	28 500		28 500	57
直接人工	9 240	3 240	12 480	24.96
制造费用	10 120	3 015	13 135	26.27
合计	47 860	6 255	54 115	108.23

根据产成品成本汇总表和产成品入库单，编制产成品入库的会计分录如下：

借:库存商品——B产品　　54 115

　贷:生产成本——基本生产成本——B产品(第一车间)　　47 860

　　　　　　　　　　　　　　——B产品(第二车间)　　6 255

课堂小思考

逐步结转分步法与平行结转分步法的联系与区别各是什么？

任务五　分　类　法

在实际工作中，除了上述任务中介绍的三种最基本、最常用的成本核算方法以外，企业还会采用一些辅助方法来对产品成本进行计算。

一、分类法的概念

分类法是指先将产品的类别作为成本计算对象，归集生产费用，计算各类完工产品的总成本，然后按照一定的分配方法将总成本在同类的各种产品之间进行分配，从而计算出各种产品成本的一种方法。在一些工业企业中，生产的产品品种、规格繁多，如果按照产品的品种、规格计算生产费用，计算产品成本，则成本计算工作极为繁重。在这种情况下，可将不同品种、规格的产品按照一定的标准进行分类，就可以采用分类法计算产品成本，简化成本计算工作。

需要指出的是，分类法的应用与企业生产类型没有直接关系，只要产品品种数量和规格繁多，并可以按照一定标准划分若干类别，均可采用分类法计算产品成本。例如，针织厂生产各种不同品种和规格的针织品，钢铁厂生产各种不同品种和规格的生铁和钢材，果园生产不同品种的果品，虽然这些企业的生产类型和生产的产品各不相同，但均可采用分类法计算产品成本。有的产品制造企业用同一原料经过同一生产过程同时生产出几种主要产品。例如,原油经过提炼可以同时生产出汽油、煤油和柴油等产品,这些联产品虽然在性质、用途上有所差异,但它们均是用同一原料,经过同一加工过程而生产出的主要产品。这就无法将每种产品作为成本计算对象,归集生产费用,计算产品成本,而只能将同一生产过程生产的联产品视为同一类产品,采用分类法计算分离前每类产品的实际成本,然后用适当的分配标准在类内分配计算各种产品的实际成本。还有一些产品制造企业在同一生产过程中,以相同的原料生产出品种相同但质量不同的产品,而这些不同质量的产品不是由于生产和管理不善引起的,而是由于工艺技术条件不同而产生的。这些产品也可归为一类,采用分类法计算产品成本。

二、分类法的特点

(一) 以产品的类别作为成本计算对象

分类法以产品的类别作为成本计算对象,按照产品类别设置“生产成本——基本生产成本”明细账,归集生产费用。对于各类产品所耗费的直接费用,应直接记入各类产品的“生产成本——基本生产成本”明细账户;对于各类产品共同发生的间接费用,应采用适当的方法分配后,再记入各类产品的“生产成本——基本生产成本”明细账户。

(二) 根据生产组织的特点与管理需要确定成本计算期

分类法的成本计算期要根据企业产品生产组织的特点和管理上的需要来确定。如果是大量大批生产,则可以结合品种法或分步法计算产品成本,其成本计算期应与会计报告期相一致,在月末计算产品成本;如果是小批生产,则可以结合分批法计算产品成本,其成本计算期与会计报告期不一致,以生产周期作为成本计算期。

(三) 生产费用的分配视结合的核算方法而定

分类法如果结合品种法或分步法计算产品成本,在月末应将该类产品所归集的生产费用在完工产品与在产品之间进行分配;分类法如果结合分批法计算产品成本,在月末所归集的费用则不需要进行分配,月末该类产品如未完工则是在产品成本,如已完工则是产成品成本。

三、分类法的计算程序

分类法的计算程序如下:

(1) 划分产品类别,确定成本计算对象。在分类法下,应将企业所生产的各种产品按照产品的性能、结构、用料和工艺过程的相似性划分为若干类别,并以类别作为成本计算对象设置产品成本计算单,归集生产费用。

(2) 计算类别产成品成本。根据企业的生产特点和管理要求,采用成本计算的基本方法(如品种法、分批法或分步法)计算出每类完工产品的总成本和在产品成本。

(3) 计算类别内不同品种或不同规格产品的成本。在计算出各类别完工产品的成本以后,采用适当的分配标准和方法,将其在类别内不同产品之间进行分配,从而计算出各种完工产品的总成本和单位成本。

在同一类别内各种产品之间分配费用时,各成本项目可以按照同一个分配标准进行分配。为了使分配结果更为合理,也可以根据各成本项目的性质,分别按照不同的分配标准进行分配。例如,直接材料费用可以按照直接材料定额消耗量或直接材料定额费用比例进行分配,直接人工费用等其他费用可以按照定额工时比例进行分配。

此外,为了简化分配工作,可以将分配标准折算成相对固定的系数,按照固定的系数在类内各种产品之间分配费用。在确定系数时,一般是在类内选择一种产量较大、生产比较稳定或规格折中的产品作为标准产品,将这种产品的系数定为1,再用其他各种产品的分配标准额分别与标准产品的分配标准额相比较。按照系数分配类内各种产品成本的方法也叫系数法。系数一经确定,在一定期间内应相对稳定。在实际工作中,也有的采用按照标准产品产量比例分配类内各种产品成本的方法,即将各种产品的产量按照系数进行折算,折算成标准产品产量,然后按照标准产品产量的比例分配类内各种产品成本。这也是一种系数分配法。

四、分类法的优缺点

采用分类法计算产品成本,不仅能简化成本计算工作,而且能在产品品种、规格繁多的情况下,分类掌握产品成本情况。但是,由于这种方法对类内各种产品成本的计算都是按一定的分配标准进行分配的,计算结果有一定的假设性,因此,在分类法下,产品的分类和分配标准或系数的选择是一个关键性的问题。在产品的分类上,应以产品的性能、结构或用料和工艺过程是否相近为标准,因为这些产品的成本水平往往比较接近。在对产品分类时,类距既不能定得过小,会使成本工作复杂化,也不能定得过大,会影响成本计算的准确性。在产品性能结构、所耗原材料或工艺技术发生较大变动时,应及时修改分配系数或另选分配标准,以保证成本计算的准确性。

五、分类法的具体应用

下面举例介绍分类法在实际工作中的应用。

【例 5-6】 启华工厂生产的产品品种、规格繁多,但可以按照一定的标准进行分类。为了简化成本计算工作,该厂采用分类法计算成本。2020 年 6 月,该厂生产的产品所耗用的材料基本相同,其中 A、B、C 三种产品的结构、所用材料和工艺过程基本相同,合并为一类(甲类);生产的 D、E、F 三种产品的结构、所用材料和工艺过程基本相同,合并为一类(乙类)。该月生产甲、乙两类产品消耗的直接材料费用为 468 000 元,直接人工费用为 238 800 元,制造费用为 271 200 元。各类产品之间分配费用的标准如下:原材料按定额费用比例分配,其中甲类产品的定额费用为 260 000 元,乙类产品的定额费用为 130 000 元;其他费用按定额工时比例分配,其中甲类产品的定额工时为 99 500 小时,乙类产品的定额工时为 49 750 小时。类内各种产品之间分配费用的标准如下:原材料费用按各种产品的原材料费用系数分配,原材料费用系数按原材料费用定额确定;其他费用按定额工时比例分配。其成本核算程序如下:

(1) 计算甲、乙两类产品该月的生产费用。

直接材料费用分配率=468 000÷(260 000+130 000)=1.2

甲类产品应分配的直接材料费用=260 000×1.2=312 000(元)

乙类产品应分配的直接材料费用=130 000×1.2=156 000(元)

直接人工费用分配率=238 800÷(99 500+49 750)=1.6(元/小时)

甲类产品应分配的直接人工费用=99 500×1.6=159 200(元)

乙类产品应分配的直接人工费用=49 750×1.6=79 600(元)

制造费用分配率=271 200÷(99 500+49 750)=1.8(元/小时)

甲类产品应分配的制造费用=99 500×1.8=179 100(元)

乙类产品应分配的制造费用=271 200-179 100=92 100(元)

(2) 按照产品(以甲类为例)开设产品成本明细账(乙类产品成本明细账略)。

根据各项生产费用分配表登记产品成本明细账,计算该类产品的成本(甲类在产品成本按定额成本计算),如表 5-45 所示。

表 5-45 产品成本明细账

产品名称:甲类产品　　2020 年 6 月　　单位:元

项　目	直接材料费用	直接人工费用	制造费用	合　计
月初在产品成本(定额成本)	56 000	25 000	30 000	111 000
本月费用	312 000	159 200	179 100	650 300
生产费用合计	368 000	184 200	209 100	761 300
产成品成本	320 800	163 200	185 600	669 600
月末在产品成本(定额成本)	47 200	21 000	23 500	91 700

(3) 计算类内各种产品的成本(以甲类产品为例)。

甲类产品中与 A、B、C 三种产品成本计算有关的数据及成本计算过程如下:

① 根据直接材料费用定额计算直接材料费用系数,如表 5-46 所示。

表 5-46 直接材料费用系数表

产　品	单位产品直接材料费用				原材料费用系数
	直接材料名称或编号	消耗定额/千克	计划单位/元	费用定额/元	
A 产品	6001	200	0.5	100	0.8(320÷400)
	6002	100	0.8	80	
	6003	140	1	140	
	小计			320	

续表

产品	单位产品直接材料费用				原材料费用系数
	直接材料名称或编号	消耗定额/千克	计划单位/元	费用定额/元	
B产品	6001	240	0.5	120	1(400÷400)
	6002	200	0.8	160	
	6003	120	1	120	
	小计			400	
C产品	6001	240	0.5	120	1.2(480÷400)
	6002	300	0.8	240	
	6003	120	1	120	
	小计			480	

② 分配计算A、B、C三种产品的产成品成本。根据各种产品的产量、直接材料费用系数和工时消耗定额，分配计算甲类A、B、C三种产品的产成品成本，如表5-47所示。

表5-47　各种产成品成本计算表

2020年6月　　　　单位：元

项　目	产量/件	直接材料费用系数	直接材料费用总系数	工时消耗定额	定额工时	直接材料	直接人工	制造费用	成本合计
(1)	(2)	(3)	(4)=(2)×(3)	(5)	(6)=(2)×(5)	(7)=(4)×分配率	(8)=(6)×分配率	(9)=(6)×分配率	(10)
分配率						200.5	5.1	5.8	
A产品	400	0.8	320	15	6 000	64 160	30 600	34 800	129 560
B产品	800	1	800	20	16 000	160 400	81 600	92 800	334 800
C产品	400	1.2	480	25	10 000	96 240	51 000	58 000	205 240
合计	1 600		1 600		32 000	320 800	163 200	185 600	669 600

在各种产成品成本计算表中，各项费用的合计数是分配对象，它应该根据该类产品成本明细账中产成品成本一行中的数字填列。表5-47中的原材料费用分配率应根据原材料费用合计数除以原材料费用总系数的合计数计算填列；原材料费用分配率分别乘以各种产成品的原材料费用总系数，即可求得各种产成品的原材料费用。表5-47中的直接人工分配率、制造费用分配率应根据各项费用的合计数分别除以定额工时的合计数计算填列；将各项费用的分配率分别乘以各种产品的定额工时，即可以求得各种产成品的各项费用。

天华公司生产甲、乙、丙三种产品,使用的原材料和工艺过程相似,因此该公司将这三种产品合并为一类产品进行成本核算,将这三种产品发生的生产费用归集在一起同时登记在生产成本明细账中,在确定各种产品单位成本时以各种产品的数量为依据进行费用的分配。但是,该公司随后却发现在这三种产品中只有一种产品的销售是盈利的,其他两种都是亏损的。那么,该公司是否仍应采用分类法计算成本?

任务六 定　额　法

产品成本计算辅助方法的第二种方法是定额法。定额管理较好的制造业企业可以采用这种方法。

一、定额法的概念

定额法是指为了反映和监督生产费用和产品成本脱离定额的差异,加强定额管理和成本控制而采用的一种成本计算方法。在采用定额法时,要将事前制定产品的消耗定额、费用定额和定额成本作为降低的目标。在发生生产费用时,将符合定额的费用和发生的差异分别核算,加强对成本差异的日常核算分析和控制;月末在定额成本的基础上加减各种成本差异,计算产品的实际成本,为成本的定期考核和分析提供数据。在其他成本计算方法下,生产费用的日常核算都是按照实际生产费用计算的。这样,生产费用和产品成本脱离定额的差异及其发生的原因,只有在月末通过实际资料与定额资料的对比、分析才能得到反映,而不能在费用发生的当时得到反映。

定额法是为了解决成本计算或成本管理中某一方面的问题而采用的成本计算方法。这种成本计算方法同生产类型的特点没有直接的联系。凡是定额管理制度比较健全,定额管理工作基础较好,产品生产已定型,各项消耗定额比较准确、稳定的企业均可采用定额法。因此,定额法在各种生产类型中都可以应用,但一般不能单独应用,而应与品种法、分批法和分步法等生产类型中所采用的基本方法结合起来应用。

二、定额法的特点

(一) 以自制半成品或产成品为成本计算对象

定额法是产品成本计算的辅助计算方法,企业采用定额法的目的是加强成本定额管理和日常成本控制。因此,其成本计算对象既可以是某个加工步骤的自制半成品,也可以是产成品。

(二) 成本计算期与结合使用的产品成本计算的基本方法有关

由于定额法必须与品种法、分批法或分步法结合使用，所以当定额法与品种法或分步法结合使用时，成本计算期与会计报告相一致；当定额法与分批法结合运用时，成本计算期与产品生产周期相一致，而与会计报告期不一致。

(三) 事先制定各种产品的各项消耗定额

在定额法下，为了便于对产品生产过程中的各种消耗按定额进行日常控制，需要对各种产品的原材料消耗和工时消耗制定相应的定额，以作为成本控制的目标。

(四) 对产品成本实行事中控制

在定额法下，企业发生的每项生产费用都应根据产品的定额成本分别核算符合定额的耗费和脱离定额的差异，并及时分析差异产生的原因，采取必要的措施，以加强对产品成本的控制。

(五) 以定额成本作为产品成本计算的基础

产品实际成本的计算是在计算出产品定额成本的基础上，加减脱离定额差异、定额变动差异和材料成本差异而取得的。

因此，定额法不仅是一种产品成本计算方法，还是一种对产品成本进行直接控制与管理的方法。

三、定额法的计算程序

(一) 制定定额成本

1．产品定额成本的计算公式

采用定额法，必须先制定单位产品的消耗定额、费用定额，并据以制定单位产品定额成本。单位产品定额成本是根据单位产品的现行原材料消耗定额和工时消耗定额，并根据各项消耗定额和原材料的计划单价、计划人工费用分配率、计划燃料及动力分配率、计划制造费用分配率等，计算确定产品的各项费用定额。产品的各项费用定额之和构成单位产品定额成本。计划人工费用分配率、计划燃料及动力分配率和计划制造费用分配率均是按照工时确定的。相关计算公式为

单位产品定额成本＝原材料费用定额＋直接人工费用定额＋制造费用定额

原材料费用定额＝原材料消耗定额×原材料计划单价

直接人工费用定额＝产品工时定额×计划人工费用分配率

制造费用定额＝产品工时定额×计划制造费用分配率

从以上公式可以看出，单位产品定额成本的各项费用的计算要分别运用原材料计划单价和各种计划分配率，因此有必要对定额成本和计划成本加以区别。

2．定额成本与计划成本的异同

两者相同之处：定额成本和计划成本都是以产品生产耗费的消耗定额和计划价格确定

的目标成本;定额成本和计划成本的制定过程都是对产品成本进行事前反映和监督,并实行事前控制的过程。

两者不同之处:计划成本的消耗定额是计划期(一般为一年)内平均消耗定额,在计划期内通常不变,属于静态成本;定额成本的消耗定额是现行消耗定额,随着生产技术的进步和劳动生产率的提高而不断变动,属于动态成本。计划成本是国家或上级主管部门下达的指令性指标,是国家或上级主管部门对企业进行成本考核的依据;定额成本是企业自行制定的,是企业对当时的产品成本进行自我控制和考核的依据。

3. 产品定额成本的制定方法

产品的定额成本一般由企业的计划、技术、会计等部门共同制定。单位产品定额成本的制定方法主要有以下两种:

(1) 如果产品的零部件不多,一般先计算零件定额成本,然后汇总计算部件和产成品的定额成本。

(2) 如果产品的零部件较多,为了简化成本计算工作,也可以不计算零件定额成本,而根据所有零件原材料消耗定额、工序计划和工时消耗定额的零件定额卡,以及原材料计划单价、计划的工资率和其他费用率,计算部件定额成本,然后汇总计算产成品定额成本;或者根据零部件的定额卡直接计算产成品的定额成本。

企业应通过编制定额成本计算表来制定定额成本。为了便于进行成本分析和考核,定额成本包括的项目和运用的计算方法,应该与计划成本、实际成本包括的项目和运用的计算方法一致。

4. 零件定额卡、部件定额成本计算表和产品定额成本计算表的编制

在实际工作中应根据零件的原材料消耗定额和工时定额编制零件定额卡,具体格式如表 5-48 所示。

表 5-48　零件定额卡

零件编号名称:112　　　　2020 年 5 月

材料编号、名称	计量单位	材料消耗定额
1808	千克	8
工序编号	工时定额/小时	累计工时定额/小时
1	4	4
2	3	7
3	2	9

根据零件定额卡,以及原材料计划单价、计划人工费用分配率和计划制造费用分配率,编制部件定额成本计算表,如表 5-49 所示。

表 5-49　部件定额成本计算表

部件编号名称：123　　　　2020 年 5 月　　　　单位：元

所属零件编号、名称	零件数量	材料定额							工时定额/小时
		112			113			金额合计	
		数量	计划单价	金额	数量	计划单价	金额		
206	4	20	3	60				60	32
307	3				10	5	50	50	18
装配									5
合计				60			50	110	55

定额成本项目					定额成本合计
原材料	直接人工		制造费用		
	计划工资率	金额	计划费用率	金额	
110	3	165	3.2	176	451

产品定额成本计算表的格式与部件定额成本计算表的格式类似，此处不再列示。

(二) 计算脱离定额差异

脱离定额差异是指实际费用与定额费用之间的差额。采用定额法计算成本的关键是要进行脱离定额差异的核算，只有这样，才能及时分析差异产生的原因，确定差异的责任，并及时采取措施进行处理。根据成本项目的不同，脱离定额差异的核算可以分为原材料脱离定额差异的核算、生产工时和生产工人工资脱离定额差异的核算与制造费用脱离定额差异的核算。

1. 原材料脱离定额差异的核算

在各成本项目中，原材料费用包括自制半成品费用，一般占有比较大的比重，而且属于直接计入费用的项目，因而有必要和可能在费用发生的当时就按产品核算定额费用和脱离定额的差异加强控制。

原材料脱离定额差异是指实际产量的现行定额耗用量与实际耗用量之间的差异与计划价格的乘积，即只包括原材料耗用量的差异，而不包括价格差异。材料价格差异应当作为一个实际成本的差异因素单独进行核算。原材料脱离定额差异的计算公式为

原材料脱离定额差异＝实际产量×(单位产品实际材料耗用量－单位产品定额材料耗用量)×材料计划单价＝(实际耗用材料数量－实际产量×单位产品定额材料耗用量)×材料计划单价

原材料脱离定额差异的计算方法一般有限额法、切割核算法和盘存法三种。

(1) 限额法。限额法是对原材料的领用实行限额领料制度，通过实际耗用材料与领料限额之间差异的分析，控制生产用料的方法。在限额范围内的领料，应根据限额领料单等定额凭证领发。对于由于增加产量，需要增加用料的，在办理追加限额手续后，也可以根据定

额凭证领发。对于由于其他原因发生的超额用料或代用材料的领用,则应填制专设的超额领料单、代用材料领料单等差异凭证,经过一定的审批手续后领发(为了减少凭证种类,这些差异凭证也可以用普通领料单代替,但应以不同的颜色或加盖专用的戳记,以示区别)。在差异凭证中,应填写差异的数量、金额及发生差异的原因。对于采用代用材料和废料利用的,还应在有关的限额领料单中注明,并从原来的限额中予以扣除。

在每批生产任务完成以后,应根据车间余料编制退料手续,退料单就是一种差异凭证。退料单中的原材料数额和限额领料单中的原材料余额都是原材料脱离定额的节约差异。应当指出的是,原材料脱离定额差异是产品生产中实际用料脱离现行定额而形成的成本差异,而限额法并不能完全控制用料,上述差异凭证所反映的差异往往只是领料差异,而不一定是用料差异。这是因为投产的产品数量不一定等于确定的产品数量,所领原材料的数量也不一定等于原材料的实际消耗量,即期初、期末车间可能有余料。

【例 5-7】 启华工厂基本生产车间生产甲产品,限额领料单列明甲产品的产量为 1 000 件,每件甲产品的原材料消耗定额为 8 千克,限额领料为 8 000 千克,本月领料 6 700 千克。甲产品实际投产 900 件,车间月初余料为 500 千克,月末余料为 250 千克。甲产品原材料脱离定额差异的计算如下:

原材料实际消耗量=500+6 700-250=6 950(千克)

原材料定额消耗量=900×8=7 200(千克)

原材料脱离定额差异=6 950-7 200=-250(千克)

(2) 切割核算法。切割核算法是指对于需要经过切割后才能进一步加工的材料,通过材料切割核算单核算材料的实际消耗量和脱离定额差异,以控制用料的方法。需要经过切割后进一步加工的材料有板材、棒材等。材料切割核算单应按材料的批别填列,并填明发交切割材料的名称、种类、数量、单件消耗定额和应切割的毛坯数量;再根据实际切割的结果,填列实际切割的毛坯数量和材料实际耗用量;将实际切割的毛坯数量乘以单件消耗定额,即材料定额消耗量。材料实际消耗量与材料定额消耗量之差就是脱离定额差异。材料切割核算单的基本格式如表 5-50 所示。

表 5-50 材料切割核算单

材料编号或名称:甲材料　　材料计划单价:15 元

产品名称:A 产品　　废料计划单价:4 元

切割工人工号和姓名:××　　材料计量单位:千克

切割日期:2020 年 4 月 20 日　　完工日期:2020 年 4 月 22 日

<table>
<tr><td>发料数量</td><td colspan="2">退回余料数量</td><td colspan="2">材料实际消耗量</td><td>回收实际废料数量</td></tr>
<tr><td>600</td><td colspan="2">40</td><td colspan="2">560</td><td>20</td></tr>
<tr><td>单件消耗定额</td><td>单件回收
废料定额</td><td>应切割的
毛坯数量</td><td>实际切割的
毛坯数量</td><td>材料定额
消耗量</td><td>废料定额
回收量</td></tr>
<tr><td>10</td><td>0.1</td><td>56</td><td>55</td><td>550</td><td>5.5</td></tr>
</table>

续表

材料脱离定额差异		废料脱离定额差异		差异原因	责任者
数量	金额	数量	金额	未按规定操作，废料增多	切割工人
10	150	−14.5	−58		

在切割核算法下，余料是指剩余的可以按照规定的用途继续使用的材料，并非实际消耗的材料；而废料则是剩余的不能按照原来用途使用的边角废料，属实际消耗材料的一个组成部分。材料实际消耗量除以单件消耗定额，即应切割的毛坯数量。材料定额消耗量和废料定额回收量应按实际切割的毛坯数量分别乘以单件材料消耗定额和单件回收废料定额计算。材料实际消耗量减去材料定额消耗量，即材料脱离定额差异的数量，再将其乘以材料计划单价就可以计算出材料脱离定额差异的金额。回收实际废料数量减去废料定额回收量，即废料脱离定额差异的数量，再将其乘以废料计划单价，即废料脱离定额差异的金额。由于回收废料超过定额的差异可以冲减材料费用，故表5-50中列为负数；低于定额的差异为正数。

采用材料切割核算单进行材料切割的核算，能够及时反映材料的使用情况和发生差异的具体原因，有利于加强对材料消耗的监督和控制，尤其是与车间或班组的经济核算结合起来，更能取得良好的效果。

(3) 盘存法。盘存法是根据定期盘点车间的在产品数量和结余材料数量，计算出本期产品生产所耗用材料的实际耗用量和脱离定额差异，以控制用料的方法。当企业采用大量生产的组织方式时，很难像前面两种方法一样分批核算原材料脱离定额的差异，届时除了要使用限额领料单、超额领料单等反映材料差异的凭证控制日常原材料的耗费外，还要定期按工作日或周、旬，通过盘存的方法，以确定材料脱离定额的差异，具体程序如下：

① 定期对在产品进行盘存，确定在产品的实际数量。

② 计算材料实际耗用量。

③ 根据完工产品入库单所列完工产品数量，以及在产品盘存表所列在产品盘存数量，计算产品投产数量。其计算公式为

本期产品投产数量＝本期完工产品数量＋期末在产品盘存数量－期初在产品数量

④ 计算材料定额消耗量。其计算公式为

材料定额消耗量＝产品投产数量×材料消耗定额

⑤ 计算材料脱离定额差异。其计算公式为

材料脱离定额差异＝(材料实际耗用量－材料定额耗用量)×材料计划单价

【例5-8】 启华工厂生产的甲产品的期初在产品有100件，当月完工产量为1 200件，期末在产品有200件，材料消耗定额为10千克/件，材料计划单价为10元/千克。当月材料限额领料单登记数量为14 000千克，材料超额领料单登记领料数为800千克，期末车间盘存余料为500千克。原材料于开始生产时一次投入。试计算该月甲产品的材料脱离定额差异。

投产数量＝1 200＋200－100＝1 300(件)

材料定额耗用量＝1 300×10＝13 000(千克)

材料实际耗用量＝14 000＋800－500＝14 300(千克)

材料脱离定额差异＝(14 300－13 000)×10＝13 000(元)

对于原材料的定额消耗量和脱离定额的差异，应分批或定期地按照成本计算对象进行汇总，编制原材料定额费用和脱离定额差异汇总表。表中应填明该批或该种产品所耗用各种原材料的定额消耗量、定额费用和脱离定额差异，并分析说明差异产生的主要原因。该表既可以用来汇总反映和分析材料消耗定额的执行情况，又可以代替原材料费用分配表登记产品成本明细账，还可以报送有关领导或向职工公布，以便根据差异产生的原因采取措施，进一步挖掘降低原材料消耗的潜力。

2. 生产工时和生产工人工资脱离定额差异的核算

由于企业采用的工资制度不同，对工资脱离定额差异的核算也存在着差别。在计件工资形式下，生产工人工资属于直接计入费用，因此可按原材料脱离定额差异的核算方法核算工资的脱离定额差异。

在计时工资形式下，生产工人工资脱离定额的差异平时不能按产品直接计算，只以工时进行考核，在月末实际生产工人工资总额确定以后，再加以计算。在这种情况下，生产工人工资脱离定额差异的核算可以分为两个部分：一部分为工时差异，它反映工时定额的执行情况；另一部分是工资率差异。在日常核算中，一般先核算工时差异，将月末实际生产工人工资总额确定之后，再计算核定工资率差异。

如果生产工人工资属于直接计入费用，则某种产品的生产工人工资脱离定额差异可以按下列公式计算：

某产品的生产工人工资脱离定额差异＝该产品实际生产工人工资费用－(该产品实际产量×该产品生产工人工资费用定额)

如果生产工人工资属于间接计入费用，则某种产品的生产工人工资脱离定额差异则应该按照下列公式计算：

计划小时工资＝计划产量的定额生产工人工资÷计划产量的定额生产工时

实际小时工资＝实际生产工人工资总额÷实际生产工时总额

产品定额生产工资＝产品实际产量的定额生产工时×计划小时工资

产品实际生产工资＝产品实际产量的实际生产工时×实际小时工资

产品生产工资脱离定额差异＝产品实际生产工资－产品定额生产工资

工时差异＝(实际生产工时－实际产量定额生产工时)×计划小时工资

工资率差异＝(实际小时工资－计划小时工资)×实际生产工时

从以上计算公式可以看出，如果要降低单位产品的计时工资，必须降低单位小时的生产工资率和单位产品的生产工时。因此，企业不仅要将工资总额严格控制在计划范围之内，还要充分利用工时，将单位产品的工时耗费控制在定额范围以内。在定额法下，为了降低单位产品的计时工资额，应加强日常管理，监督生产工时的利用情况和工时消耗定额的执行情况，并且按照产品核算定额工时、实际工时和工时脱离定额的差异，及时分析产生差异的原因,据以登记有关的产品成本计算单。在定额法下,无论采用哪种工资形式,都应根据上述核算资料,按照成本计算对象汇总编制定额生产工资和脱离定额差异汇总表。

3. 制造费用脱离定额差异的核算

制造费用通常与计时工资一样,属于间接计入费用,在日常核算中不能按照产品直接计算脱离定额的差异,而只能根据月份的费用计划,按照费用发生的车间、部门和费用的项目计算脱离计划的差异,据以控制和监督费用的发生。对于其中的材料费用,则可以采用限额领料单、超额领料单等定额凭证和差异凭证进行控制。对于领用生产工具、办公用品和发生零星费用,则可以采用费用限额卡等凭证进行控制。在这些凭证中,先要填明领用的计划数,然后登记实际发生数和脱离计划的差异数;对于超过计划的领用,也要经过一定的审批手续。因此,通常来说,制造费用差异的日常核算是指脱离制造费用计划的差异核算。

各种产品负担的制造费用脱离定额差异,只有等到月末实际费用分配给各产品以后,才能以其实际费用与定额费用相比较加以确定。其计算确定方法与计时工资脱离定额差异的计算确定方法相类似,也是由工时差异和单位小时分配率差异两个因素组成的。有关计算公式为

计划小时制造费用率=计划制造费用总额÷计划产量的定额生产工时总数

实际小时制造费用率=实际制造费用总额÷产品实际生产工时总数

某产品实际制造费用=该产品实际产量的定额工时×计划小时制造费用率

某产品制造费用脱离定额差异=该产品实际制造费用－该产品定额制造费用

对于废品损失及其发生的原因,应采用废品通知单和废品损失计算表单独反映,其中不可修复废品的成本,应该按照定额成本计算。由于产品定额成本中一般不包括废品损失,因而发生的废品损失通常作为脱离定额差异来处理。

在将产品的各项生产费用都分别计算出符合定额费用的部分和脱离定额差异的部分后,以产品的定额成本加上或者减去脱离定额差异,即可求得产品的实际成本。其计算公式为

产品的实际成本=产品定额成本±脱离定额差异

为了计算完工产品的实际成本,上述脱离定额的差异还应在完工产品和月末在产品之间进行分配。由于采用定额法计算产品成本的企业都有现成的定额成本资料,所以脱离定额差异在完工产品与月末在产品之间的分配大多采用定额比例法进行。如果各月在产品的数量比较稳定,那么可以采用按定额成本计算在产品成本的方法,将全部差异计入完工产品成本,月末在产品不负担差异。

(三) 分配材料成本差异

采用定额法计算成本,为了便于产品的分析和考核,原材料的日常核算必须按计划成本进行。因此,原材料的定额费用和脱离定额差异都按原材料的计划成本计算。前者是原材料的定额消耗与其计划单位成本的乘积;后者是原材料消耗数量差异与其计划单位成本的乘积,即按原材料计划单位成本反映的原材料的实际消耗数量差异(量差)。两者之和就是原材料的实际消耗数量与其计划单位成本的乘积。因此,在月末计算在产品的实际原材料

费用时，还必须乘以原材料差异率，计算应该分配负担的原材料成本差异，即所耗原材料的价格差异（价差）。在实际工作中，原材料成本差异的分配计算，应该通过材料成本差异分配表或发料凭证汇总表进行。其计算公式为

某产品应分配的原材料成本差异＝（该产品的原材料定额费用±原材料脱离定额差异）×原材料成本差异分配率

【例 5-9】 启华工厂 2020 年 8 月生产乙产品所耗原材料定额成本为 32 560 元，材料脱离定额差异为超支 440 元，材料成本差异率为－1％。乙产品应分配的材料成本差异计算如下：

乙产品应分配的材料成本差异＝（32 560＋440）×（－1％）＝－330（元）

（四）计算定额变动差异

定额变动差异是指由于修订定额或生产耗费的计划价格而产生的新旧定额之间的差额。定额变动差异与脱离定额差异是不同的。定额变动差异是定额本身变动的结果，它与生产中费用支出的节约或浪费无关；而脱离定额差异则反映生产费用支出符合定额的程度。随着经济的发展、生产技术条件的变化、劳动生产率的提高等因素，企业的各项消耗定额、生产耗费的计划价格也应随之加以修订，以保证各项定额能够准确有效地对生产经营活动进行控制和监督。在对消耗定额或计划价格修订之后，定额成本也应随之及时进行修订。定额成本一般在月初、季初或年初定期进行修订，但在定额变动的月份，月初在产品的定额成本并未修订，它仍然是按照旧的定额计算的。为了将按旧定额计算的月初在产品定额成本和按新定额计算的本月投入产品定额成本置于统一的基础上，需要按新定额计算月初在产品的定额变动差异，用以调整月初在产品的定额成本。定额变动差异应按成本项目分别计算，其计算公式为

月初在产品某成本项目定额变动差异＝月初在产品该成本项目按原消耗定额计算的定额成本－月初在产品该成本项目按新消耗定额计算的定额成本

采用这种方法要按照零部件计算定额消耗量。在构成产品的零部件较多时，工作量很大。为了简化计算工作，定额变动差异也可以采用系数折算的方法，即按新消耗定额所计算出的单位产品定额成本与按原消耗定额计算出的单位产品定额成本进行对比，求得系数，然后根据系数计算月初在产品定额变动差异。其计算公式为

系数＝按新定额计算的单位产品某成本项目的成本÷按原定额计算的单位产品某成本项目的成本

月初在产品某成本项目定额变动差异＝按原定额计算的月初在产品该成本项目的成本×（1－系数）

【例 5-10】 启华工厂基本生产车间决定从 2020 年 4 月 1 日起修订甲产品原材料消耗定额，原单位产品原材料费用定额成本为 100 元，修订后单位产品原材料费用定额成本为 96 元，其他成本项目定额不变。已知月初甲产品有 400 件在产品，原材料在开始生产时一次投入，按原定额计算出的原材料定额成本为 40 000 元。月初甲在产品原材料定额变动差异计算如下：

系数＝96÷100＝0.96

月初甲在产品原材料定额变动差异＝40 000×(1－0.96)＝1 600(元)

定额变动差异通常应按照定额成本的比例，在完工产品与月末在产品之间进行分配。如果月初在产品在本月份已全部完工，那么定额变动差异应全部由完工产品负担；如果定额变动差异数额不大，为了简化核算手续，也可以全部由完工产品负担，期末在产品就不分配定额变动差异。

(五) 计算产品实际成本

通过上述产品的定额成本及各种差异的核算介绍，如果企业生产的某种产品既有完工产品，又有期末在产品，那么需要在完工产品与期末在产品之间对有关差异进行分配。这就需要先计算出完工产品和期末在产品的定额成本。其计算公式为

完工产品各项目定额成本＝完工产品数量×各项目定额成本

期末在产品各项目定额成本＝本月生产费用各项目定额成本合计－完工产品定额成本

然后，根据完工产品和在产品定额成本比例分配各种差异。其计算公式为

某差异分配率＝(某差异月初数＋某差异本月发生数)÷(完工产品定额成本＋期末在产品定额成本)

完工产品应分配差异＝完工产品定额成本×某差异分配率

在分配差异时，应按脱离定额差异、材料成本差异、定额变动差异分别进行。如果差异额较小或差异额虽大但各月在产品数量变动较小，那么全部由完工产品负担；相反，如果差异额比较大且各月在产品的数量变动也较大，那么在完工产品和月末在产品之间按定额成本比例进行分配。其中的月初在产品定额变动差异，如果产品的生产周期较短(小于一个月)，即使差异额较大且各月在产品数量变动也较大，也应将定额变动差异全部由完工产品负担。最后，根据定额成本和分配的差异确定产品的实际成本。采用定额法计算产品实际成本的公式为

产品实际成本＝产品定额成本±脱离定额差异±定额变动差异±材料成本差异

四、定额法的优缺点

(一) 定额法的优点

(1) 通过对生产耗费和生产费用脱离定额和计划的差异的日常核算，能够在各该耗费和费用发生的当时反映和监督脱离定额(或计划)的差异，加强成本控制，从而及时、有效地促进节约生产耗费，降低产品成本。

(2) 由于产品的实际成本是按照定额成本和各种成本差异分别反映的，因而便于对产品成本进行定期分析，有利于进一步挖掘降低成本的潜力。

(3) 通过脱离定额差异和定额变动差异的核算，有利于提高成本的定额管理和计划管理工作的水平。

(4) 由于有着现成的定额成本资料，因而能够比较合理和简便地解决完工产品和月末在产品之间分配费用(分配各种差异)的问题。

(二) 定额法的缺点

由于要制定定额成本，单独计算脱离定额的差异，在定额变动时还要修订定额成本并计

算定额变动差异，因而计算的工作量较大。

五、定额法的具体应用

下面举例介绍定额法在实际工作中的应用。

【例 5-11】 启华工厂 2020 年 8 月大量生产乙产品，该产品的各项消耗定额比较准确和稳定，为了加强定额管理和成本控制，采用定额法计算产品成本。材料在生产开始时一次投入。该产品的定额变动差异和材料成本差异由完工产品成本负担；脱离定额差异按定额成本比例，在完工产品与月末在产品之间进行分配。

(1) 乙产品单位成本计算表如表 5-51 所示。

表 5-51　乙产品单位成本计算表

2020 年 8 月

成本项目	消 耗 量	计划单价/元	定额成本/元
直接材料	100 千克	4.50	450
直接人工	200 小时	0.40	80
燃料及动力	200 小时	0.35	70
制造费用	400 小时	0.25	100
合计			700

(2) 月初有在产品 100 件，在产品成本资料如表 5-52 所示。

表 5-52　月初在产品成本资料

2020 年 8 月　　单位：元

成本项目	定额成本	定额差异
直接材料	45 500	2 000
直接人工	8 000	100
燃料及动力	7 000	80
制造费用	10 000	100
合计	70 500	2 280

(3) 定额变动资料：乙产品直接材料费用定额由上月的 455 元降为 450 元，由于月初在产品为 100 件，所以乙产品的定额变动差异为 500 元(5×100)。

(4) 本月实际发生费用总额为 365 425 元，其中，直接材料费用为 236 525 元，直接人工费用为 41 660 元，燃料及动力费为 36 075 元，制造费用为 51 165 元。

(5) 本月投入乙产品 500 件，当月乙产品完工 400 件。

(6) 产品成本计算单如表5-53所示。

表5-53 产品成本计算单

产品名称:乙产品　　2020年8月　　单位:元

成本项目		序　号	直接材料	直接人工	燃料及动力	制造费用	合　计
月初在产品	定额成本	(1)	45 500	8 000	7 000	10 000	70 500
	定额差异	(2)	2 000	100	80	100	2 280
月初在产品定额变动	定额成本调整	(3)	−500				−500
	定额差异变动	(4)	500				500
本月费用	定额成本	(5)	225 000	40 000	35 000	50 000	350 000
	定额差异	(6)	11 525	1 660	1 075	1 165	15 425
生产费用合计	定额成本	(7)	270 000	48 000	42 000	60 000	420 000
	定额差异	(8)=(2)+(6)	13 525	1 760	1 155	1 265	17 705
	定额变动差异	(9)=(4)	500				500
差异分配率		(10)=(8)÷(7)	0.050 1	0.036 7	0.027 5	0.021 1	
产品成本	定额成本	(11)	180 000	32 000	28 000	40 000	280 000
	定额差异	(12)=(11)×(10)	9 018	1 174.4	770	844	11 806.4
	定额变动差异	(13)=(9)	500				500
	实际成本	(14)=(11)+(12)+(13)	189 518	33 174.4	28 770	40 844	292 306.4
月末在产品	定额成本	(15)=(7)−(11)	90 000	16 000	14 000	20 000	140 000
	定额差异	(16)=(8)−(12)	4 507	585.6	385	421	5 898.6

课堂小思考

悦达公司生产丁产品的零部件,从2020年8月开始修订材料消耗定额,旧的单位产品原材料费用定额为1 350元,新的单位产品原材料费用定额为1 130元。月初在产品按以前的定额计算的原材料定额成本为25 790元,那么该公司月初在产品定额变动差异是多少?

任务七 各种成本计算方法的应用

根据本项目前面各任务的介绍,我们知道可以依据企业产品生产的特点和管理要求,分别采用产品成本计算的品种法、分批法和分步法三种基本方法,同时也了解了产品成本计算的两种辅助方法,即分类法和定额法。但是在实际工作中,一个企业的各个车间单位,一个车间单位生产的各种产品，它们的生产特点和管理要求不一定完全相同，因而在一个企业或车间单位里有可能同时采用几种不同的成本计算方法。即使是一种产品，在其各个生产步骤的各种半成品的生产特点和管理要求也不一定相同，因而也有可能将几种成本计算方法结合起来应用。

一、同时应用几种成本计算方法的情况

同时应用几种成本计算方法是指在一个企业或车间单位计算产品成本时，同时运用不同的成本计算方法。一个企业或车间单位同时运用几种成本计算方法的情况如下：

(1) 一个企业各个生产车间单位的生产特点不同。一个企业的各个生产车间单位的生产特点不同，往往需要同时采用几种不同的成本计算方法。例如，产品制造企业的生产分为基本生产和辅助生产两类。由于基本生产与辅助生产的生产特点可能不同，因而所采用的成本计算方法也可能不同。如基本生产属于大批、大量、多步骤生产，则可采用分步法计算产品成本；辅助生产属于大批、大量、单步骤生产，则可采用品种法计算产品成本。即使同为基本生产，若生产特点不同，也可采用不同的成本计算方法。

(2) 一个企业各生产车间单位的生产特点相同，但管理上的要求不同。一个企业各生产车间单位的生产特点相同，但管理上的要求不同，也可以采用不同的成本计算方法。如两个基本生产车间分别大批、大量、多步骤生产 A、B 两种产品，管理上要求分步骤计算 A 产品的成本，而对 B 产品则并不要求分步骤计算成本。在这种情况下，对 A 产品应采用分步法计算其成本，而对 B 产品可以采用品种法计算其成本。

(3) 一个车间单位生产多种产品，各种产品的生产特点或管理上的要求不同。一个车间单位生产多种产品，由于各种产品的生产特点或管理上的要求不同，也可以采用不同的成本计算方法。假如一个基本生产车间生产 A、B 两种产品。A 产品已定型，可以大批大量进行生产，而 B 产品正处于小批试验阶段。在这种情况下，对 A 产品可采用品种法计算其成本，对 B 产品可采用分批法计算其成本。

二、综合应用几种成本计算方法的情况

综合应用几种成本计算方法是指计算一种产品的成本要结合运用几种成本计算方法。计算一种产品的成本要结合运用几种成本计算方法的情况有以下几种：

(1) 一种产品的不同生产步骤，由于生产特点和管理要求不同，可以运用不同的成本计算方法。例如，小批单件生产的机械厂，最终产品是经过铸造、机械加工、装配等相互关联的生产阶段完成的。铸造车间运用品种法计算各种铸件的成本，加工装配车间运用分批法计算各批产品的加工成本；而在铸造车间和加工装配车间之间，可采用逐步结转分步法结转铸件的成本。这样，该厂就是综合运用了品种法、分批法和分步法。

(2) 一种产品的不同零部件之间，由于管理上的要求不同，可以运用不同的成本计算方法。例如，某种产品由若干种零部件组装而成，其中对于不外售的零部件，一般不要求单独计算其成本；对于经常外售的零部件，管理上要求单独计算其成本，那么应按照这些零部件

的生产特点和管理上的要求,采用适当的成本计算方法单独计算。

(3) 一种产品的不同成本项目,可以采用不同的成本计算方法。例如,大批、大量、多步骤生产某种产品,在该产品原材料费用所占比重较大的情况下,对材料费用可采用逐步结转分步法计算;其他成本项目所占比重较小,则可以采用品种法等,不分步骤计算该产品其他项目的成本。

三、举例说明几种成本计算方法的结合应用

下面举例介绍几种成本计算方法相结合在实际工作中的应用。

【例5-12】 启华工厂大量生产甲、乙、丙三种产品,其生产工艺过程属于多步骤复杂生产,但因为企业生产规模较小,成本管理上也不要求分步骤计算产品成本,因此甲产品采用品种法计算产品成本。由于乙、丙两种产品规格不同,但产品的生产工艺相同,所耗原材料也相同,为了简化成本计算工作,该厂规定将乙、丙两种产品归为一类,称为A类产品,采用分类品种法计算产品成本。该厂除设立基本生产车间以外,同时设有一个机修车间,主要是为基本生产提供修理服务。原材料均在生产开始时一次投入。

2020年9月,启华工厂发生的有关经济业务资料及成本计算过程如下:

(1) 产品产量记录如表5-54所示。

表5-54　启华工厂2020年9月产品产量记录

产品名称	完工数量/件	月末在产品数量/件	在产品完工程度
甲产品	600	200	50%
乙产品	250	100	50%
丙产品	200	50	60%

(2) 本月月初在产品成本的相关资料应在各自的成本计算单中予以登记。甲产品和A类产品的月初在产品成本资料如表5-55所示。

表5-55　启华工厂月初在产品成本

2020年9月　　单位:元

产品名称	直接材料	直接人工	制造费用	合　计
甲产品	15 000	2 500	3 750	21 250
A类产品	12 000	3 100	4 500	19 600

(3) 根据审核后的各项生产费用的原始凭证及其他有关资料,编制各种费用汇总分配表,分配各种要素费用。

根据审核后的领料凭证,分别按用途编制材料费用汇总分配表,如表5-56所示。

表 5-56　启华工厂材料费用汇总分配表

2020 年 9 月　　单位:元

车间部门	用　途	原材料费用	低值易耗品费用	合　计
基本生产车间	甲产品	50 000		50 000
	A 类产品	30 000		30 000
	一般耗用	1 200	450	1 650
	小计	81 200	450	81 650
辅助生产车间	机修车间	6 000		6 000
	一般耗用	300	400	700
	小计	6 300	400	6 700
合计		87 500	850	88 350

编制会计分录如下:

借:生产成本——基本生产成本——甲产品　　50 000
　　　　　　　　　　　　　　——A 类产品　　30 000
　　　　　——辅助生产成本——机修车间　　6 000
　　制造费用——基本生产车间　　1 650
　　　　　——机修车间　　700
　贷:原材料　　87 500
　　周转材料——低值易耗品　　850

根据本月的工资结算表与计提职工福利费的比例(14%),编制工资及福利费汇总分配表,如表 5-57 所示。

表 5-57　启华工厂工资及福利费汇总分配表

2020 年 9 月　　单位:元

车间部门	用途		应付工资	应付福利费	合　计
基本生产车间	生产人员	甲产品	13 000	1 820	14 820
		A 类产品	9 500	1 330	10 830
	管理人员		1 400	196	1 596
	小计		23 900	3 346	27 246
辅助生产车间	机修车间	生产人员	2 000	280	2 280
		管理人员	600	84	684
	小计		2 600	364	2 964
合计			26 500	3 710	30 210

编制会计分录如下：

借:生产成本——基本生产成本——甲产品　13 000
　　　　　　　　　　　　　——A类产品　9 500
　　　　　——辅助生产成本——机修车间　2 000
　制造费用——基本生产车间　1 400
　　　　　——机修车间　600
　贷:应付职工薪酬——工资　26 500

借:生产成本——基本生产成本——甲产品　1 820
　　　　　　　　　　　　　——A类产品　1 330
　　　　　——辅助生产成本——机修车间　280
　制造费用——基本生产车间　196
　　　　　——机修车间　84
　贷:应付职工薪酬——职工福利　3 710

根据固定资产折旧提取计算表,编制折旧费用分配表,如表5-58所示。

表5-58　启华工厂折旧费用分配表

2020年9月　单位:元

车间部门	基本生产车间	辅助生产车间	合　计
累计折旧	15 800	3 900	19 700

编制会计分录如下：

借:制造费用——基本生产车间　15 800
　　　　　——机修车间　3 900
　贷:累计折旧　19 700

本月发生的以银行存款支付的其他费用包括办公费支出1 200元(其中基本生产车间300元、机修车间90元、行政管理部门810元),本月应付水电费2 500元(其中基本生产车间1 250元、机修车间600元、行政管理部门650元),编制会计分录如下：

借:制造费用——基本生产车间　300
　　　　　——机修车间　90
　管理费用　810
　贷:银行存款　1 200

借:制造费用——基本生产车间　1 250
　　　　　——机修车间　600
　管理费用　650
　贷:应付账款　2 500

(4) 根据以上各种费用分配表归集各项费用,且在各有关总分类账和明细分类账予以登记,归集和分配辅助生产费用。将归集的辅助生产车间的制造费用分配转入辅助生产成本总账和明细账，并且编制辅助生产费用分配表，如表 5-59 至表 5-61 所示（本月机修车间共提供修理劳务 1 000 小时，其中基本生产车间 850 小时、行政管理部门 150 小时）。

表 5-59　制造费用明细账(机修车间)

车间名称:机修车间　　2020 年 9 月　　单位:元

摘　要	物料消耗	低值易耗品摊销	工资	福利费	折旧费	办公费	水电费	合　计
分配材料费用	300	400						700
分配工资费用			600	84				684
分配折旧费用					3 900			3 900
分配办公费						90		90
分配水电费							600	600
合计	300	400	600	84	3 900	90	600	5 974
分配转出	300	400	600	84	3 900	90	600	5 974

编制会计分录如下：

借:生产成本——辅助生产成本——机修车间　　5 974

　贷:制造费用——机修车间　　5 974

表 5-60　启华工厂辅助生产成本明细表

车间名称:机修车间　　2020 年 9 月　　单位:元

摘　要	直接材料	直接人工	制造费用	合　计
分配材料费用	6 000			6 000
分配工资费用		2 280		2 280
分配制造费用			5 974	5 974
合计	6 000	2 280	5 974	14 254
分配转出	6 000	2 280	5 974	14 254

表 5-61　启华工厂辅助生产费用分配表

2020 年 9 月

车间部门	修理工时/小时	分 配 率	分配金额/元
基本生产车间	850	14.254	12 115.9
行政管理部门	150	14.254	2 138.1
合计	1 000		14 254

编制会计分录如下：

借:制造费用——基本生产车间　　12 115.9

　管理费用　　2 138.1

　贷:生产成本——辅助生产成本——机修车间　　14 254

通过制造费用明细账归集和分配基本生产车间制造费用，编制制造费用分配表，如表 5-62 和表 5-63 所示。已知甲产品的生产工时为 3 000 小时，A 类产品的生产工时为 2 000 小时。

表 5-62　制造费用明细账(基本生产车间)

车间名称:基本生产车间　　2020 年 9 月　　单位:元

摘　　要	物料消耗	低值易耗品摊销	工资	福利费	折旧费	办公费	水电费	合　计
分配材料费用	1 200	450						1 650
分配工资费用			1 400	196				1 596
分配折旧费用					15 800			15 800
分配办公费						300		300
分配水电费							1 250	1 250
合计	1 200	450	1 400	196	15 800	300	1 250	20 596
分配转出	1 200	450	1 400	196	15 800	300	1 250	20 596

表 5-63　启华工厂制造费用分配表

2020 年 9 月

项　　目	生产工时/小时	分 配 率	分配金额/元
甲产品	3 000	4.119 2	12 357.6
A 类产品	2 000	4.119 2	8 238.4
合计	5 000		20 596

编制会计分录如下：

借:生产成本——基本生产成本——甲产品　　12 357.6

　——A 类产品　　8 238.4

　贷:制造费用——基本生产车间　　20 596

(5) 计算产品的总成本和单位成本。该企业有甲产品与 A 类产品两个成本计算对象，因而应当分别按甲产品和 A 类产品开设产品成本计算单。

甲产品的直接材料费用按产量比例分配，直接人工费用与制造费用按约当产量法分配。甲产品的成本计算单如表 5-64 所示。

表 5-64 产品成本计算单(甲产品)

产品名称:甲产品　　2020 年 9 月　　单位:元

摘　　要	直接材料	直接人工	制造费用	合　　计
月初在产品成本	15 000	2 500	3 750	21 250
本月生产费用	50 000	14 820	12 357.6	77 177.6
生产费用合计	65 000	17 320	16 107.6	98 427.6
完工产成品成本	48 750	14 844	13 806	77 400
单位成本	81.25	24.74	23.01	129
月末在产品成本	16 250	2 476	2 301.6	21 027.6

A 类产品按定额成本制定的综合系数作为分配的依据[乙产品的定额成本为 60 元,丙产品的定额成本为 54 元,以乙产品作为标准产品,则其系数为 1,丙产品的成本系数则为 0.9(54÷60)]。A 类产品的标准产量计算表和产品成本计算单如表 5-65 和表 5-66 所示。

表 5-65 A 类产品的标准产量计算表

2020 年 9 月　　单位:件

产品名称	系数	产成品		在产品				
							标准产量	
		产量	标准产量	数量	完工程度	约当产量	按约当产量折合	按实际数量折合
	①	②	③=①×②	④	⑤	⑥=④×⑤	⑦=⑥×①	⑧=④×①
乙产品	1	250	250	100	50%	50	50	100
丙产品	0.9	200	180	50	60%	30	27	45
合计	—	—	430	—	—	—	77	145

表 5-66 产品成本计算单(A 类产品)

产品名称:A 类产品　　2020 年 9 月　　单位:元

摘　　要	直接材料	直接人工	制造费用	合　　计
月初在产品成本	12 000	3 100	4 500	19 600
本月生产费用	30 000	10 830	8 238.4	49 068.4
生产费用合计	42 000	13 930	12 738.4	68 668.4
完工产成品成本	31 407.2	11 816.4	10 805.9	54 029.5
乙产品总成本	18 260	6 870	6 282.5	31 412.5

续表

单位成本	73.04	27.48	25.13	125.65
丙产品总成本	13 147.2	4 946.4	4 523.4	22 617
单位成本	65.763	24.732	22.617	113.112
月末在产品成本	10 592.8	2 113.6	1 932.5	14 638.9

在表 5-66 中，各项费用的分配按照标准产量比例计算的单位成本如下：

标准产量单位材料成本＝42 000÷(430＋145)＝73.04(元)

标准产量单位直接人工成本＝13 930÷(430＋77)＝27.48(元)

标准产量单位制造费用＝12 738.40÷(430＋77)＝25.13(元)

(6) 结转产成品成本。如果企业生产多种产品，为了概括反映产品成本的构成情况，还需要编制产成品成本汇总表。该企业甲、乙、丙三种产品的产成品成本汇总表如表 5-67 所示。

表 5-67 甲、乙、丙三种产品的产成品成本汇总表

2020 年 9 月　　单位：元

产品名称	直接材料费用	直接人工费用	制造费用	合　计
甲产品	48 750	14 844	13 806	77 400
乙产品	18 260	6 870	6 282.5	31 412.5
丙产品	13 147.2	4 946.4	4 523.4	22 617
合计	80 157.2	26 660.4	24 611.9	131 429.5

编制会计分录如下：

借：产成品——甲产品　　77 400

——乙产品　　31 412.5

——丙产品　　22 617

贷：生产成本——基本生产成本——甲产品　　77 400

——乙产品　　31 412.5

——丙产品　　22 617

课堂小思考

生产特点和管理要求对产品成本计算及其方法的选择有何影响？几种不同的成本核算方法应如何结合起来使用？

项目小结

企业计算产品成本的目的是为成本管理提供资料。因此,采用何种计算方法,具体提供哪些资料,都应考虑成本管理的要求;产品成本又是在生产过程中形成的,成本管理需要哪些成本资料,在很大程度上受生产特点的影响。从上述两个方面的关系可以说明,企业在确定成本计算方法时,必须从企业的具体情况出发,兼顾企业的生产特点和成本管理要求。

制造业企业的生产按照生产组织划分,可以分为大量生产、成批生产和单件生产三种类型。制造业企业的生产按照工艺过程划分,可以分为单步骤生产和多步骤生产两种类型。为适应各种类型生产的特点和与之相联系的管理要求,在产品成本计算工作中,应该分别确定三种不同的成本计算对象,分别采用以产品成本计算对象为标志的三种不同的产品成本计算方法。

(1) 在大量、大批、单步骤生产或大量、大批、多步骤生产的情况下,成本管理上不要求按生产步骤计算成本时,成本计算对象就是全厂某月生产的某种产品,此时适用品种法。

(2) 在大量、大批、多步骤生产的情况下,成本管理上要求按生产步骤计算成本时,成本计算对象就是各步骤某月生产的半成品或产成品,此时适用分步法。

(3) 在单件、小批生产的情况下,无论单步骤生产还是多步骤生产,成本计算对象通常是全厂生产的某批或某件产成品,此时适用分批法。

这三种方法是计算产品实际成本必不可少的方法,是产品成本计算的基本方法。

在实际工作中,除了上述三种成本计算的基本方法之外,还有分类法、定额法等成本计算方法,它们都是成本计算的辅助方法。

项目练习

一、单项选择题

1. 应用品种法计算成本的企业(　　)。

A. 应定期(月末)计算产品的成本　　B. 应每季计算产品的成本

C. 每月末无须计算产品的成本　　D. 应随时计算产品的成本

2. 最基本的成本计算方法是(　　)。

A. 品种法　　B. 分批法

C. 分步法　　D. 分类法

3. 在下列企业中,最常采用品种法计算成本的是(　　)。

A. 钢铁厂　　B. 发电厂

C. 制衣厂　　D. 纺织厂

4. 在下列各项中,属于分类法优点的是(　　)。

A. 能加强成本控制　　B. 能简化产品成本的计算

C. 能提高成本计算的正确性　　D. 能分品种掌握产品成本水平

5. 产品成本计算的分类法适用于(　　)。

A. 大量、大批、多步骤生产　　B. 大量、大批、单步骤生产

C. 各种类型的生产　　D. 单件、小批、单步骤生产

6. 在分步法下,成本还原的对象是(　　)。

A. 本步骤的生产费用

B. 上步骤转来的生产费用

C. 产成品成本

D. 各步骤所耗上一步骤半成品的综合成本

7. 定额成本与计划成本的关系是(　　)。

A. 两者毫无关系

B. 两者是同义词

C. 前者是根据计划期内平均定额计算的成本,后者是根据现行定额计算的成本

D. 前者是根据现行定额计算的成本,后者是根据计划期内平均定额计算的成本

8. 能够配合和加强生产费用与产品成本定额管理的产品成本计算方法是(　　)。

A. 分批法　　B. 分步法

C. 分类法　　D. 定额法

9. 在平行结转分步法下,每一生产步骤完工的产品的费用是(　　)。

A. 该步骤完工半成品的成本

B. 该步骤完工产成品的成本

C. 该步骤生产费用中用于产成品成本的份额

D. 该步骤生产费用中在产品成本的份额

10. 分批法成本计算对象的确定通常是根据(　　)。

A. 用户订单　　B. 产品品种

C. 客户要求　　D. 生产任务通知单

二、多项选择题

1. 采用分批法计算产品成本时,如果批内产品跨月陆续完工的情况不多,完工产品数量占全部批量的比重很小,那么先完工的产品可以(　　),并从产品成本明细账转出。

A. 按计划单位成本计价

B. 按定额单位成本计价

C. 按近期相同产品的实际单位成本计价

D. 按实际单位成本计价

2. 品种法适用于(　　)。

A. 大量、大批、单步骤生产

B. 大量、大批、多步骤生产

C. 管理上不要求分步骤计算成本的多步骤生产

D. 小批、单件且管理上不要求分步骤计算成本的多步骤生产

3. 分批法适用于( )。

A. 小批生产

B. 管理上不要求分步计算成本的多步骤生产

C. 分批轮番生产同一种产品

D. 单件生产

4. 在产品成本计算过程中存在的成本计算对象有( )。

A. 产品品种　　B. 产品类型

C. 产品批别　　D. 产品生产步骤

5. 分批法成本计算的特点有( )。

A. 以生产批次作为成本计算对象

B. 产品成本计算期不固定

C. 按月计算产品成本

D. 一般不需要进行完工产品和在产品的成本分配

三、判断题

1. 平行结转分步法实际上就是品种法的多次连接应用。( )

2. 大量、大批、多步骤生产企业都应按分步法计算成本。( )

3. 在逐步结转分步法下,不论是综合结转法还是分项结转法,半成品成本都是随着半成品实物的转移而转移的。( )

4. 在平行结转分步法下,各步骤的生产费用都必须在产成品和广义在产品之间进行分配。( )

5. 采用分批法计算产品成本时,不存在在完工产品与月末在产品之间分配费用的问题。( )

6. 辅助生产车间如供水、供电车间,通常采用分批法计算成本。( )

7. 只要产品的品种、规格繁多,就可以采用分类法计算产品成本。( )

8. 对于同一种产品,只能采用一种成本计算方法。( )

9. 定额法的适用范围与企业生产类型没有直接关系。( )

10. 定额法是成本计算与成本管理相结合的一种成本计算方法。( )

四、计算题

1. 某公司生产A产品,月末有在产品100件,每件在产品的原材料定额成本为80元,全部产品定额工时为500小时,每小时各项费用的计划分配情况为燃料及动力费4元、工资5元、制造费用3元。

要求:计算月末在产品的定额成本。

2. 某公司生产A产品所耗用的一种B材料于生产开始时一次投入。A产品的在产品

有 80 件，本期完工产品有 200 件。B 材料的消耗定额为 3 千克，原材料的计划单价为 10 元，实际领用数量为 4 500 千克，车间期初余额为 50 千克，期末余额为 30 千克。

要求：计算原材料定额消耗量、实际消耗量和脱离定额差异。

3. 某企业 2020 年 10 月共生产 A、B、C 三批产品，发生工资费用 100 000 元。A、B、C 三批产品的产量与生产工时如表 5-68 所示。

表 5-68　A、B、C 三批产品的产量与生产工时

项　目	A 批	B 批	C 批
产量/件	200	350	500
生产工时/小时	3	5	2

要求：计算工资费用分配率和各批产品应负担的工资费用。

4. 甲产品由两道工序制成。原材料随生产进度分工序投入，在每道工序开始时一次投料。第一道工序投入原材料的定额为 280 千克，月末在产品数量为 3 200 件；第二道工序投入原材料的定额为 220 千克，月末在产品数量为 2 400 件。完工产品为 8 400 件，月初在产品和本月发生的实际原材料费用累计 528 864 元。

要求：

(1) 分别计算两道工序按原材料消耗程度表示的在产品完工率。

(2) 分别计算两道工序按原材料消耗程度表示的在产品的约当产量。

(3) 按约当产量比例法分配完工产品与月末在产品的原材料费用。

5. 某厂甲产品采用定额法计算成本。2020 年 11 月有关甲产品原材料费用的资料如下：

(1) 月初在产品定额费用为 1 400 元，月初在产品脱离定额差异为节约 20 元，月初在产品定额费用调整为降低 20 元。定额变动差异全部由完工产品负担。

(2) 本月定额费用为 5 600 元，本月脱离定额差异为节约 400 元。

(3) 本月原材料成本差异为节约 2%，材料成本差异全部由完工产品负担。

(4) 本月完工产品的定额费用为 6 000 元。

要求：

(1) 计算月末在产品原材料的定额费用。

(2) 分配原材料脱离定额差异。

(3) 计算本月原材料费用应分配的材料成本差异。

(4) 计算本月完工产品和月末在产品成本应负担的原材料的实际费用。

业务实训

1. 红旗机械厂 2020 年 1 月开始生产 A 产品，该产品经过三个车间进行加工：第一车间投入原材料加工成甲半成品，第二车间领用甲半成品加工成乙半成品，第三车间领用乙半成品加工成 A 产成品。原材料在第一车间生产开始时一次投入，各步骤的在产品在本步骤的完工程度均为50%，有关资料如表5-69与表5-70所示。

表5-69　产量资料

2020年1月　　单位：件

项　　目	第一车间	第二车间	第三车间
投入产量或领用量	10	9	7
本月完工	9	7	6
月末在产品	1	2	1

表5-70　费用资料

2020年1月　　单位：元

项　　目	直接材料费用	直接人工费用	制造费用
第一车间	1 000	760	570
第二车间		560	400
第三车间		390	260

要求：根据红旗机械厂的生产资料计算各步骤的产品成本。

讨论：

(1) 该案例的成本计算方法应采用逐步结转分步法还是平行结转分步法？为什么？

(2) 该种成本计算方法的过程是怎样的？该种成本计算方法适用于哪些情况？

2. 长江公司生产A、B两种产品，2020年4月发生下列业务，相关资料如表5-71与表5-72所示。

表5-71　A、B产品发生的业务资料1　　单位：元

项　　目	基本生产		辅助生产部门	车　　间	管理部门	合　　计
	A产品	B产品				
用银行存款支付水电费				5 000	3 000	8 000
发出原材料	30 000	40 000		20 000	10 000	100 000
发生辅助生产费用			50 000			
分配辅助生产费用	20 000	25 000			5 000	50 000
发生折旧费用				40 000	20 000	60 000
分配工资及附加费用	40 000	60 000		30 000	20 000	150 000
分配制造费用	45 000	50 000				

表 5-72 A、B 产品发生的业务资料 2

项　目	完工产品/件	在产品/件	完工程度	期初余额		
				直接材料费用/元	直接人工费用/元	制造费用/元
A产品	1 000	200	60%	5 000	3 000	2 000
B产品	2 000	500	70%	6 000	4 000	5 000

要求:根据以上资料用品种法计算在产品和完工产品的成本,并编制产品成本计算单。

讨论:

(1) 企业在使用品种法计算产品成本时,需要注意哪些问题?

(2) 品种法的计算程序是怎样的?品种法适用于哪些情况?

项目六 核算其他行业的成本

知识目标

掌握商品流通企业费用的构成，以及销售成本的计算和结转；
理解房地产开发企业成本核算的特点及成本构成内容。

技能目标

灵活运用商品流通企业销售成本的计算方法进行成本核算；
能根据房地产企业成本核算的特点，设置相关成本账户。

案例导入

周琴原是某制造业企业的一名成本会计，在该公司工作了5年后，跳槽到了一家新公司担任成本会计。新公司是一家商品流通企业，主营各类食品批发业务。虽然周琴有5年的成本会计工作经验，但由于制造业企业的成本核算与商品流通企业的成本核算有很大不同，所以对于商品流通企业的成本工作显得很陌生。那么，商品流通企业是如何进行成本核算的呢？

任务一 核算商品流通企业的成本

在实际中，除了制造业企业需要进行成本核算以外，其他类型的企业也是需要进行成本核算的。所以，本项目将介绍商品流通企业和房地产企业的成本核算。

一、商品流通企业的含义与经营特点

（一）商品流通企业的含义

商品流通企业是指以从事商品流通为主要经营业务的企业。商品流通企业将生产企业生产的产品，从生产领域转移到了消费领域，最终实现商品的价值。这些商品流通企业组织商品流转的主要经营业务是商品购进、销售、调拨、储存及运输等。其中，购进和销售业务是企业完成基本业务的关键性活动，其他业务都只是围绕商品的购销活动展开的。

按照商品流通企业在社会再生产过程中的作用，商品流通企业可以分为批发企业和零

售企业两类。批发企业主要从事商品批发业务,使商品从生产领域进入流通领域,在流通领域中继续流转或进入生产性消费领域。零售企业主要从事商品零售业务,使商品从生产领域或流通领域进入非生产性消费领域。此外,有的商品流通企业既从事批发业务又从事零售业务,称为批零兼营企业。

(二) 商品流通企业的经营特点

与制造业企业等其他行业企业的经营活动相比较,商品流通企业的经营活动主要有以下几个特点:

(1) 不存在产品生产过程,经营活动的主要内容是商品购销活动,主要是低价购进商品,高价出售商品,以此方式实现商品进销差价,并以进销差价弥补企业在经营过程中的各项费用和税金,从而获得利润。

(2) 商品资产在企业全部经济资源中占有较大的比重,是企业资产管理的重点。

(3) 企业资金运动的基本过程是货币—商品—货币,主要形式是货币与商品的相互转换。

二、商品流通企业成本费用概述

由于商品流通企业没有产品生产环节,因此不存在生产资金的耗费过程。商品流通企业的成本主要包括商品成本和商品流通费用。商品成本又包括采购成本、存货成本和销售成本。商品流通费用是在商品流通过程中发生的不能计入商品成本的费用。它既包括在商品销售过程中发生的费用,又包括商品进货过程和存储过程中发生的费用,还包括商品的损耗和与进出口商品相关的费用。

(一) 商品采购成本

商品采购成本是企业因购进商品而发生的各项费用支出。为了简化核算手续,为采购商品而发生的商品买价以外的费用一般不计入商品采购成本,而是列为销售费用计入当期损益。所以,商品的采购成本就是商品的进价成本及按规定应计入成本的税金之和。由于商品采购的来源不同,其采购成本的构成也不尽相同。

1. 国内购进商品的采购成本

国内购进商品的采购成本为商品的进货原价。购进商品所发生的各项进货费用和手续费均应作为销售费用计入当期损益。一般纳税人随同所购商品货款一并支付的增值税应作为进项税额单独列示,不计入商品的采购成本。

2. 进口商品的采购成本

进口商品的采购成本是指进口商品在到达目的港口以前发生的各项费用支出。其主要包括以下内容:

(1) 商品进价。商品进价是进口商品按对外承付货款日国家外汇牌价结算的到岸价格。进口商品的国内进价一律以到岸价为基础。如果对外合同以离岸价成交的,在商品到达目的港口以前,由企业以外汇支付的运费、保险费和佣金等应归入商品进价。

(2) 购进外汇差价。购进外汇差价是指企业以调入外汇进口商品而规定结转的外汇价差。

(3) 进口税金。进口税金是指商品进口报关时应缴纳的进口关税、消费税、增值税等税金。

(4) 代理进口费用。代理进口费用是指企业委托其他单位代理进口支付给委托单位的费用。

(二) 商品销售成本

由于商品流通企业在商品购销存过程中发生的费用不直接计入商品成本,所以商品销售成本实际上包括已销商品的进价成本和商品削价准备两部分内容。

商品流通企业按其在社会再生产过程中的作用,可以分为批发企业和零售企业两种类型。这两种类型的商品流通企业对库存商品成本的计价采取的方法不尽相同。批发企业库存商品成本可以采用按商品进价记账的方法,零售企业则可以采用按商品售价记账的方法,所以商品销售成本的计算和结转方法也有所不同。商品削价准备是按照期末库存商品的一定比率计提的。企业出口商品应退的税金应抵扣当期出口商品的销售成本。

(三) 商品流通费用

商品流通费用是指企业在商品经营过程中所发生的、直接计入当期损益的期间费用。其主要包括管理费用、财务费用和销售费用。

(1) 管理费用。管理费用是指企业行政管理部门为组织和管理企业经营活动而发生的费用,包括管理人员工资、福利费、业务招待费、技术开发费、董事会会费、技术转让费、劳动保险费、折旧费、修理费、商品注册费、审计费、咨询费、诉讼费、职工教育经费和工会会费等。

(2) 财务费用。财务费用是指企业为筹集业务经营所需资金而发生的费用,包括利息支出(减利息收入)与支付给金融机构的手续费等。

(3) 销售费用。销售费用是指商品流通企业在组织购、销、存等经营过程中所发生的各项费用,主要包括进货运杂费、装卸费、整理费、包装费、保险费、保管费、广告费、展览费、商品损耗、检验费、进出口商品累计佣金、经营人员的工资及福利费等。

以上的管理费用、财务费用和销售费用都是为企业的经营活动和管理活动而发生的,不应计入企业的经营成本,而是作为期间费用,在发生的会计期间直接计入当期损益。

三、商品流通企业库存商品的核算方法

库存商品的核算方法分为数量金额核算方法和金额核算法两类。数量金额核算方法同时以实物指标和价值指标核算库存商品的增减变动和结存情况。金额核算法仅以价值指标核算库存商品的增减变动及结存情况。价值指标又分为进价和售价两种。因此,每种方法又分为进价和售价两类。

1. 数量进价金额核算法

数量进价金额核算法是指以实物指标和商品进价核算库存商品,同时采用实物数量和进价金额两种计量单位反映商品购、销、存情况的一种方法。库存商品总账和明细账按商品

进价成本登记,而且库存商品明细账按商品的编号、品种、规格分别设置,记载商品增减变动及结存的数量和金额。数量进价金额核算法一般适用于批发企业。

2. 数量售价金额核算法

数量售价金额核算法是指以实物指标和商品售价核算库存商品的一种方法。库存商品总账和明细账按商品售价(含增值税,下同)登记,而且库存商品明细账按商品的编号、品种、规格分别设置,记载商品增减变动及结存的数量和金额。为了反映该商品的进价,应将售价和进价的差额,单独通过"商品进销差价"账户核算。数量售价金额核算法一般适用于核算贵重的零售商品。

3. 售价金额核算法

售价金额核算法是以商品售价核算库存商品,按售价反映库存商品的购、销、存情况的一种方法。"库存商品"总账和明细账按商品售价登记,不反映商品数量,按商品的品种规格进行明细核算。为了反映商品进价成本,将售价高于商品进价的差额,通过"商品进销差价"账户核算。如果企业商品品种较多,也可以在总分类账和明细账之间,按商品类别设置账户,按售价金额进行核算。售价金额核算法一般适用于批发企业。

4. 进价金额核算法

进价金额核算法是以商品进价核算库存商品的一种方法。库存商品总账和明细账按商品进价记录,按商品类别、柜组进行明细核算,不记录商品数量,商品销售后不直接计算结转商品销售成本,而是在月末通过实地盘点倒挤销售成本。进价金额核算法只适用于零售企业对鲜活商品的核算。

四、商品流通企业销售成本的计算和结转

(一) 批发企业销售成本的计算和结转

批发企业对库存商品的核算采用数量进价金额核算法。由于商品进货渠道、交货方式的不同,各批商品进货单价也不完全相同。因此,确定结存商品的进价成本和销售商品的销售成本的关键在于确认进货单价。确认进货单价的方法不同,计算商品销售成本的方法也就不同。

批发企业常用的销售成本计算方法有个别计价法、先进先出法、加权平均法和毛利率法。

1. 个别计价法

个别计价法又叫分批实际进价法。该方法以每一批商品的实际进价作为计算销售成本的依据。这种方法以商品分批管理为前提,对每批购进的商品要分清批次存放,并分批设账,商品销售时在发货单上要注明该批商品的实际进价。

采用个别计价法计算出的商品销售成本完全符合实际,但计算和结转的工作量较大。个别计价法适用于能分清批次的商品和某些贵重商品。

2. 先进先出法

先进先出法以先购入的商品先销售为假定前提,按照商品购入时间和入库的先后顺序,

以先入库商品的进货单价为计算成本的依据，即每次销售商品后，先按结存商品的第一批进货单价计算商品销售成本，待第一批商品销售完后，再按第二批购进商品的进货单价计算，依次类推。

采用先进先出法计算商品销售成本，可以使存货价值接近于市场价格，但如果购进批次较多，而单价又不相同，则同一批销售的商品要按不同单价计算销售成本，计算工作会过于复杂。另外，在物价上涨的情况下，采用先进先出法计算的销售成本会偏低，从而导致虚增企业的销售毛利。

3. 加权平均法

加权平均法是按每种商品的数量和金额，计算出每种商品的加权平均单价，再以此加权平均单价乘以销售数量，计算出商品销售成本的方法。

采用加权平均法计算出的商品销售成本比较均衡，计算方法比较简便。但是，使用加权平均法，商品的平均单价要等到月末才能计算出来，平时不能及时提供商品发出和结存的成本，因此，不利于商品的日常管理。加权平均法一般适用于经营品种较少的企业或前后进货单价相差幅度较大的商品。

4. 毛利率法

毛利率法是根据本月销售收入，按照上季度实际毛利率或本季度计划毛利率，计算商品销售毛利，再倒挤计算出本月商品销售成本的方法。

毛利率法是按大类商品或全部商品计算商品销售成本，计算简便，但结果不够准确，因为不按每种商品计算销售成本，而各季度销售的商品结果不完全相同，毛利率也不尽相同；即使有相同的商品结构，由于商品的售价、成本在不断发生变化，实际的毛利率也会有所差异。因此，在每季度的最后一个月，必须要采用其他方法进行计算并予以调整，以保证成本计算的正确性。毛利率法适用于经营品种较多，按月计算销售成本有一定困难的企业。其计算公式为

本月销售毛利＝本月销售收入×上季度实际毛利率或本季度计划毛利率

本月商品销售成本＝本月销售收入－本月销售毛利

或综合公式：

本月商品销售成本＝本月销售收入×(1－上季度实际毛利率或本季度计划毛利率)

上述四种成本计算方法各有优缺点，批发企业应根据自身的经营特点任选其一，但计算方法一经确定，不得随意更改。

商品的销售成本计算出来以后，还应该在期末将已销商品成本从“库存商品”账户转入“主营业务成本”账户，结转方式分为分散结转和集中结转。分散结转是指按每种商品明细账户计算出商品销售成本和期末结存成本，逐一在发出栏和结存栏中登记，然后将每种商品的销售成本进行汇总，求得各类及全部商品的销售成本，编制成本结转的会计分录，据以登记库存商品总账和二级明细账。集中结转是指每一库存商品明细账只登记期末库存商品的金额，不逐一计算和结转商品的销售成本，而是将每种商品明细账中登记的期末结存金额汇总，再按大类商品或全部商品倒挤商品销售成本，编制一笔成本结转的会计分录，据以登记

库存商品总账和二级明细账。

无论是分散结转还是集中结转，商品销售成本结转的会计分录都是一样的，即

借：主营业务成本

　贷：库存商品

【例 6-1】 东方批发公司从百盛电器公司购进某型号的电视机 200 台，出厂价为每台 4 000 元，增值税税率为 13%，开出转账支票支付全部货款，商品尚未运到，则编制会计分录如下：

借：商品采购	800 000	
应交税费——应交增值税(进项税额)	104 000	
贷：银行存款		904 000

假设上述电视机已运抵企业，并验收入库，则编制会计分录如下：

借：库存商品	800 000	
贷：商品采购		800 000

假设当月销售电视机 100 台，每台售价为 5 000 元，按加权平均法计算出发出商品的单价为 4 100 元，则已销商品进价成本共计 410 000 元，期末结转商品销售成本，编制会计分录如下：

借：主营业务成本	410 000	
贷：库存商品		410 000

(二) 零售企业销售成本的计算和结转

零售企业对库存商品的核算采用售价金额核算法。在这种方法下，售价和进价之间的差额通过“商品进销差价”账户核算。库存商品出售后，先以售价反映商品的销售成本，但是商品销售成本中却包含了两部分内容：已销商品的进价成本和已实现的商品进销差价。为了正确地计算商品流通企业的财务成果，每月末应将本月已实现的商品进销差价从以售价登记的商品销售成本中转出，以求得已销商品的进价成本。因此，在售价金额核算法下，商品销售成本的核算内容主要是已销商品的进销差价。企业可以采用实际差价法或差价率法计算已销商品的进销差价。

1. 实际差价法

实际差价法又称为实地盘存差价法，是通过对库存商品进行实地盘点，以各种实存商品数量分别乘以各种商品的单位进价和单位售价，求得库存商品的总进价和总售价。两者之差即库存商品的进销差价，然后倒挤出已销商品的进销差价。相关计算公式为

$$月末库存商品的总售价=\sum(月末每种库存商品的数量\times该种商品的单位售价)$$

$$月末库存商品的总进价=\sum(月末每种库存商品的数量\times该种商品的单位进价)$$

$$月末库存商品的进销差价=月末库存商品的总售价-月末库存商品的总进价$$

$$已销商品分摊的进销差价=月末“商品进销差价”账户的余额-月末库存商品的进销差价$$

实际差价法的计算结果比前两种方法更为准确，但由于要查找各种商品的原进价，并且要实地盘点，工作量较大，各月使用受到限制。按现行会计制度的规定，零售企业年终决算

时，均应采用该种方法。

2. 差价率法

差价率法是通过一定的商品进销差价分别计算库存商品和已销商品的进销差价的一种方法。差价率是指商品进销差价占商品售价金额的百分比。差价率法包括综合差价率法和分类差价率法。

(1) 综合差价率法。综合差价率法是按全部商品的存销比例分摊商品进销差价的一种方法。其计算公式为

综合差价率＝月末调整前“商品进销差价”账户的余额÷(月末“库存商品”账户的余额＋本月“主营业务成本”账户的借方发生额＋月末“委托代销商品”账户的余额)×100%

本月已销商品应分摊的进销差价＝本月商品主营业务成本×综合差价率

【例 6-2】 兴隆零售公司采用综合差价率法计算已销商品的进销差价，月末调整前“商品进销差价”账户的贷方余额为 80 000 元，月末“库存商品”账户的借方余额为 120 000 元，月末“委托代销商品”账户的借方余额为 50 000 元，本月“主营业务成本”账户的借方发生额为 10 000 元。该公司的综合差价率与本月已销商品应分摊的进销差价计算如下：

综合差价率＝80 000÷(120 000＋10 000＋50 000)×100%＝44.44%

本月已销商品应分摊的进销差价＝10 000×44.44%＝4 444(元)

综合差价率法计算较为简便，但计算结果的准确性较差，适用于经营商品进销差价大致相同的企业。

(2) 分类差价率法。分类差价率法是按各大类商品的存、销比例分摊各类商品进销差价的一种方法。其计算公式为

差价率＝月末调整前“商品进销差价”账户的余额÷(月末“库存商品”账户的余额＋本月“主营业务成本”账户的借方发生额)×100%

本月已销商品应分摊的进销差价＝本月“主营业务成本”账户的借方发生额×差价率

【例 6-3】 兴隆零售公司经营甲、乙、丙三大类商品，2020 年 7 月有关账户余额如表 6-1 所示。

表 6-1 兴隆零售公司有关账户余额 单位：元

商品类别	“商品进销差价”账户余额	“主营业务成本”账户余额	“库存商品”账户余额
甲	106 200	244 000	246 000
乙	52 800	168 000	272 000
丙	89 600	410 000	150 000

相关计算如下：

甲类商品差价率＝106 200÷(244 000＋246 000)×100%＝21.67%

乙类商品差价率＝52 800÷(168 000＋272 000)×100%＝12%

丙类商品差价率＝89 600÷(410 000＋150 000)×100%＝16%

本月甲类商品应分摊的进销差价＝244 000×21.67%＝52 874.8(元)

本月乙类商品应分摊的进销差价＝168 000×12%＝20 160(元)

本月丙类商品应分摊的进销差价＝410 000×16%＝65 600(元)

分类差价率法是按照商品类别或不同的营业柜组来计算差价率的。由于同一大类商品的进销差价比较接近，所以计算结果较为准确，有利于分类考核商品经营的经济效益，但计算工作量较大。

由于售价金额核算法中已销售的库存商品是按售价结转销售成本的，为了将以售价记录的商品销售成本调整为进价成本，需将已销商品应分摊的进销差价冲减商品销售成本，编制会计分录如下：

借：商品进销差价

　贷：主营业务成本

课堂小思考

库存商品的核算方法一共有四种：数量进价金额核算法、数量售价金额核算法、售价金额核算法和进价金额核算法。那么，对于不同类型的商品流通企业，应该如何选择适合于本企业的核算方法呢？

任务二 核算房地产开发企业的成本

房地产开发企业是从事房地产开发和经营的经济单位。房地产开发企业的主营业务包括土地开发、房屋开发、配套设施开发和代建工程开发等。房地产开发企业的特点主要体现在以下三个方面：首先，房地产开发企业开发与经营活动的对象都是不动产，但其开发经营的内容更为广泛，主要有建设房屋，开发与建设基础设施、配套设施、市政工程等，还有商品用房出租或经营业务，以及商品房售后服务等业务。可见，其开发经营业务具有多样性和个体性的特点。其次，在开发过程中，涉及经济来往的计算关系极为复杂，涉及方既有委托建房单位、建筑产品购买单位，又有勘测设计单位、施工单位等。最后，房地产开发企业的开发项目生产周期也都较长，一般要跨年度生产，甚至会跨若干年度进行。

一、房地产开发企业成本核算的特点

房地产开发企业产品生产的多样性、个体性和长期性等特点，决定了房地产开发企业特有的成本核算特点。

(一) 以单项开发工程作为成本计算对象

房地产开发企业的成本计算对象是指承担开发建设费用的开发产品。对土地开发、配套设施开发、房屋开发和代建工程开发等业务，均可以根据各自特点，以各类业务的单项开发工程作为成本计算对象。结合开发工程的地点、用途、结构、装修、层高和施工队伍等因素，各类业务可按照下列原则确定房地产开发企业的成本计算对象：

(1) 一般房屋开发项目应以每一独立编制的设计概算或施工图预算所列的单项开发工程为成本计算对象。对开发面积不大、开发工期较短的土地,以每一个独立的开发项目为成本计算对象;能有偿转让的大型配套设施项目,以普通设施项目作为成本计算对象;代建工程应区别土地和房屋开发的实际情况,确定成本计算对象。

(2) 对同一开发地点、结构类型相同、开工和竣工时间接近的各个单项工程,可以合并为一个成本计算对象。

(3) 对规模较大、工期较长、分区域开发的项目,可以划分为若干部分,以一定区域作为开发项目的成本计算对象,便于及时反映开发成本。

(二) 按月定期计算成本

在房地产开发企业的各类业务中,很多建设项目的生产周期一般都较长,开发项目经常跨年度进行。为了及时反映开发项目的成本发生情况,考核开发经营活动的成果,房地产开发企业应按月定期计算成本。

(三) 开发成本需要在已完工程和未完工程之间进行分配

房地产开发企业的土地开发、房屋开发、配套设施开发、代建工程开发等各类业务,由于生产周期一般都较长,开发项目的每个工程又都是一个连续不断的过程,一般不能等到每个工程全部完工后再计算其成本。因此,在月末建设工地既有已完工程又有未完工程的情况下,按成本计算对象归集的开发成本还必须在两者之间进行分配。

二、房地产开发企业的成本的构成

房地产开发企业的成本是指房地产开发企业在开发过程中所发生的各项费用。其按用途可以分为土地开发成本、房屋开发成本、配套设施开发成本和代建工程开发成本四类。为了反映各类开发成本的构成情况,又可以将开发成本进一步划分为若干项目,通常称为产品成本项目。房地产开发企业的产品成本项目应根据其生产经营特点和成本管理要求设置,一般有以下几个项目:

(一) 土地征用及搬迁补偿费

土地征用及搬迁补偿费是指因开发房地产而征用土地发生的各项费用,包括土地征用费、耕地征用税、劳动力安置费、地上和地下附着物拆迁补偿的净支出、安置动迁用房支出。在采用批租方式取得土地时,还应包括批租地价等。

(二) 前期工程费

前期工程费是指土地、房屋开发前发生的各项费用,包括规划、设计、项目可行性研究,水文和地质勘查、测绘,“三通一平”(“三通”是指通水、通电、通公路,“一平”是指土地平整)等的支出。

(三) 公共基础设施费

公共基础设施费是指土地、房屋开发过程中发生的各项基础设施费用,包括开发小区内道路、供水、供电、供气、排污、排洪、通信、照明、绿化和环卫等工程发生的支出。

(四) 建筑安装工程费

建筑安装工程费是指土地、房屋开发项目在开发过程中发生的各种建筑安装工程费用,包括以承包方式支付给承包单位的建筑安装工程费,以及以自营方式按工程施工图施工所发生的各项建筑安装工程费和设备费。

(五) 公共配套设施费

公共配套设施费是指房地产开发项目在小区内发生的,可以计入土地、房屋开发成本的,不能有偿转让的公共配套设施费用,包括水塔、车库、锅炉房、消防、公厕、居委会、派出所和幼儿园等设施的支出。

(六) 开发间接费用

开发间接费用是指房地产开发企业直接组织、管理的开发项目发生的各项间接费用,包括管理人员工资、职工福利费、折旧费、修理费、办公费、水电费、劳动保护费和周转房摊销等。

上述六个项目构成房地产开发企业产品的开发成本。其中,土地征用及搬迁补偿费、前期工程费、公共基础设施费、建筑安装工程费、公共配套设施费是构成房地产开发产品实体或有助于产品形成的直接成本,因此可以直接计入有关开发产品的成本;开发间接费用应先进行归集,月末再按照一定分配标准分配计入有关开发产品的成本。

房地产开发企业(公司本部)行政管理部门为组织和管理开发经营活动而发生的管理费用、财务费用以及为销售、出租或转让开发产品而发生的销售费用,均应作为期间费用,计入当期损益。

三、房地产开发企业成本账户的设置

为了全面反映房地产开发企业的资金耗费和占用情况,必须设置以下账户进行成本核算:

(一) “开发成本”账户

“开发成本”账户用于核算房地产开发企业在土地、房屋、配套设施和代建工程的开发过程中所发生的各项费用。企业将发生的各项开发费用记入该账户的借方,将结转已完工程的实际成本记入该账户的贷方。期末余额表示在建开发项目的实际成本,应反映在资产负债表中的“存货”项目内。该账户应按开发产品的种类,设置“土地开发”“房屋开发”“配套设施开发”“代建工程开发”等二级账户,并按成本计算对象和成本项目进行明细核算。

为了核算简便,比较大的房地产开发企业也可以将上述四个二级账户作为一级账户。

(二) “开发间接费用”账户

“开发间接费用”账户属于损益类账户,应按企业内部不同的单位、部门(分公司)设置明细账。该账户用于核算企业内部独立核算单位为开发产品而发生的各项间接费用。企业应将发生的各项间接费用记入该账户的借方。企业在将间接费用转入各项开发产品成本时,应贷记该账户。期末,该账户没有余额。

课堂小思考

房地产开发企业的成本项目有哪些？其成本核算有何特点？

项目小结

商品流通企业是指以从事商品流通为主要经营业务的企业。商品流通企业将生产企业生产的产品，从生产领域转移到了消费领域，最终实现商品的价值。

商品流通企业的成本主要包括商品成本和商品流通费用。商品成本又包括采购成本、存货成本和销售成本。商品流通费用是在商品流通过程中发生的不能计入商品成本的费用。它既包括在商品销售过程中发生的费用，又包括商品进货过程和存储过程中发生的费用，还包括商品的损耗和进出口商品相关的费用。商品流通费用是指企业在商品经营过程中发生的、直接计入当期损益的期间费用。其主要包括管理费用、财务费用和销售费用。

库存商品的核算方法分为数量金额核算方法和金额核算法两类。数量金额核算方法同时以实物指标和价值指标核算库存商品的增减变动和结存情况。金额核算法仅以价值指标核算库存商品的增减变动及结存情况。价值指标又分为进价和售价两种。因此，每种方法又分为两类，分别是数量进价金额核算法、数量售价金额核算法、售价金额核算法、进价金额核算法。其中，批发企业的库存商品采用数量进价金额核算法，而零售企业的库存商品采用售价金额核算法。

房地产开发企业是从事房地产开发和经营的经济单位。房地产开发企业的主营业务包括土地开发、房屋开发、配套设施开发和代建工程开发等。

房地产开发企业产品生产的多样性、个体性和长期性等特点，决定了房地产开发企业特有的成本核算特点：以单项开发工程作为成本计算对象；按月定期计算成本；开发成本需要在已完工程和未完工程之间进行分配。

房地产开发企业的成本是指房地产开发企业在开发过程中所发生的各项费用。其按用途可以分为土地开发成本、房屋开发成本、配套设施开发成本和代建工程开发成本四类。为了反映各类开发成本的构成情况，又可以将开发成本进一步划分为若干项目，通常称为产品成本项目。

项目练习

一、单项选择题

1. 商品流通企业国内购进的商品进价是指(　　)。

A. 进货原价和进货运费　　B. 进货原价和各项采购费用

C. 进货原价和进货手续费　　D. 进货原价

2. 在下列支出中，直接计入商品流通企业当期损益的是(　　)。

A. 企业支付给租赁公司的仓库租赁费　　B. 企业取得的商品销售收入

C. 企业支付的延期付款罚息　　D. 企业支付给生产厂家的商品采购款项

3. 借记“商品进销差价”账户，贷记“主营业务成本”账户的经济业务表示(　　)。

A. 结转入库商品的进销差价　　B. 结转已销商品的进销差价

C. 注销进销差价　　D. 注销库存商品

4. 进价金额核算法适用于(　　)。

A. 零售企业核算鲜活商品　　B. 零售企业核算日用工业品

C. 基层批发商店核算商品　　D. 大中型批发企业核算商品

5. 企业的库存商品一般按(　　)进行核算。

A. 售价　　B. 进价

C. 高价　　D. 低价

6. 采用售价金额核算法的企业，年终决算计算已销商品进销差价时，应采用(　　)。

A. 综合差价率法　　B. 分类差价率法

C. 毛利率法　　D. 实际差价法

二、多项选择题

1. 商品销售成本包括(　　)。

A. 已销商品的税金　　B. 已销商品负担的经营费用

C. 商品销售费用　　D. 商品削价准备

2. 国外购进商品的进价包括(　　)。

A. 进口税金

B. 代理进口费用

C. 商品到达目的港口后发生的费用

D. 商品到达目的港口前发生的运费和保险费

3. 批发企业采用数量进价金额核算法时，计算商品销售成本的方法有(　　)。

A. 毛利率法　　B. 先进先出法

C. 个别计价法　　D. 实地盘点差价法

4. 房地产开发企业成本核算的特点是(　　)。

A. 以一定区域作为开发项目的成本计算对象

B. 以单项开发工程为成本计算对象

C. 按年定期计算成本

D. 按月定期计算成本

三、判断题

1. 毛利率法适用于经营品种多，按月计算销售成本有一定困难的企业。　　(　　)

2. 采用先进先出法计算商品的销售成本，在物价上涨时，会少计销售毛利。　　(　　)

3. 在售价金额核算法下，商品出售后，应以售价暂时反映商品销售成本，待月末计算出已销商品的进销差价后，再对其进行调整。　　(　　)

4. 零售企业一般先计算和调整已销商品的进销差价，然后进行商品盘点。　　(　　)

5. 房地产开发企业为销售、出租、转让开发产品而发生的销售费用，应作为期间费用，计入当期损益。 （ ）

6. 商品流通企业采购商品的费用应计入采购商品的成本，销售商品的费用应计入经营费用。 （ ）

业务实训

某海鲜商品批发公司专营海鲜批发业务，2020 年 4 月已经没有存货。2020 年 5 月，该公司采购新鲜河蟹，共支付采购成本 2 000 万元，相关进货运费等 200 万元；同月出售河蟹共取得 600 万元的收入，发生销售成本 500 万元。该公司该月除了进货运费以外，经营费用、管理费用和财务费用共发生了 40 万元。财务人员根据会计制度进行了会计处理，将所有的进货费用都作为经营费用核算，结果该月发生亏损 140 万元。该公司经理很纳闷：怎么会发生亏损呢？因为并没有赔本出售，也没有发生其他损失。于是他要求财务部门重新核算。

要求：

（1）重新计算该公司该月已销商品应承担的进货费用和该月的损益。

（2）解释该案例反映的问题。

项目七 标准成本法、变动成本法和作业成本法

知识目标

了解标准成本法、变动成本法和作业成本法的定义和作用；

把握标准成本法、变动成本法和作业成本法的基本内容；

掌握标准成本法、变动成本法和作业成本法的计算程序。

技能目标

能够灵活运用标准成本法、变动成本法和作业成本法进行成本核算。

案例导入

小华应聘某企业的成本核算岗位，通过面试后顺利进入该企业。入职后，成本核算岗位的同事拿了一张关于该企业A产品标准成本的表格给小华看，并且告诉她，企业为了更有效地进行经营管理，采用标准成本法进行成本计算。小华在学校里学习过成本会计，知道什么是品种法、分批法和分步法，并且在实习时也实践过如何采用分批法进行成本核算，但对于标准成本法却了解得很少。那么，小华还需要学习哪些知识呢？

任务一 认知标准成本法

标准成本法产生于20世纪30年代的美国，是泰罗制与会计相结合的产物。20世纪50年代以后，标准成本的概念在西方国家得到了普遍的推广与应用。

一、标准成本法概述

标准成本法是以事先确定的标准成本为基础，将实际发生的成本与之比较，以核算和分析成本差异的一种产品成本计算方法。标准成本法的核心是以标准成本来记录和反映产品成本的形成过程和结果，通过对成本差异的核算和分析揭示存在的问题，查明原因和责任，并采取相应的措施，从而实现对成本的控制。

标准成本法的主要内容包括标准成本的制定、成本差异的分析及成本差异的账务处理等。其中，标准成本的制定是采用标准成本法的前提和关键，成本差异的分析是标准成本法

的重点。

(一) 标准成本法的主要特点

(1) 在标准成本法下,产品成本明细账只计算各种产品的标准成本,不计算各种产品的实际成本。

(2) 分别按原材料费用、直接人工费用、变动制造费用和固定制造费用计算实际成本脱离标准成本的各种数量差异和价格差异等,并设置各种差异账户予以归集,以便对成本进行日常控制和考核。

(3) 会计期末,对各差异账户归集的成本差异,既可以按标准成本的比例在销售成本、产成品和在产品之间进行分配,也可将其全部结转到销售成本中。

(二) 标准成本法的主要作用

(1) 有利于加强成本控制。将实际成本与标准成本进行比较,能反映出实际成本脱离标准成本的差异。通过对差异进行分析,可揭示存在的问题,查明原因,并采取相应措施,达到降低产品成本的目的。

(2) 有利于推行责任会计制度。通过对各种差异的分析,可以找出产品成本差异的原因,查明责任归属,从而合理地进行业绩评价。

(3) 有利于简化产品成本计算工作。各产品明细账户均按标准成本计价入账,大大简化了日常的账务处理工作。

二、标准成本的类型

标准成本是运用科学方法预先制定的、以成本项目反映的单位产品成本水平,是成本控制的目标和计算成本差异的依据。标准成本一般有理想标准成本、历史标准成本和现实标准成本三种类型。

1. 理想标准成本

理想标准成本是在现有技术、设备和经营管理达到最优状态的目标成本水平。它是根据资源无浪费、设备无故障、产出无废品、工时全有效的假设前提而制定的最理想的、最低的成本水平。虽然可用这种目标成本来激励员工努力工作,但在实际工作中,这种目标很难实现,所以很少采用。

2. 历史标准成本

历史标准成本是指根据过去若干时期实际成本的平均值,结合未来的变动趋势而制定的目标成本水平。这种目标经过努力一般较易达到。但由于过去的实际成本常常包含了浪费和低效率,将此目标作为企业的控制目标过于保守,达不到有效控制成本的目的,所以也很少采用。

3. 现实标准成本

现实标准成本是根据现有的生产技术水平、正常的生产能力,以有效经营条件为基础而制定的目标成本水平。它是根据合理的耗用量、合理的费用耗费水平和合理的生产能力利用程度制定的切合实际情况的一种标准成本。标准成本法下的标准成本通常是指这种标准成本。

三、标准成本的制定

标准成本是按产品的成本项目反映的单位产品成本水平，所以标准成本的制定通常包括直接材料标准成本的制定、直接人工标准成本的制定、变动制造费用标准成本的制定和固定制造费用标准成本的制定。制定标准成本的基本方法是以“数量”标准乘以“价格”标准。

1. 直接材料标准成本的制定

直接材料标准成本的计算公式为

$$直接材料标准成本=\sum(直接材料标准用量\times直接材料标准价格)$$

式中，直接材料标准用量是指在现有的生产技术条件下，生产单位产品所需要的构成产品实体的各种原料和主要材料的数量。企业应按产品耗费的各种直接材料分别制定标准用量。

直接材料标准价格是指在正常情况下企业采购材料的单位成本，包括买价和运杂费等。

2. 直接人工标准成本的制定

直接人工标准成本的计算公式为

$$直接人工标准成本=直接人工标准工时\times直接人工标准工资率$$

式中，直接人工标准工时是指在现在的生产技术条件下，生产单位产品所需要的直接生产工人的工作时间，直接人工标准工资率是指某会计期每一工作时间应分配的直接生产工人标准人工成本。

直接人工标准工资率的计算公式为

$$直接人工标准工资率=预计直接生产工人人工成本总额\div标准总工时$$

3. 变动制造费用标准成本的制定

变动制造费用标准成本的计算公式为

$$变动制造费用标准成本=直接人工标准工时\times变动制造费用标准分配率$$

式中，变动制造费用标准分配率是指某会计期每一工作时间应分配的变动制造费用。

变动制造费用标准分配率的计算公式为

$$变动制造费用标准分配率=变动制造费用预算总额\div标准总工时$$

式中，变动制造费用预算总额应采用弹性预算的方式，按不同的产量水平确定。

4. 固定制造费用标准成本的制定

固定制造费用标准成本的计算公式为

$$固定制造费用标准成本=直接人工标准工时\times固定制造费用标准分配率$$

式中，固定制造费用标准分配率是指某会计期每一工作时间应分配的固定制造费用。

固定制造费用标准分配率的计算公式为

$$固定制造费用标准分配率=固定制造费用预算总额\div标准总工时$$

式中，固定制造费用预算总额是固定的，不随生产量的变动而变动。

【例7-1】 启华工厂生产A产品，耗用甲、乙两种直接材料，其标准用量分别为10千克、

20 千克,标准价格为 40 元/千克、50 元/千克。该企业月平均总工时和月平均标准人工成本总额分别为 10 000 小时和 80 000 元,A 产品单位产品标准工时为 50 小时。根据弹性预算,该企业月产量为 200 件,月标准总工时和月变动制造费用预算总额分别为 10 000 小时和 30 000 元,月固定制造费用预算总额为 60 000 元。根据以上资料编制 A 产品标准成本计算表,如表 7-1 所示。

表 7-1　A 产品标准成本计算表

成本项目	标准用量	标准价格	单位标准成本/元
直接材料:甲材料	10 千克	40 元/千克	400
乙材料	20 千克	50 元/千克	1 000
直接人工	50 小时	80 000÷10 000=8 元/小时	400
变动制造费用	50 小时	30 000÷10 000=3 元/小时	150
固定制造费用	50 小时	60 000÷10 000=6 元/小时	300
合计			2 250

四、成本差异的分析

成本差异是指产品的实际成本偏离标准成本的数额。在计算成本差异时,通常以实际成本减去标准成本,如果差额为正,即实际成本大于标准成本,是不利成本差异;如果差额为负,即实际成本小于标准成本,是有利成本差异。

由于标准成本是根据标准用量和标准价格计算的,实际成本是根据实际用量和实际价格计算的,因此,成本差异总是由数量差异和价格差异引起的。成本差异按成本项目进一步划分为九个差异,如表 7-2 所示。

表 7-2　成本差异分类表

成本项目	数量差异	价格差异
直接材料	直接材料用量差异	直接材料价格差异
直接人工	直接人工效率差异	直接人工工资率差异
变动制造费用	变动制造费用效率差异	变动制造费用耗用差异
固定制造费用	固定制造费用效率差异	固定制造费用能力差异
		固定制造费用预算差异

有时,也将固定制造费用效率差异和固定制造费用能力差异合并为固定制造费用产量差异。

为了分清成本差异的构成,可用连环替代法来计算价格差异和数量差异。计算成本差异的一般模式如图 7-1 所示。

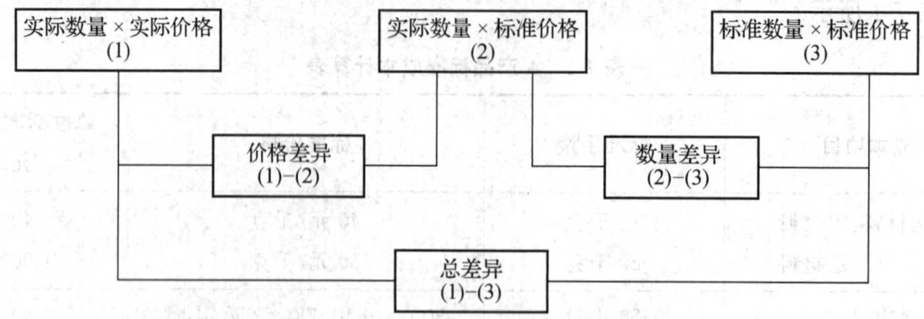

图 7-1　计算成本差异的一般模式

(一) 直接材料成本差异

直接材料成本差异是指产品直接材料的实际成本与标准成本之间的差异,主要包括材料用量差异和材料价格差异。前者由材料实际耗用量与标准耗用量的不同引起,后者由实际价格与标准价格的不同引起。相关计算公式为

材料用量差异＝实际耗用量×标准单价－标准耗用量×标准单价
＝(实际耗用量－标准耗用量)×标准单价

材料价格差异＝实际耗用量×实际单价－实际耗用量×标准单价
＝(实际单价－标准单价)×实际耗用量

若计算结果是正数,则表示超支,是不利成本差异;若是负数,则表示节约,是有利成本差异。

【例 7-2】 启华工厂生产 A 产品,单位产品的标准成本如表 7-1 所示。本月投产 210 件,实际消耗甲材料 2 000 千克,实际消耗乙材料为 4 100 千克,甲材料的实际单价为 41 元,乙材料的实际单价为 52 元。直接材料成本差异的计算如下:

甲材料成本总差异＝2 000×41－10×210×40＝－2 000(元)

甲材料用量差异＝2 000×40－10×210×40＝－4 000(元)

甲材料价格差异＝2 000×41－2 000×40＝2 000(元)

乙材料成本总差异＝4 100×52－20×210×50＝3 200(元)

乙材料用量差异＝4 100×50－20×210×50＝－5 000(元)

乙材料价格差异＝4 100×52－4 100×50＝8 200(元)

材料用量差异一般应由生产部门负责,因为在正常情况下,生产部门可以控制耗用材料的数量。但在某些情况下,如购入的材料在储存过程中变质损坏也会造成耗用量的增加,这种情况下应由仓储部门负责。材料价格差异一般由采购部门承担主要责任,因为在正常情况下,采购部门可选择价格合理、运输方便、采购费用较低的材料。但材料实际价格客观上

受很多因素影响,如市场供求变化、价格变动、紧急订货等,这些因素引起的价格差异不应由采购部门负责。

(二) 直接人工成本差异分析

直接人工成本差异是指生产工人工资的实际发生额与按实际产量和标准工资率计算的工资额之间的差额,主要包括人工效率差异和人工工资率差异两部分。前者由产品实际耗用工时与标准耗用工时之间的差异引起;后者由生产工人的实际工资率与标准工资率之间的差异引起。相关计算公式为

人工效率差异=实际工时×标准工资率-标准工时×标准工资率
=(实际工时-标准工时)×标准工资率

人工工资率差异=实际工时×实际工资率-实际工时×标准工资率
=(实际工资率-标准工资率)×实际工时

若计算结果是正数,则表示超支,是不利成本差异;若是负数,则表示节约,是有利成本差异。

【例 7-3】 承【例 7-2】,A 产品投产 210 件,实际耗用的工时为 10 400 小时,实际人工成本为 84 240 元,直接人工实际工资率为 8.1 元。单位产品的标准成本如表 7-1 所示。直接人工成本差异的计算如下:

直接人工成本总差异=10 400×8.1-50×210×8=240(元)

人工效率差异=10 400×8-50×210×8=-800(元)

人工工资率差异=10 400×8.1-10 400×8=1 040(元)

产生人工效率差异的原因主要是劳动生产率的变化、劳动组织和生产管理的状况有所改变等。人工工资率差异是由于工种的调配、工资制度的变化和工人工资级别的调整等引起的。

(三) 变动制造费用成本差异分析

变动制造费用成本差异是指在变动制造费用的实际发生数和实际产量下,标准变动制造费用总额之间的差额,主要包括变动制造费用效率差异和变动制造费用耗用差异。前者是指实际耗用工时与按实际产量计算的标准工时之间的差异;后者是指变动制造费用实际分配率与标准分配率之间的差异。相关计算公式为

变动制造费用效率差异=实际工时×变动制造费用标准分配率-按实际产量计算的标准工时×变动制造费用标准分配率=(实际工时-按实际产量计算的标准工时)×变动制造费用标准分配率

变动制造费用耗用差异=实际工时×变动制造费用实际分配率-实际工时×变动制造费用标准分配率=(变动制造费用实际分配率-变动制造费用标准分配率)×实际工时

若计算结果是正数,则表示超支,是不利成本差异;若是负数,则表示节约,是有利成本差异。

【例 7-4】 承【例 7-3】,A 产品投产 210 件,实际耗用的工时为 10 400 小时,实际变动制造费用为 30 160 元,变动制造费用实际分配率为 2.9 元。变动制造费用成本差异的计

算如下：

变动制造费用成本总差异＝10 400×2.9－50×210×3＝－1 340(元)

变动制造费用效率差异＝10 400×3－50×210×3＝－300(元)

变动制造费用耗用差异＝10 400×2.9－10 400×3＝－1 040(元)

标准变动制造费用是按照标准工时分配的，如果直接人工成本发生效率差异，变动制造费用也会相应地发生效率差异。变动制造费用耗用差异是标准费用分配率与实际费用分配率之间的差异，它既受这些费用耗用的节约或超支的影响，也受到生产工时多少的影响。

(四) 固定制造费用成本差异分析

固定制造费用成本差异是指固定制造费用实际发生额与实际产量下标准总额之间的差额。由于固定制造费用总额在一定的相关范围内相对固定，一般不随产量的变动而变动，产量的变动只会影响单位固定制造费用：产量增加时，单位产品应负担的固定制造费用会减少；产量减少时，单位产品应负担的固定制造费用会增加。实际产量与预计产量的差异只会对单位产品应负担的固定制造费用产生影响，所以固定制造费用成本差异的计算与其他费用成本差异的计算有所不同，通常有两种方法：一种是两差异分析法；另一种是三差异分析法。

1. 两差异分析法

两差异分析法是将固定制造费用分为固定制造费用预算差异和固定制造费用产量差异两部分。前者是指固定制造费用实际发生数和预算数之间的差异；后者是指在固定制造费用预算不变的情况下，由实际产量和计划产量不同引起的差异。相关计算公式为

固定制造费用预算差异＝固定制造费用实际数－固定制造费用预算数

固定制造费用产量差异＝固定制造费用预算数－实际产量标准工时×固定制造费用标准分配率

若计算结果是正数，则表示超支，是不利成本差异；若是负数，则表示节约，是有利成本差异。

固定制造费用预算差异同材料价格差异、人工工资率差异和变动制造费用耗用差异类似，是由实际分配率与预算数或预计数偏离引起的。固定制造费用产量差异仅仅是为成本计算所用，并不意味着真正的节约或浪费。

2. 三差异分析法

三差异分析法是将固定制造费用成本差异分成固定制造费用效率差异、固定制造费用能力差异和固定制造费用预算差异。其中，固定制造费用预算差异分析与两差异分析法相同；固定制造费用效率差异是指实际产量的实际工时脱离实际产量的标准工时而产生的差异，反映了生产效率不同所造成的成本差异；固定制造费用能力差异是指实际产量的实际工时脱离预计产量的标准工时，即实际总工时脱离预计总工时引起的成本差异，反映了生产能力利用程度不同而导致的成本差异。三差异分析法中固定制造费用效率差异与固定制造费用能力差异之和等于两差异分析法中固定制造费用产量差异。相关计算公式为

固定制造费用效率差异＝(实际产量的实际工时－实际产量的标准工时)×固定制造费

用标准分配率

固定制造费用能力差异＝(预计产量的标准工时－实际产量的实际工时)×固定制造费用标准分配率＝固定制造费用预算数－实际产量的实际工时×固定制造费用标准分配率

固定制造费用预算差异＝固定制造费用实际数－固定制造费用预算数

若计算结果是正数，则表示超支，是不利成本差异；若是负数，则表示节约，是有利成本差异。

【例 7-5】 启华工厂 A 产品的固定制造费用预算数为 60 000 元，投产 210 件实际耗用工时为 10 400 小时，固定制造费用实际数为 52 000 元，单位产品的标准成本如表 7-1 所示。下面分别用两差异法与三差异法计算固定制造费用成本差异：

固定制造费用实际分配率＝52 000÷10 400＝5(元)

固定制造费用成本总差异＝52 000－50×210×6＝－11 000(元)

(1) 用两差异法计算。

固定制造费用产量差异＝60 000－50×210×6＝－3 000(元)

固定制造费用预算差异＝52 000－60 000＝－8 000(元)

(2) 用三差异法计算。

固定制造费用效率差异＝10 400×6－50×210×6＝－600(元)

固定制造费用能力差异＝60 000－10 400×6＝－2 400(元)

固定制造费用预算差异＝52 000－60 000＝－8 000(元)

三差异分析法的能力差异与效率差异之和等于两差异分析法的产量差异。利用三差异分析法，能够更好地说明生产能力利用程度和生产效率高低所导致的成本差异情况，并且有利于分清责任。能力差异的责任一般在于管理部门，而效率差异的责任则往往在于生产部门。

五、成本差异的账务处理

在标准成本制度下，在产品成本、产成品成本和销售成本的结转一般都按照标准成本进行，对成本差异单独设立账户加以反映。期末，产品实际成本的计算是通过各项差异的分配摊销来进行的。

(一) 标准成本差异的三种转销方法

(1) 每月的成本差异按标准成本的比例在销售成本、产成品成本和在产品成本之间分摊。

(2) 每月将产品差异全部结转到销售成本中。

(3) 成本差异积累到年终时，按比例分摊到销售成本、产成品成本和在产品成本，或全部结转到销售成本中。

为了分别反映标准成本和各项成本差异，在标准成本制度下，除设置“生产成本”等成本核算账户用以反映产品的标准成本外，还需要设置有关的成本差异账户用以反映产品实际成本脱离标准成本的差异数额。

(二)标准成本法下产品实际成本的计算程序

(1)为各成本计算对象按成本项目分别制定标准成本。

(2)按成本计算对象分别设置产品成本明细账,按成本差异分别设置成本差异明细账。

(3)编制各成本费用分配表,分别反映其标准成本、实际成本和差异。

(4)将标准成本记入成本明细账,计算并结转完工产品的标准成本。

(5)按成本计算对象分别编制成本差异计算表,计算分析各种成本差异,并将各差异记入各成本差异账户,结出各成本差异账户的月末余额。

(6)采用合适的方法将各成本差异账户的余额予以转销。

根据【例7-2】至【例7-5】的资料,编制成本差异汇总表,如表7-3所示。

表7-3 成本差异汇总表

单位:元

项目	节约	超支	总差异
直接材料:			
用量差异	9 000		
价格差异		10 200	1 200(超支)
直接人工:			
效率差异	800		
工资率差异		1 040	240(超支)
变动制造费用:			
效率差异	300		
耗用差异	1 040		1 340(节约)
固定制造费用:			
预算差异	8 000		
能力差异	2 400		
效率差异	600		11 000(节约)
合计	22 140	11 240	10 900(节约)

假定210件A产品全部销售且全部差异到年终由销售产品成本负担。编制会计分录如下:

(1)借:生产成本——直接材料　　294 000
　　　直接材料价格差异　　10 200
　　贷:原材料　　295 200
　　　直接材料用量差异　　9 000

(2)借:生产成本——直接人工　　84 000
　　　直接人工工资率差异　　1 040
　　贷:应付职工薪酬　　84 240
　　　直接人工效率差异　　800

分录	借方	贷方
(3) 借:生产成本——变动制造费用	31 500	
贷:制造费用——变动制造费用		30 160
变动制造费用效率差异		300
变动制造费用耗费差异		1 040
(4) 借:生产成本——固定制造费用	63 000	
贷:制造费用——固定制造费用		52 000
固定制造费用预算差异		8 000
固定制造费用能力差异		2 400
固定制造费用效率差异		600
(5) 借:库存商品——A 产品	472 500	
贷:生产成本		472 500
(6) 借:主营业务成本	461 600	
贷:库存商品——A 产品		472 500
直接材料用量差异		[9 000]
直接材料价格差异		10 200
直接人工效率差异		[800]
直接人工工资率差异		1 040
变动制造费用效率差异		[300]
变动制造费用耗用差异		[1 040]
固定制造费用预算差异		[8 000]
固定制造费用能力差异		[2 400]
固定制造费用效率差异		[600]

课堂小思考

某公司采用标准成本法核算产品的成本。2020 年 10 月用于生产的 A、B 两种原材料的实际耗用量分别为 4 000 千克和 3 600 千克,实际价格分别为 3.5 元/千克和 11 元/千克。这两种材料的标准耗用量分别为 3 700 千克和 3 400 千克,标准价格分别为 4 元/千克和 9.5 元/千克。那么,该公司的直接材料成本差异是多少呢?直接材料的价格差异又是多少呢?

任务二 认知变动成本法

前面内容所讲述的各种成本计算方法都是将产品制造过程中所发生的生产费用全部计入产品的成本,也就是将包括变动成本和固定成本的完全成本全部计入产品成本。而变动成本法与传统的成本计算方法不一样，为了加以区别，将之前传统的成本计算方法统称为完全成本法。

一、变动成本法概述

变动成本法是只将产品生产过程中发生的直接材料、直接人工和变动制造费用计入产品成本，而将固定制造费用和非生产成本全部作为期间成本，计入当期损益的一种成本计算方法。因此，产品成本只包括变动制造费用，不包括固定制造费用，这是变动成本法和完全成本法的主要区别。

变动成本法是相对于完全成本法的一种成本计算方法。尽管变动成本法不符合公认会计原则和会计制度的要求，不能用来编制对外报告，但它是管理会计用于企业内部管理，规划和控制企业经济活动的重要方法之一。从目前情况来看，这两种方法并不能相互取代，而应同时使用。

二、变动成本法的特点

由于变动成本法与完全成本法的根本区别在于对固定制造费用的处理不同，因而，随着产品的流动，这种对固定制造费用的不同认识和处理直接影响到产品成本，从而进一步影响企业的财务状况和经营成果。与完全成本法比较，变动成本法主要有以下五个特点：

(一) 前提条件不同

采用变动成本法的前提条件是要进行成本性态分析，将全部成本划分为变动成本和固定成本两大部分；采用完全成本法的前提条件是要把全部成本按其经济职能划分为生产成本和非生产成本两大部分。

(二) 产品成本的组成不同

变动成本法与完全成本法在产品成本组成项目上不同，如表 7-4 所示。

表 7-4　产品成本构成对比

变动成本法下的成本构成	完全成本法下的成本构成
产品成本包括直接材料费用、直接人工费用和变动制造费用	产品成本包括直接材料费用、直接人工费用、变动制造费用与固定制造费用
期间成本包括固定制造费用、销售费用、管理费用和财务费用	期间成本包括销售费用、管理费用和财务费用

【例 7-6】 启华工厂 2020 年生产了 2 000 件甲产品，每件产品的直接材料费用为 50 元，直接人工费用为 20 元，变动制造费用为 30 元。全年固定制造费用为 60 000 元。在变动成本法和完全成本法下，单位产品成本的计算如表 7-5 所示。

表 7-5 单位产品成本计算表 单位:元

成本项目	变动成本法	完全成本法
直接材料	50	50
直接人工	20	20
变动制造费用	30	30
固定制造费用	—	30
单位产品成本	100	130

(三) 存货的盘存价值不同

采用变动成本法,由于只将变动制造费用在已销产品、期末库存产成品和在产品之间进行分配,固定制造费用全额直接从本期销售收入中扣减,所以期末产成品和在产品存货并没有负担固定制造费用,其金额必然低于采用完全成本法的估价。

【例 7-7】 承【例 7-6】,假设启华工厂 2020 年生产的 2 000 件甲产品中,销售了 1 500 件,期末产成品为 500 件(假设没有期初产成品存货)。根据所提供的资料,分别采用变动成本法和完全成本法确定产成品期末存货的成本,如表 7-6 所示。

表 7-6 期末存货成本表

项 目	变动成本法	完全成本法
单位产品成本/(元/件)	100	130
产成品期末存货的数量/件	500	500
产成品期末存货的金额/元	50 000	65 000

可见,产成品期末存货的金额采用变动成本法计算为 50 000 元,采用完全成本法计算为 65 000 元,两者差额为 15 000 元,正是由于完全成本法下产成品存货中包括固定制造费用 15 000 元(500×30)造成的。

(四) 损益确定的程序不同

(1) 在变动成本法下,损益的计算公式为

边际贡献总额=销售收入总额-变动成本总额

税前利润=边际贡献总额-固定成本总额

其中,变动成本总额包括已售产品的变动生产成本和变动期间成本。

(2) 在完全成本法下,损益的计算公式为

销售毛利=销售收入总额-本期已售产品的生产成本总额

税前利润=销售毛利-期间成本总额

其中,本期已售产品的生产成本总额包括变动生产成本与固定制造费用;期间成本总额包括全部变动和固定的期间费用。

由于采用变动成本法和完全成本法计算损益的口径不同,因而这两种方法下所编制的利润表的格式也有所不同。

【例 7-8】 承【例 7-7】,假定甲产品的销量为 1 500 件,每件售价为 160 元,每件变动销售费用为 2 元,固定销售费用为 6 000 元,固定管理费用为 4 000 元,期初没有产成品存货,则用变动成本法和完全成本法编制的损益表如表 7-7 和表 7-8 所示。

表 7-7　损益表(变动成本法)　　单位:元

项　　目	金　　额
销售收入	240 000
变动成本:	
变动生产成本	150 000
变动期间费用	3 000
边际贡献	87 000
固定成本:	
固定制造费用	60 000
固定期间费用	10 000
税前利润	17 000

表 7-8　损益表(完全成本法)　　单位:元

项　　目	金　　额
销售收入	240 000
销售成本:	
期初存货	
加:本期生产	260 000
减:期末存货	65 000
销售毛利	45 000
期间成本:	
销售费用	9 000
管理费用	4 000
税前利润	32 000

(五) 应用的目的不同

变动成本法主要是满足企业的经营预测与决策，加强内部控制的需要；完全成本法主要是满足对外提供报表的需要。

三、变动成本法和完全成本法对利润的影响

由于两种方法对固定制造费用的处理方法不同，因而对损益的影响也有所不同。

(一) 销售量变动而产量稳定的情况下，两种方法对利润的影响

产量稳定意味着在完全成本法下产品的单位成本保持不变，这是因为各年的固定制造费用总额相等，而产量相同，单位产品所负担的固定制造费用也就相同。销售量变动则表明各期的期初、期末产成品的库存存货不相同。

【例 7-9】 启华工厂 2018—2020 年的产销情况和成本消耗数据表如表 7-9 所示。

表 7-9 启华工厂产销情况及成本消耗数据表 单位：元

项　目	2018 年	2019 年	2020 年
期初存货	0	500	500
本期生产	3 000	3 000	3 000
本期销售	2 500	3 000	3 500
期末存货	500	500	0
销售单价	160	160	160
生产成本：			
单位变动成本	100	100	100
固定制造费用	60 000	60 000	60 000
变动销售费用	5 000	6 000	7 000
固定销售费用	6 000	6 000	6 000
固定管理费用	4 000	4 000	4 000

根据表 7-9 的资料，按变动成本法和完全成本法编制的汇总损益表分别如表 7-10、表 7-11 所示。

表 7-10 启华工厂汇总损益表(变动成本法)1 单位：元

项　目	2018 年	2019 年	2020 年
销售收入	400 000	480 000	560 000
变动成本：	255 000	306 000	357 000
变动生产成本	250 000	300 000	350 000

续表

项　目	2018 年	2019 年	2020 年
变动销售费用	5 000	6 000	7 000
边际贡献	145 000	174 000	203 000
固定成本:	70 000	70 000	70 000
固定制造费用	60 000	60 000	60 000
固定销售费用	6 000	6 000	6 000
固定管理费用	4 000	4 000	4 000
税前利润	75 000	104 000	133 000

表 7-11　启华工厂汇总损益表(完全成本法)1　　单位:元

项　目	2018 年	2019 年	2020 年
销售收入	400 000	480 000	560 000
销售成本:	300 000	360 000	420 000
期初存货	0	60 000	60 000
本期生产	360 000	360 000	360 000
期末存货	60 000	60 000	0
销售毛利	100 000	120 000	140 000
期间成本:	15 000	16 000	17 000
销售费用	11 000	12 000	13 000
管理费用	4 000	4 000	4 000
税前利润	85 000	104 000	123 000

通过以上两个损益表的比较,可以看出在生产量稳定而销售量变动的情况下,采用变动成本法和完全成本法对损益有着不同的影响。具体表现在以下几个方面:

(1) 如果期末存货大于期初存货,按变动成本法计算的利润小于按完全成本法计算的利润。这是因为在完全成本法下,期末存货增加 500 件,其所负担的固定制造费用随着存货的转移被转入到下期。两种方法的差额等于单位固定制造费用乘以期末存货数量与期初存货数量之差。

(2) 如果期末存货等于期初存货,则两种方法计算的利润相等。这是因为当年的产量等于销量,期末存货与期初存货中包括的固定制造费用也相等,则采用完全成本法就没有把固定制造费用当作期末存货结转到下期,而是全部计入销售成本。因此两种方法计算的利润相等。

(3) 如果期末存货小于期初存货，则按变动成本法计算的利润大于按完全成本法计算的利润。这是因为变动成本法只承担本年的固定制造费用，而完全成本法除了承担本年的固定制造费用外，还需要承担期初存货中转来的固定制造费用。两种方法的差额等于单位固定制造费用乘以期末存货数量与期初存货数量之差。

(二) 销售量稳定而产量变动的情况下，两种方法对利润的影响

在销售单价不变的情况下，销售量稳定意味着各年的销售收入相同，而产量变动则表明在完全成本法下各年的单位生产成本不同。这是因为各年的固定制造费用总额相等，如果产量不同，单位产品所负担的固定制造费用就不同。

【例 7-10】 沿用【例 7-9】中的成本和费用资料，各年生产量和销售量如表 7-12 所示。

表 7-12 启华工厂的生产量和销售量 单位：元

项 目	2018 年	2019 年	2020 年
期初存货	0	500	500
本期生产	3 000	2 500	2 000
本期销售	2 500	2 500	2 500
期末存货	500	500	0

假定启华工厂采用加权平均法进行期末存货的计价，根据上述资料，按变动成本法和完全成本法编制的汇总损益表分别如表 7-13、表 7-14 所示。

表 7-13 启华工厂汇总损益表(变动成本法)2 单位：元

项 目	2018 年	2019 年	2020 年
销售收入	400 000	400 000	400 000
变动成本：	255 000	255 000	255 000
变动生产成本	250 000	250 000	250 000
变动销售费用	5 000	5 000	5 000
边际贡献	145 000	145 000	145 000
固定成本：	70 000	70 000	70 000
固定制造费用	60 000	60 000	60 000
固定销售费用	6 000	6 000	6 000
固定管理费用	4 000	4 000	4 000
税前利润	75 000	75 000	75 000

表 7-14 启华工厂汇总损益表(完全成本法)2 单位:元

项 目	2018 年	2019 年	2020 年
销售收入	400 000	400 000	400 000
销售成本:	300 000	308 333	321 667
期初存货	0	60 000	61 667
本期生产	360 000	310 000	260 000
期末存货	60 000	61 667	0
销售毛利	100 000	91 667	78 333
期间成本:	15 000	15 000	15 000
销售费用	11 000	11 000	11 000
管理费用	4 000	4 000	4 000
税前利润	85 000	76 667	63 333

通过以上两个损益表的比较,可以看出在销售量稳定而产量变动的情况下,采用变动成本法和完全成本法对损益有着不同的影响。具体表现在以下几个方面:

(1) 采用变动成本法,不论当期产量和期末存货有无变动,只要销售量相同,各年的利润就相等。这是因为各年的销售收入相同,在单位产品的售价和变动成本保持不变的情况下,各年的利润相等。可见,采用变动成本法,决定利润大小的主要因素是销售量,产量高低与存货增减的变化对利润是没有影响的。

(2) 前述的销售量变动而产量稳定的情况下,按两种不同方法计算,对利润影响的规律基本适用,但不完全一致。因为产量发生变动后,各年产品单位生产成本不同,这样即使期初、期末存货数量相同,存货成本也不完全一致。其差额等于期初或期末的存货数量乘以期初存货单位固定制造费用与期末存货单位固定制造费用之差。

除此之外,当期末存货大于期初存货或期末存货小于期初存货时,两种方法对利润影响的规律仍然适用。

综上所述,只有在企业无期初、期末存货或者期初、期末存货相等,且当期生产的产品全部售出的情况下,两种方法计算的利润才会相等。

四、对变动成本法的评价

(一) 变动成本法的优点

1. 有利于进行本量利分析和短期决策

本量利分析是研究成本、业务量、利润之间关系的一种重要方法。企业在进行本量利分析时,必须将产品成本分为变动成本和固定成本。变动成本法正好提供了这方面的资料。短期决策一般不涉及生产能力的变动问题,固定成本相对稳定,因此,只需要比较不同方案的边际贡献即可。边际贡献的资料也只有在变动成本法下才便于提供。

2. 有利于加强成本控制和科学地进行成本分析

运用变动成本法，可以把由产量变动引起的成本升降，同由于成本控制工作的好坏造成的成本升降清楚地区别开来，便于对成本责任进行归属和对业绩进行评价。一般来说，变动生产成本的高低应由生产部门和供应部门负责；固定生产成本高低的责任通常由管理部门负责。

3. 能促使管理部门注重销售，防止盲目生产

一般认为，企业产品销售越多，管理部门的业绩越好。但在完全成本法下，有时却不能正确地反映经营业绩，相反会产生一些令人费解的现象。而变动成本法将利润的变动趋势与销售量的变动趋势直接联系，在销售单价、单位变动成本、销售结构不变的情况下，企业的净利润将随销售量同向变动。这样就会促使管理部门重视销售环节，加强销售工作，防止盲目生产。

【例 7-11】 天明工厂生产和销售甲产品的有关资料如表 7-15 所示。

表 7-15 天明工厂的产销量和成本资料表 单位：元

项　目	2019 年	2020 年
产量	2 000	1 500
销售量	1 500	2 000
销售单价	160	160
单位变动生产成本	100	100
固定制造费用	60 000	60 000
变动销售费用	3 000	4 000
固定销售费用	6 000	6 000
固定管理费用	4 000	4 000

根据表 7-15 中的相关信息，分别按变动成本法和完全成本法编制汇总损益表，分别如表 7-16、表 7-17 所示。

表 7-16 天明工厂汇总损益表(变动成本法) 单位：元

项　目	2019 年	2020 年
销售收入	240 000	320 000
变动成本：	153 000	204 000
变动生产成本	150 000	200 000
变动销售费用	3 000	4 000

续表

项　　目	2019 年	2020 年
边际贡献	87 000	116 000
固定成本：	70 000	70 000
固定制造费用	60 000	60 000
固定销售费用	6 000	6 000
固定管理费用	4 000	4 000
税前利润	17 000	46 000

表 7-17　天明工厂汇总损益表(完全成本法)　　单位:元

项　　目	2019 年	2020 年
销售收入	240 000	320 000
销售成本：	195 000	275 000
期初存货	0	65 000
本期生产	260 000	210 000
期末存货	65 000	0
销售毛利	45 000	45 000
期间成本：	13 000	14 000
销售费用	9 000	10 000
管理费用	4 000	4 000
税前利润	32 000	31 000

从上述计算可以看出,按完全成本法计算,2020 年比 2019 年销售得多,但利润反而减少,这不仅使管理人员难以理解,还不能合理地评价管理人员的经营业绩。采用变动成本法,销售量越大,利润就越高,经营业绩也越好。这样就避免了完全成本法下的反常情况,可以促使管理部门重视销售环节,做好市场预测,做到以销定产。

4. 简化成本计算工作,有助于加强日常控制

采用变动成本法,将固定制造费用全额列作期间成本,不计入产品成本,可以省略很多间接费用的分配。这不仅使得成本计算中的费用分配工作大为简化,还能避免间接费用分摊中的主观随意性。

(二) 变动成本法的缺点

1. 不便于编制对外会计报表

按照《企业会计准则》的要求,产品成本应能反映产品在生产过程中的所有耗费,包括变动生产成本和固定生产成本。变动成本法只反映其中的变动部分,且不正规的存货计价也会影响资产计量和收益计量,因而不便于编制对外报表。

2. 不能适应长期决策的需要

长期投资决策要解决生产能力和生产规模问题。从长期来看，由于技术进步和通货膨胀等因素的影响，企业的生产能力和生产规模的变化，单位变动成本和固定成本总额不可能一成不变。因此，变动成本法难以适应诸如增加或减少生产能力，扩大或缩小经营规模等长期投资决策的需要。

3. 不能直接据以进行产品定价决策

固定制造费用是为了生产产品而支出的，应该由有关产品负担。由于变动成本法提供的产品成本资料不包括固定制造费用部分，因而不能直接据以进行定价决策。

4. 改变成本计算法可能会影响有关方面的利益

由完全成本法改为变动成本法，一般要降低期末存货的计价，减少企业的当期利润，从而会暂时减少国家的所得税收入和投资者的股利收益，影响有关方面及时取得收益。

尽管变动成本法具有一定的局限性，但它在加强企业内部经营管理方面的重要作用是不容置疑的，因此变动成本法的应用日益广泛。

试举例说明变动成本法与完全成本法的区别。

任务三 认知作业成本法

20 世纪 70 年代以来，世界科学技术和社会经济环境发生了重大的变化，这些变化对传统的成本计算方法提出了新的要求，作业成本法便应运而生了。

一、作业成本法产生的原因

首先在技术方面。20 世纪 70 年代以来，世界科学技术发生了巨大的变化。随着以电子计算机科技为主要特征的高新技术的蓬勃发展，其在生产领域的广泛应用不但极大地提高了企业的生产效率和产品质量，同时也改变了企业的成本内容和成本结构，使得直接生产成本比重下降，而间接费用的比重却大幅上升，并且在构成内容上趋于复杂。在大幅度增加的间接费用中，与产量无直接关系的间接费用所占的比重很大。于是，传统的以单一的产量为基础分配间接费用的方法不能很好地发挥作用，甚至可能导致严重的产品成本失真，因此对能科学合理地进行成本分配的新方法的需求就显得愈加强烈。

其次在社会方面。随着人们生活水平的日益提高，消费者对产品的功能和质量的期望值日益增加，其行为变得更具选择性和挑剔性。这就使企业关注的侧重点从努力降低成本转向提高产品质量与售后服务水平等，尤其是顾客对特殊性能的产品和服务的需求。于是，在生产组织方面，能对顾客提出的多样化、迅速变化的需求做出灵敏反应的顾客化生产逐步取代了传统的以追求低成本、高产量为目标的大批量生产。而新的成本计算方法也逐步取代了原来适用于产品常规化和批量化生产的传统计算法。

正是在上述因素的综合作用下，一种以作业为基础的成本计算方法——作业成本计算法应运而生了。

二、作业成本法涉及的几个概念

作业成本法是一种着眼于作业，依据作业资源的消耗情况(资源动因)将资源成本分配到作业，再依据作业对最终成本的贡献方式(作业动因)将作业成本追踪归集到产品，由此得出最终产品成本的计算方法。

(一) 作业及其分类

作业是指组织内为完成既定任务而进行的一项消耗资源的活动或工作。作业成本法中的作业是指企业为生产产品或提供劳务而进行的某项生产经营或某道生产工序。

人们可以从不同角度对作业进行分类：按作业所完成的职能，可将作业分为后勤作业、生产作业、质量作业和协调作业；按作业的执行方式和性质，可将作业分为重复作业和不重复作业、主要作业和次要作业、必要作业和酌量作业、增值作业和不增值作业；按作业的受益对象，将作业分为产量层次作业、批量层次作业、产品支持作业和工厂维持作业。其中，按作业的受益对象对作业进行分类是最常见的分类方法。

(1) 产量层次作业。产量层次作业是指能使每单位产品都能受益，从而使产品产量增加的作业，如对产品零部件的制造加工，对每一产品的质量检验等。

(2) 批量层次作业。批量层次作业是指与产品的生产批量相关，并能使一批产品受益的作业，如为生产某批产品而进行的设备调整、生产准备、订单处理等。

(3) 产品支持作业。产品支持作业是指为生产特定产品而进行的，并能使该种产品受益的作业，如为生产特定产品而进行的产品工艺设计、材料清单编制等。这类作业与产品的产量和批次无关，仅与产品品种相关。

(4) 工厂维持作业。工厂维持作业是指为使各项生产条件保持正常工作状态而发生的作业，如企业管理、厂房维修等。

(二) 作业链和价值链

企业的生产经营过程是由各种作业构成的。这些作业是前后有序、相互联系的有机整体。一系列前后有序、相互联系的作业的集合就是作业链。常见的作业有产品设计作业、材料采购作业、材料运送作业、产品生产作业、质量检验作业、产品贮存作业和产品销售作业。这些作业构成的作业链如图 7-2 所示。

图 7-2 作业链

作业消耗资源，产品消耗作业，每一项作业的完成都需要消耗一定的资源，同时又有一定的价值量和产出转移到下一个作业。价值沿着作业链在各作业之间转移，就构成了一条价值链。因此，作业链的形成过程其实也就是价值链的形成过程。

通过对作业链和价值链的分析，可以确定哪些是增值性作业，哪些是非增值性作业。由于非增值性作业不会增加产品价值，却要消耗资源，所以应该尽量消除这些作业或者减少这些作业。而对于增值性作业，应努力提高其作业效率，经常对其进行重新评估，以确保这些作业确实增值。

(三) 成本动因

成本动因是作业成本法中的一个重要概念，它是成本驱动因素的简称，是驱动或产生成本、费用的因素，是归集、分配成本的标准。按成本动因所起的作用，可将成本动因分为资源动因和作业动因。

(1) 资源动因。资源动因反映了作业消耗资源的情况。作为一种分配基础，资源动因是把资源成本归集、分配到作业的标准。通常，在企业的生产经营中，会有多个作业消耗同一资源的情况，这时就需要一个分配标准，将资源成本合理地分配到有关作业中，这一标准就是资源动因。例如，很多作业都需要消耗电力，企业可以根据作业小时数来分配这一资源消耗。通过对资源动因的分析，可以促使企业合理配置资源，寻求降低作业成本的途径。

(2) 作业动因。作业动因反映了产品消耗作业的情况。同样，作为一种分配基础，作业动因是将作业成本归集、分配到产品的标准。在将资源成本逐项归集、分配到作业，形成作业成本之后，还需要将作业成本按一定的标准分配到各产品中，这一标准就是作业动因。例如，通常机器设备在工作一定时间后需要进行保养，如果把设备保养确定为一项作业，则可把机器小时确定为作业动因，按机器小时分配该作业成本。通过对作业动因的分析，可帮助企业发现和减少非增值性作业，寻求降低整体成本的途径。表 7-18 列示了常见的成本动因实例。

表 7-18　成本动因实例

资源动因实例	作业动因实例
机器小时	运输吨千米
计算机小时	人工小时
订单数量	产品数量
材料重量	人工成本
材料移动次数	检验小时
生产准备次数	设备调试小时
维修小时	质检数量

三、作业成本法的基本核算程序及应用

(一) 作业成本法的基本核算程序

作业成本法将着眼点放在作业上,以作业为核算对象,依据作业对资源的消耗情况将资源的成本追溯到作业,再依据作业动因将其分配到产品成本,从而得到最终产品成本。作业成本法与传统成本法最大的不同在于:无论是直接成本还是间接成本,传统成本法是直接将它们归集分配到产品中;而作业成本法利用作业为中介,将间接成本先分配到作业中心,再将作业成本分配至最终产品成本。传统成本法的计算原理如图 7-3 所示。作业成本法的计算原理如图 7-4 所示。

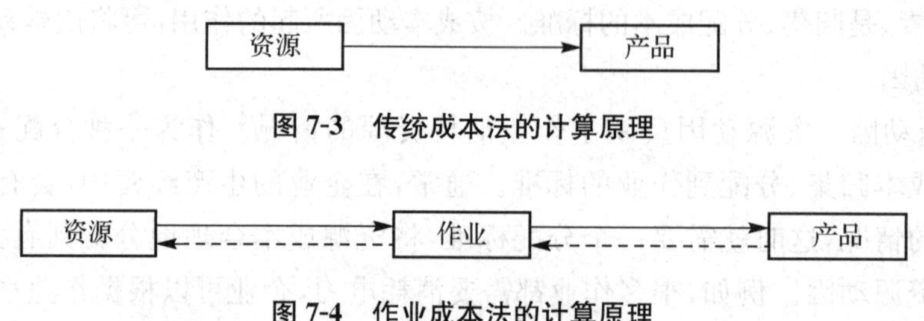

图 7-3 传统成本法的计算原理

图 7-4 作业成本法的计算原理

作业成本法的基本核算程序如下:

(1) 确定成本计算对象。明确成本计算对象,如以产品品种、批次或步骤作为成本计算对象。

(2) 确定直接生产成本的类别。企业将直接资源成本归集到各成本计算对象中。直接生产成本一般包括直接材料费用、直接人工费用等。

(3) 确定资源动因,建立作业成本库。选择确定合理的成本动因,将在作业价值链上所发生的全部间接费用,通过分析、归集费用,建立作业成本库。作业成本库一般按作业中心设置。例如,在制造企业中有订单作业、采购作业、进货作业、生产作业、质量检验作业、销售作业、发货作业和售后服务作业等。通常,作业中心可以分为以下几类:

① 与产量有关的作业中心。这类作业中心的成本与产品的产量相关,或属于以产品的产量为基础的变动成本,如机器运转成本。

② 与产品批次有关的作业中心。这类作业中心的成本与产品的批次有关,但与特定批次的产量无关。就生产批次而言,此类成本的性质为变动成本;但就某一批产品而言,此类成本属于固定成本,如机器的准备成本与材料的处理成本。

③ 与产品项目有关的作业中心。这类作业中心的成本与产品项目的数量有关,但与某类产品的生产批次和生产数量无关。这类成本随产品类别的增加而增加,但就某类特定产品而言,它属于此类产品的固定成本,如产品设计与产品测试的成本。

④ 与产品设施有关的作业中心。该类作业中心的成本与提供良好的生产环境有关。它属于各类产品的共同成本,与产品项目的数量、某类产品生产批次和某批产品的产量无关,如厂房的折旧费、厂房设备的维护与管理费用。

(4) 确定作业动因。在按作业中心将各资源成本归集到各个作业成本库后，需要选择恰当的成本分配基础，即作业动因，以分配作业成本库的成本。选择作业动因就是根据作业成本产生的原因，选择分配作业中心成本的标准。例如，机器检修作业的作业动因可以是机器的检修次数。

(5) 计算各作业中心的成本分配率。在各作业中心已经确定，作业成本库已经建立，作业动因已经选定后，就可以计算各作业中心的成本分配率了。计算公式为

成本分配率＝该作业的成本合计数÷该作业的成本分配基础

(6) 计算各产品成本。将各产品发生的直接生产成本和分配来的各项间接成本分别汇总，即可得到各产品的总成本；将各产品的总成本除以各产品的数量，即可得到各产品的单位成本。

作业成本法的成本计算过程如图 7-5 所示。

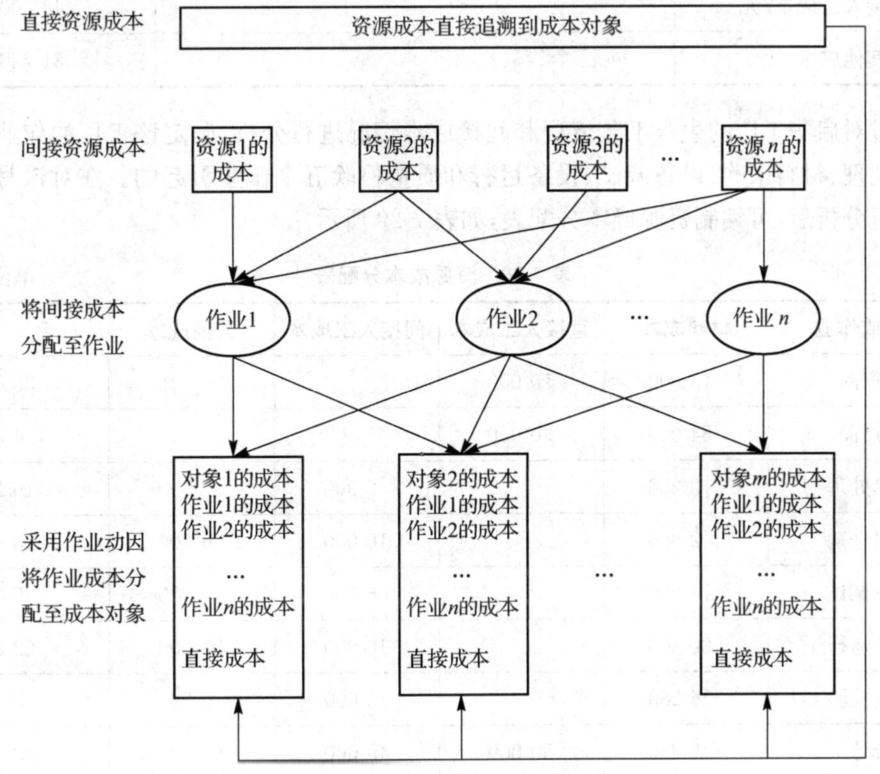

图 7-5 作业成本法的成本计算过程

(二) 作业成本法的应用

下面举例介绍作业成本法在实际工作中的运用。

【例 7-12】 启华工厂生产甲、乙两种产品，某月份的产量及成本资料如表 7-19 所示。

表 7-19 甲、乙两种产品的产量及成本资料

项　　目	甲产品	乙产品	合　计
产销量/件	1 000	4 000	5 000
直接人工/小时	2 000	8 000	10 000
机器/小时	2 400	3 600	6 000
直接材料成本/元	13 000	84 000	97 000
直接人工成本/元			50 000
间接材料成本/元			45 280
间接人工成本/元			48 000
其他成本/元			81 720

经过对启华工厂的生产工艺流程和间接成本情况进行分析，确定该工厂的作业是由生产订单处理、材料采购、设备调试、设备运行和质量检验五个作业引起的。在对该月的资源成本进行分析后，可编制资源成本分配表，如表 7-20 所示。

表 7-20 资源成本分配表　　单位：元

产品或作业	材料成本	直接人工成本	间接人工成本	其他成本	合　计
甲产品	13 000	10 000			23 000
乙产品	84 000	40 000			124 000
订单处理	2 200		6 000	8 000	16 200
材料采购	2 000		10 000	6 000	18 000
设备调试	14 000		6 000	26 000	46 000
设备运行	20 800		10 000	32 000	62 800
质量检验	6 280		16 000	9 720	32 000
合计	142 280	50 000	48 000	81 720	322 000

表 7-20 中的直接材料成本按产品类别进行归集，间接材料成本按作业类别进行归集，直接人工成本以直接人工工时为标准进行分配，间接人工成本按职工所服务的对象计入各作业，其他成本根据实际情况分析归集到各作业中。

表 7-20 已将资源成本分配到各作业，形成作业成本。现在需要对各作业的成本动因进行分析，并计算出成本分配率。这些作业动因及其成本分配率、作业成本分配与产品成本分配的情况如表 7-21 至表 7-23 所示。

表 7-21　作业成本动因及其成本分配率

作　业	作业成本	作业动因	作业动因数			成本分配率
			甲产品	乙产品	合　计	
订单处理	16 200	订单张数	40	80	120	135
材料采购	18 000	采购次数	30	120	150	120
设备调试	46 000	调试次数	600	400	1 000	46
设备运行	62 800	运行小时	3 200	4 800	8 000	7.85
质量检验	32 000	检验次数	1 000	600	1 600	20

表 7-22　作业成本分配表

作　业	成本分配率	作业动因	甲产品		乙产品	
			成本动因量	作业成本	成本动因量	作业成本
订单处理	135	订单张数	40	5 400	80	10 800
材料采购	120	采购次数	30	3 600	120	14 400
设备调试	46	调试次数	600	27 600	400	18 400
设备运行	7.85	运行小时	3 200	25 120	4 800	37 680
质量检验	20	检验次数	1 000	20 000	600	12 000
合计				81 720		93 280

表 7-23　甲、乙两种产品成本计算表　　单位：元

成本项目	甲产品(1 000 件)		乙产品(4 000 件)	
	总成本	单位成本	总成本	单位成本
直接材料	13 000	13	84 000	21
直接人工	10 000	10	40 000	10
其他	81 720	81.72	93 280	23.32
合计	104 720	104.72	217 280	54.32

课堂小思考

某公司的一个部门主要负责原材料及零部件的存货控制，该部门 2020 年全年的总成本为 480 000 元，主要为人力成本。该部门共有员工 20 人，6 人负责管理外购零部件，8 人负责管理原材料，还有 6 人负责将原材料和零部件分配到生产车间。那么，这三项作业的成本分别为多少？

项目小结

标准成本法是以事先确定的标准成本为基础,将实际发生的成本与之比较,以核算和分析成本差异的一种产品成本计算方法。标准成本法的核心是以标准成本来记录和反映产品成本的形成过程和结果,通过对成本差异的核算和分析揭示存在的问题,查明原因和责任,并采取相应的措施,从而实现对成本的控制。

标准成本法的主要内容包括标准成本的制定、成本差异的分析、成本差异的账务处理等。其中,标准成本的制定是采用标准成本法的前提和关键,成本差异分析是标准成本法的重点。

变动成本法是在管理会计中广泛应用的一种成本计算方法。由于变动成本法的产生,且为了加以区别,人们将传统的成本计算方法称为完全成本法。

变动成本法是只将产品生产中发生的直接材料费用、直接人工费用和变动制造费用计入产品成本,而将固定制造费用和非生产成本全部作为期间成本,计入当期损益的一种成本计算方法。因此,产品成本只包括变动制造费用,不包括固定制造费用,这是变动成本法和完全成本法的主要区别。

作业成本法是一种着眼于作业,依据作业资源的消耗情况(资源动因)将资源成本分配到作业,再依据作业对最终成本的贡献方式(作业动因)将作业成本追踪归集到产品,由此得出最终产品成本的计算方法。

项目练习

一、单项选择题

1. 因为在成本管理工作中能充分发挥其应有的积极作用,所以在实际工作中得到最广泛应用的标准成本是(　　)。

A. 基准标准成本　　B. 理想标准成本
C. 现实标准成本　　D. 历史标准成本

2. 在标准成本差异分析中,材料价格差异是根据实际数量与价格脱离标准的差额计算的。其中,实际数量是指材料的(　　)。

A. 采购数量　　B. 入库数量
C. 领用数量　　D. 耗用数量

3. 变动制造费用价格差异即(　　)。

A. 效率差异　　B. 耗费差异
C. 预算差异　　D. 能力差异

4. 固定制造费用通常是根据事先编制的(　　)来控制其费用总额的。

A. 固定预算　　B. 弹性预算
C. 零基预算　　D. 滚动预算

5. 作业成本法中的作业是指(　　)。

A. 生产过程中的一道工序

B. 为完成既定任务而进行的一项消耗资源的活动或工作

C. 为完成任务的一系列工序

D. 消耗资源的生产活动

6. 使用作业成本计算法进行核算的第一步是(　　)。

A. 确定资源动因　　B. 确定成本动因

C. 确定成本计算对象　　D. 进行作业分析

7. 作业成本法与传统成本法在计算过程中最大的区别在于(　　)。

A. 计算方法更为先进　　B. 计算结果更准确

C. 更有利于企业开展管理　　D. 引入了“作业”这一概念

8. 最常见的作业分类方法是(　　)。

A. 按作业的对象分类　　B. 按作业的职能分类

C. 按作业是否增值分类　　D. 按作业的执行方式分类

9. 在变动成本法下,产品成本不包括(　　)。

A. 直接材料费用　　B. 直接人工费用

C. 变动制造费用　　D. 固定制造费用

10. 变动成本法和完全成本法对(　　)的处理方法不同。

A. 管理费用　　B. 销售费用

C. 变动制造费用　　D. 固定制造费用

二、多项选择题

1. 标准成本制度的主要内容包括(　　)。

A. 标准成本的制定　　B. 成本差异的计算

C. 成本差异的分析　　D. 成本差异的账务处理

2. 在下列成本差异中,通常不属于生产部门责任的是(　　)。

A. 直接材料价格差异　　B. 直接人工工资率差异

C. 直接人工效率差异　　D. 变动制造费用效率差异

3. 固定制造费用的三差异分析法是将固定制造费用差异分为(　　)三部分。

A. 固定制造费用预算差异　　B. 固定制造费用能力差异

C. 固定制造费用产量差异　　D. 固定制造费用效率差异

4. 作业成本法(　　)。

A. 是一种成本计算方法

B. 是一种管理思想

C. 既是成本计算方法,又是一种管理思想

D. 是现代管理会计的前沿领域之一

5. 按受益对象分类,可将作业分为(　　)。
A. 产量层次作业　　B. 批量层次作业
C. 产品支持作业　　D. 工厂维持作业
6. 作业成本法与传统成本法的区别在于(　　)。
A. 前者比后者更好　　B. 计算理论不同
C. 前者能提供更详细的成本信息　　D. 两者适用的环境不同
7. 在变动成本法下,下列各项中对期末存货成本无影响的有(　　)。
A. 变动制造费用　　B. 变动销售费用
C. 固定制造费用　　D. 固定销售费用
8. 变动成本法与完全成本法的主要区别在于(　　)。
A. 前提条件不同　　B. 产品成本的组成不同
C. 存货的盘存价值不同　　D. 损益确定程序不同
9. 下列关于变动成本法和完全成本法的表述,正确的有(　　)。
A. 采用变动成本法,只要销售量相同,各年的利润就相等
B. 如果期末存货等于期初存货,且每年产量相等,则两种方法计算的利润相等
C. 如果本期生产量等于销售量,则两种方法计算的利润也相等
D. 如果期末存货小于期初存货,则按变动成本法计算的利润一定大于按完全成本法计算的利润
10. 与完全成本法相比,变动成本法具有(　　)等缺点。
A. 不便于编制对外会计报表
B. 不能适应长期投资决策的需要
C. 不能直接据以进行产品定价决策
D. 改变成本计算法可能会影响有关方面的利益

三、判断题

1. 成本差异的分析是采用标准成本制度的前提和基础。(　　)
2. 在标准成本制度下,除了要设置“生产成本”等成本核算账户外,还需要设置有关的成本差异账户,用以反映实际成本脱离标准成本的差异数额。(　　)
3. 固定制造费用能力差异的责任一般由管理部门承担,而效率差异的责任则往往由生产部门承担。(　　)
4. 作业成本法的产生是因为传统的成本计算法已经完全不适用了。(　　)
5. 在作业成本法中,作业分类越细越好。(　　)
6. 作业成本法适用于间接成本比重较大且与传统的人工工时、机器工时等传统分配基础关系不大的新兴高科技企业。(　　)
7. 变动成本法和完全成本法的主要区别在于对制造费用的处理方法不同。(　　)
8. 在变动成本法下,产品的单位生产成本一般保持不变;在完全成本法下,产品的单位生产成本一般会随产量的变化而变化。(　　)

9. 按变动成本法和完全成本法计算的利润均与销售量保持同向变动。 （　）

10. 在期末存货和期初存货数量均不为零时，即使单位产品所负担的固定成本相等，按完全成本法计算的损益与按变动成本法计算的损益也可能不相等。 （　）

业务实训

1. 某机械制造公司有一个加工部，为汽车部件提供专门的机械加工服务。该部门的产品有两个直接成本项目（直接材料和直接人工）和一个间接制造费用成本库。以往产品成本采用完全成本法核算。最近公司的产品设计、机械工程和会计等部门对生产过程进行考察，提出成本计算应采用作业成本法，建议两项直接成本项目仍然保留，将间接制造费用分为四个成本库，分别归集该部门四个作业项目成本。该公司采用作业成本法后，有关作业成本分配的资料如表7-24所示。

表7-24　作业成本分配资料

作业项目	成本动因	分 配 率
材料整理准备	部件数	0.50元/件
铣削	加工小时	10元/小时
磨光	部件数	0.6元/件
检测	检测件数	8元/件

当前有A、B两批产品正在生产过程中，有关资料如表7-25所示。

表7-25　A、B两批产品的作业成本资料

项　　目	A 产 品	B 产 品
直接材料成本/元	9 000	60 000
直接人工成本/元	750	11 250
直接人工工时/小时	25	375
批量（部件数）	500	2 000
加工时间/小时	150	1 050
检测件数/件	10	200

要求：采用作业成本计算法计算每批产品的生产总成本和单位成本。

2. 一家化工厂大量生产某种化工产品，相关资料如下：原材料及其他变动成本为60元/千克，每月固定制造费用为750 000元，产品售价为100元/千克。

2020年10月报告的销售量比9月多出14 000千克，因此销售经理预期10月的利润会比9月多，大概会增加560 000元。但将9月和10月的财务结果相比较，结果显示该产品10月的利润竟然只比9月增加了210 000元。

经过详细调查后发现，该厂各部门采用的是完全成本法核算系统，而销售经理在计算利润时却采用了变动成本法。

已知2020年9月的期初存货为10 000千克，生产量为30 000千克，销售量为22 000千克。10月的生产量为30 000千克，期末库存为12 000千克。

要求：帮助该厂销售经理解释一下公司核算利润增加210 000元与自己预期利润增加560 000万元存在350 000元差异的原因。

项目八
编制与分析成本报表

知识目标

了解成本报表的概念、种类及作用；

掌握各种成本报表的编制方法，以及成本报表分析的内容与程序。

技能目标

能够熟练运用成本报表的分析方法。

案例导入

李小明于2020年年底到一家生产童车的企业从事成本核算岗位工作。该企业负责成本核算的老会计打算教李小明编制成本报表并进行报表分析。所有有关产品的成本数据均存储在计算机中。该厂2020年的有关成本资料如下：在当年的计划产量下，如果按2019年实际平均单位成本计算，则全部可比产品的2019年的总成本为1 000万元，如果按2020年计划单位成本计算，则全部可比产品的计划成本总额为800万元；在当年的实际产量下，如果按2019年实际平均单位成本计算，则全部可比产品的2019年的总成本为1 200万元，如果按2020年计划单位成本计算，则全部可比产品的计划成本总额为900万元。对此，李小明应该怎样编制成本报表？他又该如何对该厂可比产品成本降低任务完成情况的各项影响因素的影响程度进行分析呢？

任务一 认知成本报表

会计报表是企业依据日常核算资料进行归集、汇总、加工完成的完整的报告体系。企业会计报表分为两类：一类是向外报送的，如资产负债表、利润表、现金流量表等；另一类是企业内部管理需要的、不能对外公开的报表，如企业成本报表。

一、成本报表的概念及种类

成本是综合反映企业生产技术和经营管理活动各方面工作好坏的一项重要的综合性指标。企业消耗原材料的多少、劳动生产率的高低、机器设备利用的好坏等都可以通过成本指标反映出来,而费用支出的多少又直接影响着企业一定期间的损益。因此,为了考核和分析成本计划及费用预算的执行情况,加强成本费用管理,企业有必要编制成本报表。

(一) 成本报表的概念

成本报表是根据产品或经营业务的日常成本和期间费用等核算资料及其他有关资料定期编制的,用以反映和监督企业一定时期产品或经营业务的日常成本和期间费用水平及其构成,揭示生产费用的支出状况,考核和分析成本计划及费用预算执行情况的书面报告文件。它是会计报表体系的重要组成部分。编制和分析成本报表是成本会计工作的一项重要内容。

成本指标的综合性特点,以及它同其他各项技术、经济指标的关系,决定了成本管理的全面性。也就是说,要降低产品或经营业务的成本,节约各项费用支出,就必须加强成本的全面管理。所谓全面,是指空间上和时间上的全面。空间上的全面,从工业企业来说,包括各车间、班组和各职能部门的成本管理;时间上的全面,则是指生产经营全过程的成本管理。

为了实现成本的全面管理,调动从企业领导人员到各车间、部门广大职工群众增强成本意识、加强成本管理的积极性,就必须使他们了解企业成本的状况,并把降低成本的任务与他们的本职工作联系起来,落实到他们的行动中。为了让他们了解成本状况,会计部门要正确、及时地反映成本费用的支出情况,特别是有针对性地编报成本报表,向他们提供有关的成本资料。

(二) 成本报表的种类

成本报表属于内部报表,主要是为满足企业内部经营管理的需要而编制的,不对外公开。因此,成本报表的种类、格式、项目、指标的设计和编制方法、编报日期、具体报送对象都由企业自己确定。企业主管部门为了给国民经济管理提供所需要的成本数据,要求企业将其成本报表作为会计报表的附表报送。在这种情况下,企业成本报表的种类、格式、项目和编制方法也可以由主管企业的上级机构协同企业共同商定。

根据会计核算一般原则的要求,会计部门除了定期编报全面反映成本计划(包括产品成本计划和各项费用计划)完成情况的报表外,为了加强成本或经营业务的日常管理,对于成本耗费的主要指标,也可以按旬、按周、按日甚至按班编报,及时提供给有关部门负责人和值班人员,促使其及时地、有针对性地采用措施,解决生产经营中的问题,发挥成本核算及时指导生产的作用。另外,为了将成本管理与技术管理相结合,分析成本升降的具体原因,寻求降低成本的途径和方法,并简化报表的种类和编制方法,也可将成本会计指标、统计指标和技术经济指标结合起来,合并编制报表。为了加强成本工作的预见性,还可以在成本计划执行过程中,对未来时期能否完成成本计划进行预测,向有关部门和人员编报分析报告,及时沟通成本信息,以保证成本计划的完成和超额完成。总之,企业应当从实际情况出发,从管理的要求出发来设计和编报成本报表,要注意报表内容的实用性,不拘泥于形式;要注意指标项目的简化,不做烦琐计算,而贵在针对性强、正确与及时。

根据上述要求,以制造业企业为例,制造业企业成本报表的组成如图 8-1 所示。

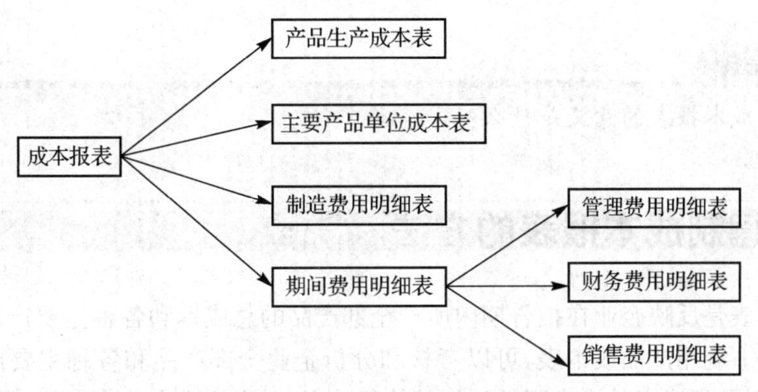

图 8-1 制造业企业成本报表的组成

二、成本报表的作用

成本报表是为了满足企业主管部门获取成本数据和企业自身经营管理的需要而编制的。因此，正确、及时地编制成本报表对加强成本管理和节约费用支出具有重要作用。

(1) 成本报表反映了企业产品成本的构成及其水平，揭示了企业生产费用的支出状况。企业主管部门和企业管理者利用成本报表，可以检查企业成本计划和费用预算的执行情况，考核企业成本管理工作的绩效，促进企业加强成本管理。

(2) 成本报表可以揭示产品成本升高与降低、生产费用超支与节约情况，通过对成本报表的分析，可以揭示影响产品成本指标和费用项目变动的因素和原因，从而采取相应的措施，挖掘节约费用支出、降低成本的潜力，提高企业的经济效益。

(3) 成本报表提供的成本费用资料可以满足企业、车间和部门加强日常成本、费用管理的需要，有助于评价企业有关成本管理部门和人员成本管理工作的业绩，明确他们的责任，提高这些部门和人员成本管理工作的积极性。

(4) 成本报表提供的成本费用资料有利于企业对成本、利润进行预测，有利于企业编制成本计划和费用预算，还有利于企业制定产品价格。

三、成本报表的编制要求

为了满足企业主管部门和企业自身对成本报表的需要，成本报表的编制应当按照以下要求进行：

(1) 数字准确。数字准确是企业编制成本报表的基本要求。数字准确要求企业编制的成本报表要能客观反映其自身的资金耗费情况，要能做到内容真实、数字准确，不能任意估计数据，更不能弄虚作假、篡改数字。

(2) 内容完整。成本报表中该填报的报表种类、内容、指标和文字说明，应当根据有关要求和资料进行必要的加工整理。

(3) 编报及时。成本报表应当按照规定的期限进行编制。只有这样，成本报表才能发挥作用；否则，即使成本报表客观完整，但由于其中的资料已经过时，对企业主管部门和企业自身而言，成本报表也没多大利用价值。

课堂小思考

企业编制成本报表的意义是什么?

任务二 编制成本报表的方法

产品成本表是反映企业在报告期内所产全部产品的总成本和各种主要产品单位成本及总成本的报表。利用产品成本表,可以考核和分析企业全部产品和各种主要产品成本计划的执行情况,以及可比产品成本降低计划的执行情况,对企业成本工作进行一般评价。

一、产品生产成本表的结构和编制方法

产品生产成本表一般分为两种,一种按成本项目反映,另一种按产品类别反映。两种报表有各自不同的结构。

(一) 产品生产成本表的结构

按成本项目反映的产品生产成本表,是按照成本项目汇总反映企业报告期内发生的全部生产费用和产品成本的报表。该表在结构上由生产费用和产品生产成本两部分组成。生产费用部分按照成本项目反映报告期内发生的各种生产费用及其合计数。在此基础上加上在产品、自制半成品的期初余额,减去在产品、自制半成品的期末余额,即可计算出产品生产成本的合计数。该表的生产费用部分和产品生产成本部分分别按照上年实际数、本年计划数、本月实际数和本年累计实际数设置相应的小专栏。

按成本项目反映的产品生产成本表的格式如表 8-1 所示。

表 8-1 产品生产成本表(按成本项目反映) 单位:元

项 目	上年实际	本年计划	本月实际	本年累计实际
生产费用:				
直接材料				
直接工资				
其他直接支出				
制造费用				
生产费用合计				
加:在产品、自制半成品的期初余额				
减:在产品、自制半成品的期末余额				
产品生产成本合计				

按产品类别反映的产品生产成本表，是按照产品类别汇总反映企业报告期内生产的全部产品的单位成本和总成本的报表。该表的结构分为基本报表和补充资料两部分。基本报表部分应反映各种可比产品和不可比产品本月及本年累计的实际产量、实际单位成本和实际总成本。它以成本报表所提供的，反映企业一定时期成本水平和构成情况的资料和有关的计划、核算资料为依据，运用科学的分析方法，通过分析各项指标的变动及指标之间的相互关系，揭示企业各项成本指标计划的完成情况和原因，从而对企业一定时期的成本工作情况获得比较全面的、本质的认识。

按产品类别反映的产品生产成本表的格式如表 8-2 所示。

表 8-2　产品生产成本表(按产品类别反映)　　单位:元

产品名称/件	产　量		单位成本				本月总成本			本年累计总成本		
	本月实际①	本年累计实际②	上年实际平均③	本年计划④	本月实际⑤=⑨÷①	本年累计实际平均⑥=⑪÷②	按上年实际平均单位成本计算⑦=①×③	按本年计划单位成本计算⑧=①×④	本月实际⑨	按上年实际平均单位成本计算⑩=②×③	按本年计划单位成本计算⑪=②×④	本年实际⑫
可比产品合计												
其中:A 产品												
B 产品												
不可比产品合计												
其中:C 产品												
D 产品												
产品成本合计												

为了反映企业当年成本计划的完成情况，基本报表部分还应反映各种可比产品和不可比产品本月和本年累计按计划单位成本计算的总成本。计划单位成本应根据本年成本计划填列，本月和本年累计计划总成本应根据计划单位成本分别乘以本月实际产量和本年累计实际产量计算填列。

(二) 按产品类别反映的产品生产成本表的编制

1. 基本报表部分的编制方法

(1) “产品名称”按照企业所生产各种可比产品和不可比产品的名称填列。

(2) “产量”栏目中的“本月实际”和“本年累计实际”分别根据完工产品明细账的本月和从年初起至本月末各种产品的实际产量填列。

(3) “单位成本”栏目中的“上年实际平均”根据上年本表年末的“本年累计实际平均”填列;“本年计划”根据企业成本计划填列;“本月实际”和“本年累计实际平均”分别根据各种产品成本明细账的本月和从年初起至本月末各种产品的单位成本或平均单位成本填列。

(4) “本月总成本”栏目中的“按上年实际平均单位成本计算”根据各种产品本月实际产量与上年实际平均单位成本的乘积填列;“按本年计划单位成本计算”根据本年计划单位成本及本月实际产量的乘积填列。

(5) “本年累计总成本”栏目中的“按上年实际平均单位成本计算”根据各种产品本年累计实际产量与上年实际平均单位成本的乘积填列;“按本年计划单位成本计算”根据本年计划单位成本及本年累计实际产量的乘积填列。

2. 补充资料部分的编制方法

补充资料部分只填列本年累计实际数。主要包括以下几个指标:

(1) 可比产品成本降低额,指可比产品累计实际总成本比按上年实际平均单位成本计算的累计总成本降低的数额,超支额用负数表示。

(2) 可比产品成本降低率,指可比产品本年累计实际总成本比按上年实际平均单位成本计算的累计总成本降低的比率,超支率用负数表示。

(3) 按现行价格计算的商品产值。

(4) 产值成本率,指产品总成本与商品产值的比率,通常以每百元商品产值总成本表示。

二、主要产品单位成本表的结构和编制方法

主要产品单位成本表是反映企业一定时期内主要产品单位生产成本、成本变动及其构成情况的成本报表。该表分为上下两部分,上半部分按成本项目反映报告期内发生额及其各项目的合计数,即产品单位成本;下半部分反映单位产品所耗用的各种主要原材料的数量和生产工时等主要经济技术指标。为了便于考核产品单位成本的变动情况,各成本项目和主要经济技术指标分别按照历史先进水平、上年实际平均、本年计划、本月实际和本年累计实际平均等项目设置不同的专栏。

主要产品单位成本表的格式如表 8-3 所示。

表 8-3 主要产品单位成本表

年 月

产品名称： 计量单位： 本月计划产量：
本月实际产量：
本年累计计划产量：
本年累计实际产量：

成本项目		历史先进水平	上年实际平均	本年计划	本月实际	本年累计实际平均
直接材料						
直接工资						
其他直接支出						
制造费用						
产品单位成本						
主要经济技术指标	计量单位					
×材料 生产工时	千克，小时					

主要产品单位成本表的编制方法如下：

(1)“成本项目”栏目按照财政部门和企业主管部门的规定填列。

(2)“主要经济技术指标”栏目反映单位产品所耗用的各种主要原材料和生产工时情况，按照企业自己确定的或企业主管部门规定的指标名称和填列方法填列。

(3)“历史先进水平”栏目反映单位成本和单位消耗的历史先进水平，根据企业成本最低年度的相关资料填列。

(4)“上年实际平均”栏目反映上年度各成本项目的平均单位成本和单位消耗，根据上年产品的实际成本资料计算填列。

(5)“本年计划”栏目反映成本计划规定的各成本项目的单位成本和单位消耗，根据成本计划有关资料填列。

(6)“本月实际”栏目反映本月各成本项目的单位成本和单位消耗，根据本月实际产品成本资料填列。

(7)“本年累计实际平均”栏目反映自年初起至本月末产品的累计平均单位成本和单位平均消耗，根据本年产品各月实际成本资料累计相加填列。

三、制造费用明细表的编制方法

制造费用明细表是反映企业年度内发生的各项制造费用明细情况的一种成本报表。编制该表有利于企业分析制造费用的构成和增减变动情况，考核制造费用的预算执行情况，节约费用，降低成本。

制造费用明细表设置有“本年计划”“上年同期实际”“本月实际”和“本年累计实际”四个栏目，分别反映各项制造费用的发生额情况。制造费用明细表的格式如表8-4所示。

表8-4 制造费用明细表(示例)

年 月

项　　目	本年计划	上年同期实际	本月实际	本年累计实际
工资				
职工福利费				
折旧费				
修理费				
办公费				
水电费				
机物料消耗				
低值易耗品摊销				
……				
合计				

制造费用明细表的各栏目应依照下面方法填列：

(1)“本年计划”栏目根据与制造费用有关的项目的预算数据填列。

(2)“上年同期实际”栏目根据上年同期本表的“本年累计实际”栏目有关数据填列。

(3)“本月实际”栏目根据本月制造费用明细账相关项目填列。

(4)“本年累计实际”栏目反映制造费用各项目自本年初起至填表月末的累计实际数，根据制造费用明细账各项目的实际数计算填列。

四、期间费用明细表的编制方法

期间费用明细表是反映企业报告期内发生的各项经营管理费用及其构成情况的报表。其主要包括销售费用明细表、管理费用明细表和财务费用明细表等。编制期间费用明细表，有利于企业对期间费用的增减变动情况进行分析，考核期间费用计划的执行情况，促进企业节约费用，提高经济效益。下面简要介绍销售费用明细表与管理费用明细表的编制方法。

(一) 销售费用明细表的编制方法

销售费用明细表是反映企业在一定期间内，在销售过程中发生的各项费用及费用预算执行情况的报表。该表按照销售费用各项目分别设置“本年计划”“上年同期实际”“本月实际”和“本年累计实际”等栏目，其格式如表8-5所示。

表8-5 销售费用明细表(示例)

年 月

项 目	本年计划	上年同期实际	本月实际	本年累计实际
工资				
职工福利费				
运输费				
装卸费				
包装费				
保险费				
展览费				
广告费				
销售部门办公费				
……				
合计				

销售费用明细表中的“本年计划”栏目应根据本年度产品销售费用计划填列；“上年同期实际”栏目应根据上年同期本表的“本年累计实际”栏目填列；“本月实际”栏目应根据销售费用明细账的本月合计数填列；“本年累计实际”栏目应根据销售费用明细账自本年初至本月末的累计数填列。

(二) 管理费用明细表的编制方法

管理费用明细表是反映企业管理部门在一定期间内为管理和组织生产所发生的费用额及费用预算执行情况的报表。该表按照管理费用各项目分别设置“本年计划”“上年同期实际”“本月实际”和“本年累计实际”等栏目，其格式如表8-6所示。

表 8-6 管理费用明细表(示例)

年 月

项 目	本年计划	上年同期实际	本月实际	本年累计实际
工资				
职工福利费				
折旧费				
办公费				
差旅费				
租赁费				
修理费				
咨询费				
诉讼费				
机物料消耗				
低值易耗品摊销				
无形资产摊销				
递延资产摊销				
坏账损失				
技术转让费				
业务招待费				
工会经费				
职工教育经费				
失业保险费				
劳动保险费				
税金:				
印花税				
……				
合计				

表 8-6 中的“本年计划”栏目应根据企业本年度管理费用计划填列;“上年同期实际”栏目应根据上年同期本表的“本年累计实际”栏目填列;“本月实际”栏目应根据管理费用明细账的本月合计数填列;“本年累计实际”栏目应根据管理费用明细账自本年初至本月末的累计数填列。

编制主要产品单位成本表的意义和具体方法是什么？

任务三 分析成本报表

成本报表分析是企业根据成本核算资料、成本计划资料及其他有关资料，采用一定的方法，对企业成本费用水平及其构成情况进行分析，查明影响成本升降的具体原因，寻找节约费用、降低成本的潜力和途径的一项管理活动。成本报表分析属于事后分析，它是运用科学的分析方法，分析各项指标的变动及指标之间的相互关系，揭示企业各项成本指标计划的完成情况和原因，从而使管理部门对企业一定时期的成本工作情况进行比较全面的、本质的认识，促进企业完善成本管理责任制度。

一、成本报表分析的一般程序

成本报表分析的一般程序如下：

(1) 从全部产品成本计划完成情况的总评价开始，然后按照影响成本计划完成情况的因素逐步进行深入、具体的分析。从总评价开始，可以防止片面性，并可从复杂的影响因素中找出需要进一步分析的问题。但是，分析不能停留在对成本总体指标计划完成情况的总评价上。为了弄清成本升降的具体原因，具体评价企业成本工作还必须在总评价的基础上，根据总括分析中发现的问题，对重点产品的单位成本及其成本项目或重点费用项目进行深入、具体的分析。

(2) 在分析成本指标实际脱离计划差异的过程中，应将影响成本指标变动的各种因素进行分类，衡量它们的影响程度，并从这些因素的相互关系中找出起决定作用的主要因素。

(3) 相互联系地研究生产技术、工艺、生产组织和经营管理等方面的情况，查明各种因素变动的原因，挖掘降低产品成本、节约费用开支的潜力。

(4) 以全面、发展的观点对企业成本工作进行评价。

综上所述，成本报表分析的过程实际上是成本指标分解分析和成本综合分析相结合的过程。

二、成本报表的分析方法

成本报表分析的方法是进行成本分析的重要手段。在对成本报表进行分析的过程中，不仅要研究各项成本指标的数量变动和指标之间的数量关系，还要测定各种因素变动对成本指标的影响程度。常用的分析方法有比较分析法、比率分析法、连环替代法和差额计算法。

(一) 比较分析法

比较分析法是将分析期的实际数同某些选定的基数进行对比,从数量上揭示实际数同基数之间差异的一种分析方法。其主要作用在于揭示客观上存在的差距,借以了解成本管理中的成绩和问题,并为进一步分析指出方向。实际工作中,比较分析法通常有以下几种形式:

(1) 以成本的实际指标与成本计划或定额指标对比,分析成本计划或定额的完成情况。需要注意的是,计划或定额本身并非既先进又切实可行,因为实际数与计划数或定额数之间的差异,除了实际工作的原因以外,还可能是由于计划或定额不切合实际造成的。

(2) 以本期实际成本指标与前期(上期、上年同期或历史上最好水平)的实际成本指标对比,观察企业成本指标的变动情况和变动趋势,了解企业生产经营工作的改进情况。

(3) 以本企业实际成本指标或某项技术经济指标与国内外同行业先进指标对比,可以在更大的范围内找差距,推动企业改进经营管理。

比较分析法只适用于同质指标的数量对比。因此,应用比较分析法时要注意对比指标的内容、计划标准、时间长短和计算方法的可比性。

(二) 比率分析法

比率分析法是指通过计算和对比经济指标的比率,就成本活动的相对效益进行数量分析的一种方法。采用这一方法,先要把对比的数值变成相对数,求出比率,然后进行对比分析。具体形式有以下几种:

(1) 相关指标比率分析。将两个性质不同但又相关的指标对比求出比率,然后以实际数与计划数或前期实际数进行对比分析,以便从经济活动的客观联系中更深入地认识企业的生产经营状况。例如,将成本指标与反映生产、销售等生产经营成果的产值、销售收入、利润指标对比求出的产值成本率、销售成本率和成本利润率指标,就可以用来分析和比较生产耗费的经济效益。

在实际工作中,由于企业规模不同等,单纯比较成本相关指标的绝对数,不能准确说明各个企业经济效益的好坏,但通过相关指标比率,就能准确反映企业经济效益的好坏。

(2) 构成比率分析。所谓构成比率,是指某项经济指标的各个组成部分占总体的比重。例如,将构成产品成本的各个成本项目同产品成本总额相比,计算其占总成本的比重,确定成本的构成比率;然后将不同时期的成本构成比率相比较,观察产品成本构成的变动,进而掌握经济活动情况及其对产品成本的影响。

(3) 动态比率分析。将不同时期同类指标的数值对比求出比率,进行动态比较,据以分析该项指标的增减速度和变动趋势,从中发现企业在生产经营方面的成绩或不足。

(三) 连环替代法

连环替代法是用来计算几个相互联系的因素,对综合经济指标的变动影响程度进行分析的一种分析方法。下面以材料费用总额变动分析为例,说明这一分析方法的特点。

影响材料费用总额的因素很多，按其相互关系可归纳为三个：产品产量、单位产品材料消耗量和材料单价。按照各因素的相互依存关系，材料费用总额的计算公式为

材料费用总额＝产品产量×单位产品材料消耗量×材料单价

采用连环替代法分析的步骤如下：

(1) 利用比较法，将材料费用总额的实际数与计划数对比，将实际脱离计划差异作为分析对象。差异是由产量增加、单位产品材料消耗量降低和材料单价升高三个因素综合影响的结果。

(2) 按照上述计算公式中各因素的排列顺序，用连环替代法测定各因素变动对材料费用总额变动的影响程度。计算程序如下：

① 以基数(本例为计划数)为计算基础。

② 按照公式中所列因素的同一顺序，逐次以各因素的实际数替换其基数；每次替换后实际数就被保留下来。有几个因素就替换几次，直到所有因素都变成实际数；每次替换后都求出新的计算结果。

③ 将每次替换后的所得结果，与前一次计算结果相比较，两者的差额就是某一因素变动对综合经济指标变动的影响程度。

④ 计算各因素变动影响数额的代数和。这个代数和应等于被分析指标的实际数与基数的总差异数。

【例 8-1】 假定启华工厂有关指标的计划数和实际数如表 8-7 所示。

表 8-7 启华工厂有关指标的计划数和实际数

指　　标	单　位	计划数	实际数	差　异
产品产量	件	200	210	10
单位产品材料消耗量	千克	18	17	－1
材料单价	元	10	12	2
材料费用总额	元	36 000	42 840	6 840

以计划数为基数：200×18×10＝36 000(元)

第一次替换：210×18×10＝37 800(元)

产量变动影响＝37 800－36 000＝1 800(元)。

第二次替换：210×17×10＝35 700(元)

单位产品材料消耗量变动影响＝35 700－37 800＝－2 100(元)。

第三次替换：210×17×12＝42 840(元)

材料单价变动影响＝42 840－35 700＝7 140(元)。

各因素变动的总影响＝1 800－2 100＋7 140＝6 840(元)

通过计算可以看出，虽然单位产品材料消耗量的降低使材料费用节约了 2 100 元，但由于产量增加，特别是材料单价升高，使材料费用增多了 8 940 元。企业需要进一步分析单位

产品材料消耗量节约和材料单价升高的原因,才能对企业材料费用总额的变动情况进行评价。

由此可以看出,连环替代法具有以下几个特点:

(1) 计算程序的连环性。上述计算是严格按照各因素的排列顺序,逐次以一个因素的实际数替换其基数。除第一次替换外,每个因素的替换都是在前一个因素替换的基础上进行的。

(2) 因素替换的顺序性。运用连环替代法的一个重要问题就是要正确确定各因素的替换顺序。另外,在分析相同问题时,一定要按照同一替换顺序进行,因为这样的计算结果才具有可比性。如果改变各因素的排列顺序,在计算同一因素的变动影响时,所依据的其他因素的条件发生了变化,就会得出不同的计算结果。通常确定各因素的替换顺序的做法是,在分析的因素中,如果既有数量指标又有质量指标,应先查明数量指标的变动影响,然后查明质量指标的变动影响;如果既有实物量指标又有价值量指标,一般先替换实物量指标,再替换价值量指标。如果有几个数量指标和质量指标,就要分清哪个是基本因素,哪个是次要因素,然后根据它们的相互依存关系确定替换顺序。

(3) 计算条件的假定性。运用连环替代法在测定某一因素变动影响时,是以假定其他因素不变为前提的。因此,计算结果只能说明在某种假定条件下的情况。这种科学的抽象分析方法是在确定事物内部各种因素影响程度时必不可少的。

(四) 差额计算法

差额计算法是连环替代法的一种简化形式。运用这一方法时,先要确定各因素实际数与计划数之间的差异,然后按照各因素的替换顺序,依次求出各因素变动的影响程度。可见,这一方法的应用原理与连环替代法一样,只是计算程序不同。仍用【例 8-1】的资料,以差额计算法测定各因素的影响程度如下:

(1) 分析对象。

42 840－36 000＝6 840(元)

(2) 各因素的影响程度。

产量变动影响＝10×18×10＝1 800(元)

单位产品材料消耗量变动影响＝210×(－1)×10＝－2 100(元)

材料单价变动影响＝210×17×2＝ 7 140(元)

各因素变动的总影响＝1 800－2 100＋7 140＝6 840(元)

由于差额计算法的计算过程简单,所以在实际中被广泛应用,特别是在影响因素只有两个的情况下。

以上介绍的只是常用的几种数量分析方法。此外,还可以根据分析的目的和要求,采用分组法、指数法、图表法等其他数量分析方法。

三、各类成本报表的具体分析

成本报表分析是指对全部产品成本、可比产品成本、制造费用等完成情况进行总的分析和评价。

(一) 产品成本表的分析

利用产品成本表可以分析以下问题:

(1) 对全部产品成本计划的完成情况进行总括评价。通过总评价,可以对企业全部产品成本计划的完成情况有个总括的了解,为进一步分析指出方向。

【例 8-2】 启华工厂编制的 2020 年全年累计全部产品成本计划完成情况分析表如表 8-8 所示。

表 8-8 全年累计全部产品成本计划完成情况分析表

编制单位:启华工厂 2020 年度

产品名称	计划总成本/万元	实际总成本/万元	实际比计划的升降额/万元	实际比计划的升降率/%
一、可比产品	26 600	26 940	340	1.28
其中:甲产品	4 100	4 050	−50	−1.22
乙产品	22 500	22 890	390	1.73
二、不可比产品	2 355	2 378	23	0.98
其中:丙产品	875	882	7	0.80
丁产品	1 480	1 496	16	1.08
合计	28 955	29 318	363	1.25

表 8-8 表明,虽然 2020 年全部产品的总成本实际高于计划,是当年累计实际总成本也超过计划 363 万元,上升了 1.25%。其中,可比产品的成本实际比计划超支 340 万元,主要是乙产品成本超支 390 万元,而甲产品的成本是降低的;不可比产品的成本实际比计划超支 23 万元,丙、丁产品的成本都超支了。因此,需要进一步分析乙产品成本超支的原因。

为了把企业产品的生产耗费和生产成果联系起来,综合评价企业生产经营的经济效益,在对全部产品成本计划的完成情况进行总体评价时,还应对产值成本率指标进行分析。例如,通过计算本年累计实际产值成本率、单位产品计划超支额等,说明该企业生产耗费的经济效益情况。

(2) 分析可比产品成本降低计划的完成情况。可比产品成本降低计划指标是以上年实际平均单位成本为依据确定的,具体包括降低额和降低率两个指标。对可比产品成本降低计划的完成情况进行分析,就是将可比产品的实际降低额(按实际产量计算)和降低率与计划降低额(按计划产量计算)和降低率进行比较,以检查是否完成成本降低任务。

下面结合案例对产品成本计划的完成情况进行分析。

【例 8-3】 红光工厂 2020 年可比产品成本降低计划如表 8-9 所示。

可比产品成本降低额=185 600−182 800=2 800(元)

可比产品成本降低率＝2 800÷185 600×100%＝1.508 6%

根据可比产品成本降低计划的完成情况，编制的分析表如表8-10所示。

表 8-9　可比产品成本降低计划表

编制单位：红光工厂　　　　2020年度　　　　单位：元

可比产品	全年计划产量/件	单位成本		总成本		计划降低指标	
		上年实际平均	本年计划	按上年实际单位成本计算	按上年计划单位成本计算	降低额	降低率/%
甲产品	400	84	82	33 600	32 800	800	2.381
乙产品	200	760	750	152 000	150 000	2 000	1.315 8
合计	—	—	—	185 600	182 800	2 800	1.508 6

表 8-10　可比产品成本降低计划完成情况表

编制单位：红光工厂　　　　2020年度　　　　单位：元

可比产品	总成本		计划完成情况	
	按上年实际平均单位成本计算	本期实际	升降额	升降率/%
甲产品	42 000	40 500	−1 500	−3.571 4
乙产品	228 000	228 900	900	0.394 7
合计	270 000	269 400	−600	−0.222 2

① 分析可比产品成本降低计划的完成情况，应先确定分析的对象，即以可比产品成本实际降低额、降低率指标与计划降低额、降低率指标进行对比，确定实际脱离计划的差异。

已知计划降低额为2 800元，计划降低率为1.508 6%；实际降低额为600元，实际降低率为0.222 2%。

实际脱离计划差异：

降低额＝600−2 800＝−2 200(元)

降低率＝0.222 2%−1.508 6%＝−1.286 4%

从以上计算可以看出，可比产品成本降低计划没有完成，实际比计划少降低2 200元或1.286 4%。

② 确定影响可比产品成本降低计划完成情况的因素和各因素的影响程度。概括来说，影响可比产品成本降低计划完成情况的因素有以下三个：

a. 产品产量。成本降低计划是根据计划产量制定的，实际降低额和降低率都是根据实际产量计算的。因此，产量的增减，必然会影响可比产品成本降低计划的完成情况。但是产量变动影响有其特点：假定其他条件不变，即产品品种构成和产品单位成本不变，单纯产量变动，只影响成本降低额，而不影响成本降低率。假定本例中，本期产品的实际产量比计划提高了 20%，而产品品种构成和单位成本不变，即假定甲、乙产品的实际产量都比计划提高了 20%，其成本降低额和降低率如表 8-11 所示。

表 8-11　单纯产量变动影响计算表

2020 年度

编制单位：红光工厂　　　　单位：元

可比产品	总成本		产量变动的影响	
	按上年实际平均单位成本计算	本期实际	降低额	降低率/%
甲产品	33 600×120%=40 320	32 800×120%=39 360	960	2.381 0
乙产品	152 000×120%=182 400	150 000×120%=180 000	2 400	1.315 8
合计	222 720	219 360	3 360	1.508 6

b. 产品品种构成。由于各种产品的成本降低程度不同，有的大些，有的小些；有的节约，有的超支。因而当产品品种构成发生变动时，就会影响可比产品成本降低额和降低率升高或降低。在分析中之所以要单独计量产品品种构成的变动影响，目的在于揭示企业取得降低产品真实成果的具体途径，从而对企业的工作进行正确评价。

c. 产品单位成本。可比产品成本计划降低额是本年度计划成本比上年度或以前年度实际成本的降低数，而实际降低额是本年度实际成本比上年度或以前年度实际成本的降低数。因此，当本年度可比产品实际单位成本比计划单位成本降低或升高时，必然会引起成本降低额和降低率的变动。产品单位成本的降低意味着生产中活劳动和物化劳动消耗的节约。因此，分析时应特别注意这一因素的变动影响。

③ 确定各因素变动的影响程度。按照连环替代法的计算程序，在确定各因素变动对成本降低计划完成情况的影响程度时，应以在计划产量、计划品种构成和计划单位成本情况下的成本降低计划为基础，然后用各个因素的实际数逐次替换计划数。

为了确定产量变动的影响程度，首先必须求得在实际产量、计划品种构成情况下，以本年计划单位成本计算的总成本与按上年实际平均单位成本计算的总成本相比较的成本降低额和成本降低率，然后以此与计划降低额和计划降低率相比较。

由于在其他因素不变的条件下，单纯产量变动只影响成本降低额，而不影响成本降低率。所以，在实际产量、计划品种构成、计划单位成本的情况下的降低率与计划降低率相同，都为 1.508 6%。也就是说，每生产按上年实际平均单位成本计算的产品 100 元，即可取得 1.508 6 元的降低额。以计划降低率乘以按实际产量、上年实际平均单位成本计算的总成本，即可求得在实际产量、计划品种构成和计划单位成本下的成本降低额，即 4 073.2 元(270 000×1.508 6%)。

将上述计算求得的 4 073.22 元和 1.508 6%与计划降低额 2 800 元和计划降低率 1.508 6%比

较,即可求得由于产量变动对成本降低计划完成情况的影响程度。

降低额＝4 073.22－2 800＝1 273.22(元)

降低率＝1.508 6%－1.508 6%＝0

为了确定产品品种构成变动的影响,必须求得在实际产量、实际品种构成的情况下,以本年计划单位成本计算的总成本与按上年实际平均单位成本计算的总成本相比较的降低额和降低率。根据相关资料计算如下:

降低额＝270 000－266 000＝4 000(元)

降低率＝4 000÷270 000×100%＝1.481 5%

将上述计算结果与在实际产量、计划品种构成和计划单位成本情况下的降低额和降低率比较,即可求得由于产品品种构成变动对成本降低计划完成情况的影响程度。

降低额＝4 000－4 073.22＝－73.22(元)

降低率＝1.481 5%－1.508 6%＝－0.027 1%

为了确定产品单位成本变动的影响,必须求得在实际产量、实际品种构成情况下,以本期实际总成本与按上年实际平均单位成本计算的总成本相比较的降低额和降低率。根据表 8-10 的资料计算如下:

降低额＝270 000－269 400＝600(元)

降低率＝600÷270 000×100%＝0.222 2%

将上述计算结果与在实际产量、实际品种构成和计划单位成本下的降低额和降低率比较,即可求得由于产品单位成本变动对成本降低计划完成情况的影响程度。

降低额＝600－4 000＝－3 400(元)

降低率＝0.222 2%－1.481 5%＝－1.259 3%

根据以上分析结果,可以对可比产品成本降低计划完成情况做出总括评价:从总体来看,企业未完成可比产品成本降低计划,实际比计划少降低 2 200 元或 1.286 4%。其原因主要是由于产品单位成本升高,使成本少降低了 3 400 元,约合降低率为 1.259 3%。其中主要是乙产品成本升高,而甲产品成本是降低的。值得注意的是,12 月甲产品的单位成本虽然低于上年全年实际平均成本,却高于本年计划和本年累计实际平均成本;而乙产品相反,本月实际单位成本比上年实际平均、本年计划和本年累计实际平均成本都低。应进一步结合单位成本分析原因。此外,产量增加使成本实际比计划多降低 1 273.22 元,而品种构成变动却使成本实际比计划少降低 73.22 元。对于这一变动,需要结合生产分析和销售分析查明原因。在深入实际查明原因后,才能明确企业工作中的成绩和问题,从而对上述可比产品成本降低计划的完成情况做出确切评价,并提出今后努力的方向。

(二) 主要产品单位成本表的分析

分析主要产品单位成本的意义在于揭示各种产品单位成本及其各个成本项目的变动情况,尤其是各项消耗定额的执行情况;确定产品结构、工艺和操作方法的改变,以及有关技术经济指标变动对产品单位成本的影响,查明产品单位成本升降的具体原因。

产品单位成本的分析主要依据的是产品单位成本表、成本计划和各项消耗定额资料、反映各项技术经济指标的业务技术资料等。分析的程序一般是先检查各种产品单位成本实际比计划、比上年实际、比历史最好水平的升降情况；然后，按成本项目分析其增减变动，查明造成单位成本升降的具体原因。为了在更大的范围内找差距、挖潜力，在可能的条件下，还可以组织企业间同种类产品单位成本的对比分析。

(1) 主要产品单位成本变动情况分析。从成本项目对比中可以看出，产品单位成本的降低主要是由于哪个成本项目的节约，说明企业在降低此项目的消耗方面，在改进产品的生产组织和劳动组织、提高劳动生产率方面采取了恰当的措施，取得了成绩。但是，也可看到哪个成本项目本月实际比计划、上年实际都超支了，说明还存在薄弱环节。为了查明产品单位成本及其成本项目变动的原因，还要进一步对各个成本项目，特别是重点项目(变动影响大的项目)进行具体分析。

(2) 主要成本项目分析。一定时期产品单位成本的高低，是与企业该时期的生产技术、生产组织的状况、经营管理水平、采取的技术组织措施效果相联系的。因此，紧密结合企业技术经济方面的资料，查明成本升降的具体原因，是进行产品单位成本各个成本项目分析的特点。

① 原材料费用的分析。原材料费用主要受单位产品原材料消耗数量和原材料价格两个因素变动的影响。其变动影响可用差额计算法计算如下：

原材料消耗数量变动的影响＝(实际单位耗用量—计划单位耗用量)×原材料计划单价

原材料价格变动的影响＝(原材料实际单价—原材料计划单价)×单位产品原材料实际耗用量

原材料价格变动多属外界因素，需要结合市场供求情况和原材料价格变动情况具体分析。这里重点分析原材料消耗数量的变动情况和变动原因。

② 工资及福利费的分析。分析产品单位成本中的工资费用，必须按照不同的工资制度和工资费用计入成本的方法来进行。在计件工资制度下，计件单价不变，单位成本中的工资费用一般也不变，除非生产工艺或劳动组织方面有所改变或者出现了问题。在计时工资制度下，如果企业生产多种产品，产品成本中的工资费用一般是按生产工时比例分配计入的。这时产品单位成本中工资费用的多少，取决于生产单位产品的工时消耗和小时工资率两个因素。生产单位产品消耗的工时越少，成本中分摊的工资费用也就越少；而小时工资率的变动则受计时工资总额和生产工时总数的影响，其变动原因需从这两个因素的总体去查明。因此，分析单位成本中的工资费用，应结合生产技术、工艺和劳动组织等方面的情况进行，重点查明单位产品生产工时和小时工资率变动的原因。

③ 制造费用的分析。制造费用的分析与计时工资的分析类似，在分析前应对各种计划和核算资料进行检查、整理，辨明真伪，分清主次，以便为分析提供正确的基础。

(三) 各种费用报表的分析

各种费用是指企业在生产经营过程中，各个车间、部门为进行产品生产，组织和管理生产经营活动所发生的制造费用、销售费用、管理费用和财务费用。其中，制造费用属于产品成本的组成部分，销售费用、管理费用和财务费用属于期间费用。编制上述四种费用报表的作用在于反映各种费用计划的执行情况，分析各种费用变动的原因，以及对产品成本和当期损益的影响。

制造费用、销售费用、管理费用和财务费用，虽然有的作为生产费用，计入产品成本，有的作为期间费用，直接计入当期损益，各自的经济用途不同，但是它们都是由许多具有不同经济性质和不同经济用途的费用组成的。这些费用支出的节约或浪费，往往与企业的行政管理部门和生产车间工作的质量和有关责任制度、节约制度的贯彻执行情况密切相关。因此，向各有关部门、车间编报上述报表，分析这些费用的支出情况，不仅是促进节约各项费用支出、杜绝一切铺张浪费、不断降低成本和增加盈利的重要途径，也是推动企业改进生产经营管理工作，提高工作效率的重要措施。

由于上述各种费用都是按整个企业(总厂)或分厂、车间、部门编制计划加以控制的，因而分析各种费用计划的执行情况，查明各种费用实际脱离计划的原因，也只能按整个企业(总厂)或分厂、车间、部门来进行。

对上述各种费用进行分析，首先应根据表中资料以本年实际与本年计划相比较，确定实际脱离计划的差异，然后分析差异的原因。由于各种费用所包括的费用项目具有不同的经济性质和用途，各项费用又分别受不同因素变动的影响。因此，在确定费用实际支出脱离计划差异时，应按各组成项目分别进行，而不能只检查各种费用总额计划的完成情况，不能用其中一些费用项目的节约来抵补其他费用项目的超支。同时，要注意不同费用项目支出的特点，不能简单地把任何超过计划的费用支出都看作是不合理的。同样，对某些费用项目支出的减少也要进行具体分析：有的可能是企业工作成绩，有的则可能是企业工作中的问题。例如，制造费用中的劳动保护费、修理费、试验检验费，管理费用中的职工教育经费等费用的减少，并不一定是由于工作的改进；相反，不按计划进行上述活动或采取必要的措施，则有可能造成劳动生产率下降和产品质量下降，甚至影响安全生产。而在超额完成产量计划，增加开工班次的情况下，相应地增加机物料消耗和设备维护费、修理费、运输费也是合理的。总之，不能孤立地看费用是超支了还是节约了，而应结合其他有关情况，结合各项技术组织措施效果来分析，结合各项费用支出的经济效益进行评价。

在按费用组成项目进行分析时，由于费用项目多，因此每次分析只能抓住重点，对其中费用支出占总支出比重较大的或与计划相比发生较大偏差的项目进行分析。特别应注意那些非生产性的损失项目，如材料、在产品和产成品等存货的盘亏和毁损，因为这些费用的发生与企业管理不善直接相关。

在分析时，除将本年实际与本年计划相比，用以检查计划的完成情况外，为了从动态上观察、比较各项费用的变动情况和变动趋势，还应将本年实际与上年同期实际进行对比，以了解企业工作的改进情况，并将这一分析与推行经济责任制相结合，与检查各项管理制度的执行情况相结合，以推动企业改进经营管理，提高工作效率，降低各项费用支出。

为了深入地研究制造费用、销售费用、管理费用和财务费用变动的原因，评价费用支出的合理性，寻求降低各种费用支出的途径和方法，也可按费用的用途及影响费用变动的因素，将上述费用包括的各种费用项目按以下类别归类研究：

(1) 生产性费用,如制造费用中的折旧费、修理费、机物料消耗等。这些费用的变动与企业生产规模、生产组织、设备利用程度等有直接联系。这些费用既不同于与产量增减成正比例变动的变动费用,又不同于固定费用,因为其在一定的业务量范围内相对固定,超过这个范围就可能上升。企业在分析生产性费用时就应根据这些费用的特点,联系有关因素的变动,评价其变动的合理性。

(2) 管理性费用,如行政管理部门人员的工资、办公费、业务招待费等。管理性费用的多少主要取决于企业行政管理系统的设置和运行情况,以及各项开支标准的执行情况。在分析时,除将明细项目与限额指标相比,分析其变动的原因外,还应从紧缩开支、提高工作效率的要求出发,检查企业对有关精简机构、减少层次、合并职能、压缩人员等措施的执行情况。

(3) 发展性费用,如职工教育经费、设计制图费、试验检验费、研究开发费等。这些费用与企业的发展相关,实际上是对企业未来的投资。但是这些费用的支出应当建立在合理规划、经济、可行的基础上,而不是盲目地支出。对这类费用的评价,应将费用的支出与取得的效果联系起来。

(4) 防护性费用,如劳动保护费、保险费等。这类费用的变动直接与劳动条件的改善、安全生产等有关。显然,对这类费用的分析就不能简单地认为支出越少越好,而应结合劳动保护工作的开展情况,分析费用支出的效果。

(5) 非生产性费用。其主要指材料、在产品、产成品的盘亏和毁损。分析这类费用发生的原因,必须从检查企业生产工作质量、各项管理制度是否健全,以及库存材料、在产品和产成品的保管情况入手,并把分析与推行和加强经济责任制结合起来。

课堂小思考

影响成本的因素有哪些?

项目小结

成本报表是根据企业产品成本和经营管理费用的日常核算资料及其他有关资料编制的,是用来反映企业一定时期产品成本和经营管理费用的水平及其构成情况的书面报告文件。成本报表属于内部报表,主要是为满足企业内部经营管理的需要而编制的,不对外公开。因此,成本报表的种类、格式、项目、指标的设计和编制方法、编报日期、具体报送对象都由企业自己确定。

成本报表是为了满足企业主管部门获取成本数据和企业自身经营管理的需要而编制的。因此,正确、及时地编制成本报表,对加强成本管理和节约费用支出具有重要作用。

产品成本表是反映企业在报告期内所产全部产品的总成本和各种主要产品单位成本及总成本的报表。利用产品成本表,可以考核和分析企业全部产品和各种主要产品成本计划的执行情况,以及可比产品成本降低计划的执行情况,对企业成本工作进行一般评价。

主要产品单位成本表是反映企业一定时期内主要产品单位生产成本、成本变动及其构成情况的成本报表。该表分为上下两部分，上半部分按成本项目反映报告期内的发生额及其各项目的合计数，即产品单位成本；下半部分反映单位产品所耗用的各种主要原材料的数量和生产工时等主要经济技术指标。

制造费用明细表是反映企业年度内发生的各项制造费用明细情况的一种成本报表。编制该表有利于企业分析制造费用的构成和增减变动情况，考核制造费用预算的执行情况，节约费用，降低成本。

期间费用明细表是反映企业报告期内发生的各项经营管理费用及其构成情况的报表，主要包括销售费用明细表、管理费用明细表和财务费用明细表等。

产品成本分析对成本管理具有重要意义。通过成本分析，可以揭示成本差异，分析成本升降的原因，发现成本降低的潜力。成本报表分析的主要方法有对比分析法、比率分析法、连环替代法和差额分析法等。

成本分析的主要内容包括全部产品成本计划完成情况分析、可比产品成本降低任务完成情况分析、主要产品单位成本表的分析、技术经济指标变动对单位成本的影响分析等。

项目练习

一、单项选择题

1. 可比产品成本降低额与降低率之间的关系是(　　)。

A. 成反比　　B. 成正比

C. 同方向变动　　D. 无直接关系

2. 以下关于企业成本报表的说法，正确的是(　　)。

A. 企业成本报表是对外报送的报表

B. 企业成本报表是对内编报的报表

C. 由有关部门规定哪些指标对外公布，哪些指标不对外公布

D. 可根据债权人和投资人的要求，确定哪些指标对外公布，哪些指标不对外公布

3. 经济技术指标变动对产品成本的影响主要表现在对(　　)指标的影响。

A. 产品总成本　　B. 产品单位成本

C. 产品产量　　D. 产品总成本和产品产量

4. 对主要产品单位成本进行分析，通常先采用(　　)。

A. 对比分析法　　B. 趋势分析法

C. 比率分析法　　D. 连环替代法

5. 制造业企业成本报表不包括(　　)。

A. 产品生产成本表　　B. 主要产品单位成本表

C. 制造费用明细表　　D. 产品销售费用明细表

6. 按产品类别反映的产品生产成本表应该按（　　）。

A. 可比产品和不可比产品分别编制

B. 可比产品和不可比产品合并在一起编制

C. 历史先进水平设置栏目编制

D. 成本项目和产品类别混合编制

7. 在按产品类别反映的产品生产成本表中，反映上年成本资料的产品是（　　）。

A. 库存商品　　B. 已销售商品

C. 可比产品　　D. 不可比产品

8. 企业成本报表的种类、项目、格式和编制方法由（　　）。

A. 国家统一规定　　B. 企业自行制定

C. 企业主管部门统一规定　　D. 企业主管部门与企业共同制定

9. 采用连环替代法，可以揭示（　　）。

A. 产生差异的因素

B. 实际数与计划数之间的差异

C. 产生差异的因素和各因素的影响程度

D. 产生差异的因素和各因素的变动原因

10. 成本报表是一种以满足企业内部经营管理的需要为主要目的的会计报表，它（　　）。

A. 受外界因素影响

B. 不受外界因素影响

C. 有时受外界因素影响，有时不受外界因素影响

D. 决定于外界因素

二、多项选择题

1. 主要产品单位成本表反映的单位成本包括（　　）。

A. 本月实际　　B. 历史先进水平

C. 本年计划　　D. 上年实际平均

2. 在生产多个品种的情况下，影响可比产品成本降低额变动的因素有（　　）。

A. 产品产量　　B. 产品单位成本

C. 产品价格　　D. 产品品种结构

3. 脱离定额成本差异主要包括（　　）。

A. 原材料脱离定额差异　　B. 直接人工费用脱离定额差异

C. 制造费用脱离定额差异　　D. 管理费用脱离定额差异

三、判断题

1. 成本报表作为一个反映企业管理质量的综合性报表，必须向外报送。（　　）

2. 主要产品指的是成本、费用较大的产品。（　　）

3. 在商品产品成本表中，可比产品成本降低额和降低率分别是以可比产品的实际成本

与计划成本相比的降低额和降低率。 ( )

4. 成本报表的内容、格式、种类、编制方法和编制时间均由国家宏观管理确定。( )

5. 某产品的实际总成本与按实际产量计算的计划总成本的差为负数，说明该产品成本计划已经完成。 ( )

6. 单纯产量变动对可比产品成本计划降低指标的完成情况没有影响。 ( )

7. 通过将本年实际总成本与去年同期实际总成本进行比较，可以了解企业成本计划的完成情况。 ( )

8. 所有的成本报表都是按成本项目分设专栏的。 ( )

9. 可比产品成本降低额是指可比产品本年实际总成本比上年实际总成本降低的数额。 ( )

10. 为了科学、规范地对外披露企业的成本信息，合理、有效地利用成本资料为企业自身服务，国家对成本报表的种类、结构和编制方法均作了统一规定。 ( )

四、计算题

甲产品采用定额法计算成本。2020 年 10 月，有关甲产品原材料费用的资料如下：

(1) 月初在产品的定额费用为 5 000 元，月初在产品的脱离定额差异为节约 145 元，月初在产品的定额费用调整为降低 100 元。定额变动差异全部由完工产品负担。

(2) 本月定额费用为 100 000 元，脱离定额差异为节约 5 100 元。

(3) 本月原材料成本差异率为超支 1%，原材料成本差异全部由完工产品负担。

(4) 本月完工产品的产量为 500 件。

(5) 甲产品单位成本产品的原材料费用定额为 220 元，定额变动系数为 0.9。

要求：

(1) 计算本月完工产品的原材料定额费用。

(2) 计算月末在产品的原材料费用。

(3) 计算完工产品和月末在产品的原材料实际费用(注：脱离定额差异按定额费用比例在完工产品和月末在产品之间分配)。

业务实训

某企业生产甲产品，有关资料如表 8-12 与表 8-13 所示。

表 8-12　某企业主要产品的单位成本资料　　单位：元

成本项目	上年实际平均	本年计划	本年实际
原材料	1 862	1 890	2 047
工资及福利费	150	168	164
制造费用	48	212	209
合计	2 060	2 270	2 420

表 8-13　甲产品采用原材料情况表

项　　目	上年实际平均	本年计划	本期实际
原材料消耗量/千克	950	900	890
原材料单价/元	1.96	2.10	2.30

要求:根据上述资料,分析甲产品单位成本变动情况,并分析影响原材料费用变动的因素,以及各因素对变动的影响程度。

参考文献

[1] 宋胜菊，刘学华. 成本会计[M]. 5 版. 上海：立信会计出版社，2012.
[2] 孙茂竹，王艳茹. 成本管理会计[M]. 2 版. 大连：东北财经大学出版社，2014.
[3] 谭亚娟，张志勇，谢帮伟. 成本会计项目化教程[M]. 南京：南京大学出版社，2013.
[4] 吴革. 成本与管理会计[M]. 2 版. 北京：中信出版社，2012.
[5] 刘爱荣，于北方. 新编成本会计实训[M]. 6 版. 大连：大连理工大学出版社，2014.
[6] 刘相礼，王苹香. 成本会计实务与案例[M]. 北京：北京大学出版社，2012.
[7] 赵书和. 成本与管理会计[M]. 4 版. 北京：机械工业出版社，2015.
[8] 沈艾林. 成本会计[M]. 北京：中国人民大学出版社，2013.
[9] 罗荷英，李薇. 成本会计实务[M]. 2 版. 北京：北京理工大学出版社，2014.